Curry

Curry

Die 120 besten Rezepte von Indien bis Afrika

DORLING KINDERSLEY

DORLING KINDERSLEY
London, New York, Melbourne, München und Delhi

Für die deutsche Ausgabe
Programmleitung Monika Schlitzer
Projektbetreuung Nicola Aschenbrenner
Herstellungsleitung Dorothee Whittaker
Herstellung Erik Störmer

Bibliografische Information Der Deutschen Bibliothek Die Deutsche Bibliothek verzeichnet diese Publikation in der Deutschen Nationalbibliografie; detaillierte bibliografische Daten sind im Internet über http://dnb.ddb.de abrufbar.

Titel der englischen Originalausgabe: CURRY

Der Originaltitel erschien 2006 in Großbritannien bei Dorling Kindersley Limited, London

Verlagsleitung Corinne Roberts
Programmkoordination Gillian Roberts
Programmleitung Mary-Clare Jerram
Leitung Grafik Peter Luff
Cheflektorat Jeni Wright
Projektbetreuung Norma Macmillan
Lektorat Dawn Henderson
Redaktionsassistenz Zoe Moore
Bildredaktion Susan Downing
Bildbetreuung Caroline de Souza
Grafik Simon Daley
Gestaltung Sue Storey
DTP Design Adam Walker, Traci Salter
Herstellung Stuart Masheter
Fotos Hugh Johnson

Übersetzung Angelika Feilhauer
Lektorat Angelika Lenz
Redaktion Anja Ashauer-Schupp

978-3-8310-1099-8

Colour reproduction by GRB, Italy
Printed and bound in Singapore by
Star Standard

Besuchen Sie uns im Internet
www.dk.com

Nachdem ich die Rezepte für das Kapitel über Nordindien zusammengestellt hatte, reiste ich nach Indien und fragte Menschen in verschiedenen Teilen des Landes nach ihrer Definition von »Curry«. Die meisten hatten sichtlich Probleme damit. Nicht etwa, weil sie Curry nicht kennen, sondern weil sie es im Gegenteil zu gut kennen, um sich festzulegen, denn Curry bedeutet nicht für jeden dasselbe.

Im Grunde ist jedes Gericht, für das Fisch, Fleisch oder Gemüse mit Gewürzen in Flüssigkeit gegart wird, ein Curry. Es ist die Zusammenstellung der Gewürze, die jedes Curry anders macht. Die Garmethoden reichen von einfach bis raffiniert – manchmal werden die Zutaten schlicht in einer gewürzten Brühe geköchelt, manchmal auf aufwändige Weise gebraten und geschmort.

Interessanterweise wurde diese Art des Garens im Lauf der Zeit durch Migranten, die ihre traditionellen Lebensweisen mit sich nahmen, verbreitet und ist heute in verschiedenen Varianten in sehr vielen Teilen der Welt anzutreffen. Die Wanderung des Currys ist wesentlicher Bestandteil seiner Erfolgsgeschichte. Dieses Buch nimmt Sie mit auf die Reise.

Sie finden darin eine vielfältige Sammlung der besten Curryrezepte aus aller Welt, zusammengestellt von bekannten Küchenchefs und Spezialisten.

In Nordindien (Kapitel 1) vereinigt das Curry in seiner heutigen Form Methoden und Zutaten, die aus Persien und dem Nahen Osten über Afghanistan und Pakistan in diese Gegend kamen. Nordindische Currys sind heute eine einzigartige Kombination aus nahöstlichen Garmethoden, die die Moguln (muslimische Invasoren, die vom 16. bis zum 18. Jahrhundert weite Teile Indiens beherrschten) mitbrachten, und heimischen Produkten. Ähnlichkeiten gibt es zwischen nordindischen und pakistanischen Gerichten (Kapitel 3) – teils aufgrund der Nachbarschaft dieser Länder, teils aufgrund eines gemeinsamen Klimas und ähnlicher Zutaten.

Die Küche Südindiens (Kapitel 2) war einmal die Küche der heimischen Drawiden, der Urbewohner des indischen Subkontinents, die von den aus Westen kommenden Ariern und Moguln nach Süden und Osten abgedrängt wurden. Vielleicht erklärt der drawidische Einfluss einige der Ähnlichkeiten zwischen der südindischen Küche und der Küche der südostasiatischen Inseln (Kapitel 4).

Kapitel 5 über Thailand zeigt, dass die thailändische Curryküche viel von ihrer lokalen Umgebung entliehen und sich so vielseitig entwickelt hat, dass sie zu einer wahren Kunstform geworden ist. Die enorme Vielfalt ihrer

Gewürze, ihre Leichtigkeit und ihre Aromatiefe sind der Grund, weshalb Thai-Currys heute auf der ganzen Welt ihre Liebhaber haben.

Im Kapitel über das südostasiatische Festland (Kapitel 6), das Kambodscha, Laos und Vietnam umfasst, sehen wir, wie das Curry den regionalen Aromen und Zutaten dieses Teiles der Welt angepasst wurde.

Kapitel 7 schließlich behandelt eine kleine Auswahl der zahlreichen Länder, die das Curry erreicht hat. Wir verfolgen seine Wanderung über den afrikanischen Kontinent, auf die britischen Inseln, in die Karibik und nach Japan. Indische Arbeiter aus Uttar Pradesh und Bihar, die in die Karibik auswanderten und dort auf den Zuckerrohrfeldern arbeiteten, nahmen mit ihrer traditionellen Küche starken Einfluss auf ihre neue Umgebung.

Aus Großbritannien sind Currys nicht mehr wegzudenken. Mit britischen Offizieren, die aus Indien zurückkehrten, kamen oft auch Curryrezepte ins Land. Der eigentliche Boom setzte jedoch erst in den 1950er-Jahren ein, als zahlreiche Arbeiter aus Pakistan, Indien und Bangladesch einwanderten und beim Wiederaufbau Londons nach dem Zweiten Weltkrieg halfen. Was als Küche für Emigranten begann, fand bald Eingang in die gesamte britische Gesellschaft.

In den Tagen der britischen Herrschaft über Indien wanderten zudem Tausende Menschen aus Gujarat nach Kenia aus. Sie nahmen ihre Küche und ihre Kultur mit und verwoben sie mit afrikanischen Einflüssen. Anfang der 1970er-Jahre waren dann viele Inder aufgrund politischer Wirren gezwungen, Afrika zu verlassen, und immigrierten nach Großbritannien und in die USA, wo ihre farbenfrohe, einzigartige Kultur weiterlebt.

Ich glaube, dass das Curry seinen Siegeszug um die Welt seiner Kombination von Schlichtheit und Vielschichtigkeit zu verdanken hat. Es ist ein perfektes Beispiel für eine alte Tradition, die sich ständig weiterentwickelt und so auch im Zeitalter der Globalisierung Bestand hat. Dieses Buch belegt, dass das Curry wahrhaft international ist!

Vivek Singh

Vivek Singh

Schon als Junge verkündete Vivek Singh, er werde einmal ein großer Koch. Nach der Ausbildung arbeitete er als Experte für indische Küche zunächst in Mumbai (früher Bombay). Dann wechselte er ins Grand Hotel in Kolkata (Kalkutta), ehe er mit erst 26 Jahren indischer Küchenchef im Rajvilas, dem Flaggschiff der Oberoi-Hotelgruppe in Jaipur, wurde. Als Iqbal Wahhab, Gründer des Restaurants The Cinnamon Club in London, ihm vorschlug, indische Aromen mit westlichen Kochmethoden zu verbinden, sah Vivek Singh seine Chance gekommen. Seit der Eröffnung 2001 hat The Cinnamon Club neue Maßstäbe in der indischen Küche gesetzt, indem er sie von der Zwangsjacke der Tradition befreit und eine großartige Vereinigung von indischer und westlicher Küche geschaffen hat.

Das Sreedharan

Das Sreedharan, der Gründer der Londoner Rasa-Restaurants, hat ein neues Bewusstsein für die regionale indische Küche geschaffen. Der aus bescheidenen Verhältnissen stammende Sreedharan erlernte von seiner Mutter die traditionelle Küche. Heute ist er ein Verfechter der einfachen, aber feinen Küche Keralas und bietet seinen Gästen eine frische Alternative zu den Gerichten, die man üblicherweise in indischen Restaurants bekommt. In Kerala ist er ständig auf der Suche nach neuen Aromen und Gewürzen. Er hat drei Kochbücher veröffentlicht und organisiert Festivals zur Förderung indischer Küche und Kultur. In London bietet er Kochkurse an, und in Indien hat er kürzlich eine Kochschule eröffnet, an der traditionelle Methoden gelehrt werden.

Mahmood Akbar

Schon früh lernte Akbar durch seinen Vater, einen Gourmet, und seine Mutter, eine ausgezeichnete Köchin, die Freuden guter Küche kennen. In den USA machte er einen Abschluss in Hotelmanagement und ging dann zur Hilton-Gruppe, für die er 5 Jahre arbeitete. 1982 beschloss er, eigene Restaurants zu eröffnen, darunter die heute berühmten Salt 'n Pepper Village-Restaurants in Lahore und Karatschi. Unterstützt wird er von seiner Frau und seiner Tochter, die in den USA ebenfalls Hotelmanagement gelernt hat. Von seinem Vater hat Mahmood Akbar gelernt, nur die frischesten Zutaten zu verwenden, und das ist in seinen Restaurants zur goldenen Regel geworden: Alle Zutaten werden morgens frisch gekauft und noch am gleichen Tag verarbeitet.

Sri Owen

Sri Owen wurde in Westsumatra geboren, wo sie in der Küche ihrer Großmutter ihre Liebe zu gutem Essen entdeckte. Nach ihrem Abschluss an der Universität von Yogyakarta in Java lehrte sie englische Literatur und traf ihren späteren Mann Roger, einen englischen Kollegen. Gemeinsam gingen die beiden nach London, wo Owen beim BBC Overseas Service Karriere machte und gleichzeitig ihr erstes Kochbuch schrieb, das 1976 erschien. Ihm folgten zehn weitere Bücher sowie andere Publikationen über die indonesische Küche und andere Küchen Südostasiens. 1994 gewann ihr Bestseller *The Rice Book* den André-Simon-Preis für das beste Kochbuch des Jahres. Sri Owen lebt mit ihrem Mann in London. Die beiden reisen viel und arbeiten zurzeit an einem neuen Buch.

David Thompson

In den 1980er-Jahren kam der Australier David Thompson nach Thailand und verliebte sich in Land, Leute und Kultur. Er begegnete Khun Sombat Janphetchara, deren Mutter an einem der Paläste Bangkoks arbeitete. Von ihr lernte er die Grundlagen der Thai-Küche. 1993 eröffnete er mit seinem Partner Peter Bowyer das Darley Street Thai in Sydney, 1995 dann das Sailors Thai. 2000 wurde ihm die Leitung des Restaurants Nahm in London angetragen, das 2001 im Halkin Hotel eröffnete und 2002 einen Michelin-Stern erhielt. Im gleichen Jahr veröffentlichte Thompson sein vielfach ausgezeichnetes Buch *Thai Food*. Wenig später wurde er zum Londoner Küchenchef des Jahres gekürt. Er reist regelmäßig nach Thailand auf der Suche nach verschollenen Rezepten.

Corinne Trang

Corinne Trang lebt in New York und wurde für ihre Bücher *Authentic Vietnamese Cooking, Essentials of Asian Cuisine* und *The Asian Grill* ausgezeichnet. In Amerika ist sie aufgrund ihrer Veröffentlichungen, Kurse, Radiosendungen und Auftritte im Fernsehen sehr bekannt. Sie hat ausgiebige Reisen durch Asien unternommen und hält weltweit Kurse und Vorträge über die asiatische Küche. Sie lehrt an mehreren Universitäten, unter anderem an der New York University, wo sie außerordentliche Professorin im Fachbereich Ernährung, Nahrungsmittelstudien und Öffentliches Gesundheitswesen ist. Zudem arbeitet sie als Ernährungsberaterin, Foodstylistin und Food- und Reisefotografin. Sie ist Mitglied der International Association of Culinary Professionals.

Roopa Gulati

Roopa Gulati stammt aus der englischen Grafschaft Cumbria, doch ihre kulinarische Abenteuerlust führte sie nach Indien, wo sie 18 Jahre lebte. Als Köchin vereinte sie westliche und asiatische Kochmethoden, während sie als Beraterin für die Taj-Hotelgruppe arbeitete und bei dem Sender Star TV täglich in einer Liveshow kochte. 2001 kehrte Gulati nach Großbritannien zurück. Heute lebt sie in London. Sie arbeitet für einen Fernsehsender und erkundet begeistert die multikulturelle Küche ihres Landes. Sie arbeitet bei verschiedenen Radiosendern und als Restaurantkritikerin für die Zeitschrift *Time Out*. Zudem schreibt sie Features für Zeitschriften. Besonders interessiert sie sich dafür, wie Kochtechniken sich verbreiten – vom Straßenstand über den Maharadschapalast bis ins Spitzenrestaurant.

Judy Bastyra

Judy Bastyra wurde in London geboren und schreibt schon länger über kulinarische Themen, als sie denken kann. Sie isst gern Flughunde, die zuvor in Mangos geschwelgt haben, findet aber, dass Piranhas immer süß und moderig schmecken, egal was sie gefressen haben. Vor vielen Jahren begriff Bastyra, dass man, wenn man Essen und Reisen liebt, nichts Besseres tun kann, als darüber zu schreiben. Sie schreibt auch andere Bücher, aber dann überwältigt sie wieder der Hunger und sie bricht zu neuen kulinarischen Experimenten auf. Ihre letzten Reisen haben sie ins marokkanische Atlasgebirge geführt, zur »Himmelsleiter« in Angkor Wat in Kambodscha und auf die Insel Martha's Vineyard. Aber ihr Herz gehört der Karibik, in die sie immer wieder zurückkehrt.

Yasuko Fukuoka

Als Musikerin und Komponistin hat Yasuko Fukuoka ganz Japan bereist. Da sie gutes Essen liebt, entwickelte sie auf diesen Reisen ein tiefes Verständnis für die regionalen Spezialitäten und die traditionelle Kochkultur Japans, und sie begann, auf der Grundlage dieser Traditionen eigene Rezepte zu erfinden. Seit ihrem Umzug nach London, wo sie mit Mann und Tochter lebt, arbeitet sie weiter als Musikerin, als Journalistin und Food-Autorin. Ihr erstes Kochbuch mit Co-Autor Emi Kazuko wurde 2001 als bestes asiatisches Kochbuch ausgezeichnet. Seitdem hat sie verschiedene japanische Kochbücher in englischer Sprache veröffentlicht und daneben Rezepte entwickelt, in denen sie die traditionelle und zeitgenössische japanische Küche mit britischen Produkten kombiniert.

NORDINDIEN

< Getrocknete rote Chilischoten auf dem Markt in Mapusa, Goa

Die Küche des indischen Nordens hat ihre Wurzeln in Persien, wo der *Tandoor*, ein fassförmiger Tonofen, entstand. Dieser kam mit den Moguln nach Indien, muslimischen Invasoren, die bis ins frühe 18. Jahrhundert beinahe 200 Jahre lang den größten Teil Indiens beherrschten. Die Einführung des *Tandoor* war der Anfang der großartigen *Tandoori*-Küche, die sich später über die ganze Welt verbreitete.

Unter einigen Mogulherrschern erlebte Indien kulinarische Glanzzeiten. Die Kochkunst florierte. Köche wurden wie Künstler verehrt und genossen einen ähnlichen Status wie Starköche heute. Es wurden riesige Summen in Küchen investiert, die von erfahrenen Küchenchefs, oder *rakabdar*, geleitet wurden. Jeder Herrscher versuchte, den anderen durch seine Gastfreundschaft und die Speisen seiner Köche zu übertrumpfen.

Man könnte daher meinen, die nordindische Küche sei einzig durch die Mogulherrscher geformt worden, aber das stimmt so natürlich nicht. Wie die Küche eines jeden Landes oder einer jeden Region wurde sie durch regionale Produkte, das Klima, die Verfügbarkeit von Zutaten sowie durch religiöse und sozio-ökonomische Faktoren geprägt.

In einigen Teilen Nordindiens unternahmen die Herrscher große Anstrengungen, ihre eigene Kultur und Identität zu bewahren, etwa die Rajputenherrscher in Rajasthan, die Hochwild, Wildschweine, Rebhühner und Flughühner jagten, weshalb es in dieser Region zahlreiche Wild-Currys gibt. Da in dieser trockenen Wüstengegend wenig wächst, ist die Küche bodenständig und rustikal. Gemüse, Wurzeln und Früchte werden häufig in getrockneter Form verwendet. Ein Grundnahrungsmittel sind Sangri-Bohnen, die zum Wachsen wenig Wasser brauchen. Zur Milch- und Fleischproduktion werden anstelle von Rindern und Büffeln meist Ziegen und Schafe gehalten. Joghurt ist sowohl Zutat für Speisen als auch Getränk, da er eine kühlende Wirkung auf den Körper hat. Auch Kichererbsen, Mais und Hirse sind hier anders als im übrigen Indien Grundnahrungsmittel.

Der Punjab, Delhi und der übrige Norden sind, was die Fruchtbarkeit des Landes, das Klima und die Wasserversorgung betrifft, relativ bevorzugt, da fünf Flüsse durch die Region fließen. Es ist ein Land der Fülle, in dem Milch, Sahne, Butter und andere Milchprodukte reichlich Verwendung finden. Auch frisches Gemüse wie Spinat, Senf und Bockshornklee sind im Überfluss vorhanden. Man baut Weizen an und hält Lämmer und Hühner. In dieser Region bekommt man praktisch von allem das Beste und verwendet es in der Küche. Der *Tandoor* hatte hier großen Einfluss auf die Lebensweise – und selbst heute noch haben die meisten Häuser einen solchen Lehmofen im Hof. Wenn nicht, gibt es im Dorf einen Gemeinschafts-*Tandoor*, an dem sich die Frauen mittags oder am frühen Abend versammeln, um Brot zu backen oder Neuigkeiten auszutauschen. Der gewaltige *Tandoor* ist nicht nur ein Mittel zum Garen von Speisen, sondern ein ganz wichtiger Bestandteil des Lebens in dieser Region.

Die Ebenen von Bengalen und den östlichen Bundesstaaten haben einen fruchtbaren Boden, den der Ganges aus dem Norden heranträgt. Das Klima ist mild, und die Monsunregen sorgen dafür, dass zwei Ernten im Jahr eingebracht werden können, von denen eine aus Reis besteht. Gemüse gibt es reichlich, außerdem Senf, weshalb man in der Küche Senfkörner und Senföl verwendet. Und weil das Meer nicht weit ist, kommt in bengalische Currys häufig Fisch.

Als die Briten nach Indien kamen, machten sie Kolkata (Kalkutta) zu ihrem Hauptquartier, was zur Folge hatte, dass bengalische und englische Küche sich gegenseitig beeinflussten – zwei Beispiele sind Kedgeree und bengalische »Gemüseschnitzel«.

Heute sind im Norden Indiens 65 Prozent der Bevölkerung Vegetarier, was erklärt, weshalb sich im kulinarischen Repertoire des Landes eine so große Zahl vegetarischer Currys findet. Die Mehrzahl der Nordinder sind Hindus oder Muslime, gefolgt von den Sikhs und Angehörigen anderer Religionen. Da bei den Hindus Kühe heilig sind und nach muslimischem Glauben Schweinefleisch verboten ist, werden Rind- oder Schweinefleisch nur selten gegessen.

Geschichte, Geografie und Religion haben eine wichtige Rolle in der Ausformung der nordindischen Küche gespielt, aber es gibt noch einen anderen wichtigen Aspekt, ohne den sich keine Küche entwickeln und überleben kann – Kreativität. Und dieser Kreativität ist es zu verdanken, dass die nordindischen Currys hinaus in die Welt gingen und eine neue Heimat fanden, wo immer sich indische Migranten niederließen. Unter Verwendung regionaler Produkte entstanden neue Currys, die in ihrem Wesen aber immer noch nordindisch sind.

Vivek Singh

Ganze Gewürze braten >
Die Gewürze in heißes Öl
geben und braten.

Die Aromen Nordindiens

1. Koriandergrün
2. Safranfäden
3. Blattgold
4. halbe grüne Mungbohnen
5. halbe rote Linsen
6. halbe Urdbohnen
7. ganze Urdbohnen
8. halbe Kichererbsen
9. halbe gelbe Linsen
10. Ajowan-Samen
11. Schwarzkümmel
12. Senfpaste
13. gemahlenes *Garam masala*
14. Koriandersamen
15. Kreuzkümmelsamen
16. getrocknete Bockshornkleeblätter
17. Chilipulver
18. Chiliflocken
19. getrocknete rote Chilischoten
20. frische grüne Chilischoten
21. frischer Ingwer
22. Knoblauch
23. Senföl
24. schwarze Senfkörner

Die Grundzutaten

Zu den Dingen, die die Küche des indischen Nordens so spektakulär machen, gehört die Fülle an Zutaten. Jede der vier dortigen Regionen hat ihre eigene typische Art der Speisenzubereitung, die vom Klima, den regionalen Produkten, religiösen Einflüssen und den bevorzugten Küchenutensilien abhängt. Doch immer werden die Speisen mit frischen Kräutern, Gewürzen und anderen Aromazutaten abgerundet.

Chilischoten

In der Küche Nordindiens werden viele verschiedene Chilis mit unterschiedlicher Schärfe verwendet. Die großen tiefroten Kaschmir-Chilis sind aromatisch und schön gefärbt, aber nicht zu scharf, sodass man größere Mengen davon verwenden kann als von den kleineren, weitaus schärferen grünen Chilischoten. Getrocknete ganze Chilis halten sich an einem kühlen, dunklen Ort bis zu einem Jahr, zerstoßener oder gemahlener Chili verliert seine Schärfe schon binnen weniger Monate.

Ingwer und Knoblauch

Nach Salz sind dies vermutlich die am häufigsten verwendeten Zutaten in der Küche Delhis und des Punjab. Sie kommen in Marinaden für Fleisch, Fisch und Gemüse, die man für den *Tandoor* vorbereitet, und in viele Currys. Meist wird aus Ingwer und Knoblauch eine Paste hergestellt. Dazu verarbeitet man etwa 100 g geschälten frischen Ingwer, 75 g geschälten Knoblauch und 175 ml Wasser in der Küchenmaschine zu einer Paste. Im Kühlschrank

hält sie sich in einem luftdicht verschlossenen Behälter bis zu fünf Tage.

Koriander

Korianderblätter werden Currys häufig am Ende der Garzeit zugegeben oder als Garnitur verwendet. Koriandersamen dienen, ganz oder gemahlen, als Gewürz.

Bockshornklee

Die frischen Blätter dieser Pflanze werden als Gemüse gegessen; getrocknet *(Kasuri methi)* werden sie zum Aromatisieren aller möglichen Gerichte verwendet (das beste *Kasuri methi* kommt aus Kasur in Pakistan). Die Samen der Pflanze dienen als Gewürz. Bockshornklee ist außerdem gut für die Verdauung.

Zimtblätter

Hierbei handelt es sich um die getrockneten Blätter der Zimtkassie. Zimtblätter haben einen milden, süßen Geschmack und werden im Norden Indiens in die meisten Gerichte gegeben. Da sie nicht essbar sind, sollten sie vor dem Servieren entfernt

werden. Als Ersatz kann man Lorbeerblätter verwenden.

Kurkuma

Eines der am häufigsten verwendeten Gewürze in der indischen Küche. Es aromatisiert Currys aus Fleisch, Gemüse oder Hülsenfrüchten und verleiht ihnen eine tief orangegelbe Farbe. Die Wurzeln (Rhizome) sind frisch, getrocknet oder zu einem feinen Pulver vermahlen erhältlich. Da Kurkuma konservierende Eigenschaften hat, verwendet man sie in Indien häufig auch für Pickles.

Asant

Dieses in der indischen Küche wichtige Gewürz besteht aus getrocknetem harzähnlichem Pflanzensaft. Es riecht sehr unangenehm und schmeckt bitter, hebt beim Garen aber das Aroma anderer Zutaten. Asant (oder Asafoetida) wird als Pulver oder granuliert angeboten und hält sich bis zu einem Jahr. Überdies soll es gegen Blähungen und Atemwegsprobleme wie Asthma helfen.

Getrocknete Kaschmir-Chilischoten >

Garam masala

Garam masala bedeutet wörtlich übersetzt »scharfe Gewürze« und ist eine Mischung aus ganzen oder zu einem feinen Pulver vermahlenen gerösteten Gewürzen. Jede Region in Indien hat ihre eigene Version, die von den dort erhältlichen Gewürzen abhängt. Zudem variieren die Rezepte nach persönlichen Vorlieben (siehe S. 28).

Safran

Safran ist das teuerste Gewürz der Welt und besteht aus den getrockneten Blütennarben einer Krokusart. Es verleiht Speisen eine goldene Farbe und einen einzigartigen, leicht bitteren Geschmack. Damit es seine Farbe und seinen Duft behält, bewahrt man es in einem luftdicht verschlossenen Glas an einem dunklen Platz auf.

Schwarzer Kreuzkümmel

Die Samen dieses Gewürzes sind dunkelbraun, sehr schmal und kleiner als normaler Kreuzkümmel. Beim Garen riechen sie erdig, ihr Geschmack ist nussig. Schwarzer Kreuzkümmel wird viel in der Kashmiri-Küche und der Mogul-Küche verwendet.

Fenchelsamen

Fenchelsamen werden in der indischen Küche sehr häufig eingesetzt, und zwar sowohl ganz als auch in gemahlenem Zustand. Sie verleihen Currys aller Art ein süßliches Aroma. Darüber hinaus gibt man sie auch gern in Pickles, Chutneys und Desserts. Da man glaubt, dass Fenchel die Verdauung fördert, werden nach einer schweren Mahlzeit oft geröstete Fenchelsamen serviert.

Schwarzkümmel

Bei diesem Gewürz (Nigella) handelt es sich um die Früchte eines Krautes, das nicht mit Kümmel, sondern mit der Gartenpflanze »Jungfer-im-Grünen« verwandt ist. Die kleinen schwarzen Samen haben einen ungewöhnlichen, leicht bitteren Geschmack. Sie werden viel in der bengalischen Küche verwendet und dienen auch zum Verzieren zahlreicher indischer Brote.

Ajowan

Ajowan ist eng mit dem Kreuzkümmel verwandt, dem er in Aussehen und Duft ähnlich ist. Seine Samen schmecken scharf und bitter, werden jedoch beim Garen mit anderen Zutaten milder. Besonders gut passen sie zu Fisch, Meeresfrüchten und Wurzelgemüsen.

Einlegegewürz

Das Einlegegewürz besteht zu gleichen Teilen aus Fenchelsamen, Ajowan, Zwiebeln, Bockshornklee, Senf und Kreuzkümmel und wird, ganz oder gemahlen, zum Einlegen und zum Aromatisieren von Saucen und Marinaden für Fleisch verwendet. Außerhalb Indiens muss man die Mischung selbst herstellen.

Kokosnuss

Die harten, braunen Früchte der Kokospalme enthalten »Wasser«, das sehr erfrischend schmeckt. Das knackige, süße weiße Fleisch dient zur Herstellung von Kokosmilch (siehe S. 213), einer wichtigen Zutat für viele indische Currys. In der bengalischen Küche wird frisch geraspelte Kokosnuss, in der muslimischen getrocknete Kokosnuss verwendet.

Kachri

Diese in Rajasthan heimische, saure tomatenähnliche Frucht hat eine harte Schale und Samen. Sie wird frisch und getrocknet verwendet und dient als Zartmacher für Fleisch und Zutat für Chutneys. In Deutschland ist sie nicht erhältlich.

Getrocknete Hülsenfrüchte

Getrocknete Urdbohnen, die im Punjab auch *Ma* heißen, werden im Norden Indiens vor allem ganz verwendet. Ganze Urdbohnen *(Urad)* haben einen kräftigeren, erdigeren Geschmack als geschälte und halbierte Urdbohnen *(Urad dal)*. Ganze Urdbohnen halten sich in einem luftdicht verschlossenen Behälter bis zu 4 Monate.

Am häufigsten werden in Indien halbe gelbe Linsen *(Toor dal)* verwendet; aus ihnen macht man im ganzen Land *Dals*. Bei *Chana dal* handelt es sich um geschälte und halbierte Kichererbsen. Sie werden auf viele unterschiedliche Weisen verwendet und zudem zu Mehl vermahlen (siehe rechte Seite). *Masoor*, oder rote Linsen, sind am einfachsten zu garen und am leichtesten verdaulich. Sie werden häufig zur Zubereitung

< Zimtblätter

von Suppen und *Dals* verwendet wie auch für Kedgeree, ein Gericht für Kranke und Kinder. Ganze *Moong dal* (Mungbohnen) haben eine grüne Haut, geschält sind sie gelb. Die ganzen Bohnen lässt man keimen und gibt sie in Salate und andere Kaltspeisen. Geschält und halbiert nimmt man sie in Nordindien etwa für die Herstellung von Papadams oder Ausbackteig, selten werden Mungbohnen aber für sich gegart.

Ghee

Ghee ist geklärte Butter, d.h. reines Butterfett, das klar ist und eine goldgelbe Farbe hat. In Indien wird *Ghee* traditionell aus Büffelmilch hergestellt, die mehr Fett als Kuhmilch enthält. Dazu säuert man die Milch und stellt daraus Joghurt her, der dann geschleudert wird, um Butter zu erhalten. Aber auch Butter aus Kuhmilch kann für *Ghee* verwendet werden.

Panir

Zur Herstellung dieses Käses legt man Milch durch Hinzufügen von Zitronensaft dick. Die festen Bestandteile werden in Musselin gesammelt und einige Stunden mit einem Gewicht beschwert. Der so entstandene Käse kann weich oder schnittfest sein und ist im Geschmack recht neutral. In vegetarischen Gerichten ersetzt er oft das Fleisch.

Kichererbsenmehl

Auch als *Besan* oder *Gram*-Mehl im Handel. Kichererbsenmehl wird aus geschälten und halbierten Kichererbsen (*Chana dal*) hergestellt. Es ist sehr vielseitig und wird häufig für Ausback- oder Brotteig verwendet. In einem luftdicht verschlossenen Behälter hält es sich bis zu 6 Monate. Auch *Daria dal* ist Kichererbsenmehl, das aus halbierten und gerösteten Kichererbsen hergestellt wird. Durch das Rösten verlieren die Kichererbsen den rohen Geschmack, zudem kann das Mehl Wasser besser aufnehmen. Dieses Mehl wird häufig zum Andicken verwendet.

Chapati-Mehl

Aus diesem fein gemahlenen Weizenvollkornmehl stellt man ungesäuertes Brot (siehe S. 40) her.

Reis

Reis wird beginnend an den Ausläufern des Himalaya bis nach Bengalen im Osten entlang des gesamten Ganges angebaut. Am bekanntesten ist Basmati-Reis, aber es gibt Hunderte anderer Sorten, von denen etwa Patna-Reis erwähnenswert ist. In Indien wird Reis meist gekocht. Pilaw-Reis und gedämpfter Reis sind besonderen Anlässen vorbehalten, da ihre Zubereitung mehr Können erfordert.

Kasundi-Senf

Für seine Herstellung werden Senfkörner in Essig eingeweicht und dann mit Senföl und getrockneter Mango zu einer Paste zermahlen. Ist er nicht erhältlich, kann er durch Dijonsenf oder anderen körnigen Senf ersetzt werden.

Senföl

Dieses scharfe Öl wird aus Senfkörnern gepresst. Wenn Sie kein extra Speise-Senföl bekommen, erhitzen Sie normales indisches Senföl aus dem Asia-Laden, bis es beinahe raucht, lassen es abkühlen und erhitzen es wieder. So verliert es seine giftigen Eigenschaften, ist zum Verzehr geeignet und wird milder.

Rosenwasser und Kewra-Wasser

Zur Zeit der Mogulherrscher wurden in den königlichen Gewächshäusern seltene Blumen gezogen, um duftende ätherische Öle herzustellen; einige fanden auch in der Küche Verwendung. Heute zählen zu den beliebtesten Rosenwasser und Kewra-Wasser, die zum Aromatisieren vieler Speisen dienen.

Blattgold

Blattgold ist die ultimative Zutat der gehobenen Küche. Da es aber nicht leicht zu finden ist, kann man auf die edle Dekoration verzichten.

Ghee Geklärte Butter

Der Prozess des »Klärens« von Butter zur Herstellung von *Ghee*, also reinem Butterfett, lässt ein wunderbares Produkt entstehen, das hohe Temperaturen und ständiges Wiedererhitzen verträgt. Zudem verhindert er, dass das Fett ranzig werden kann, was in einem heißen Land wie Indien von großer Bedeutung ist. *Ghee* hat einen einzigartigen nussigen Geschmack.

Zutaten
250 g Butter

Schritt 1
Die Butter in einem schweren Topf behutsam erhitzen, bis sie köchelt.

Schritt 2
Die zerlassene Butter 20–30 Minuten köcheln lassen, damit das gesamte Wasser verdampft. Den Schaum von der Oberfläche abschöpfen.

Schritt 3
Wenn sich die Butter in Feststoffe, die nach unten sinken, und klares, goldgelbes Ghee, das oben schwimmt, trennt, das Ghee vorsichtig in eine Schüssel gießen.

Schritt 4
Das flüssige Ghee abkühlen lassen. Es wird fest, behält aber eine cremige Konsistenz, etwa wie weiche Margarine. Im Kühlschrank wird Ghee hart. In einer Dose oder einem Glasgefäß hält sich Ghee an einem kühlen, dunklen Platz ohne Kontakt mit Feuchtigkeit oder Wasser mehrere Jahre.

Ergibt etwa
200 g

Schritt 1

Schritt 2

Schritt 3 >

Garam masala Scharfe Gewürzmischung

Diese aromatische Gewürzmischung wird in Form von ganzen Gewürzen oder fein gemahlen verwendet. Ganze Gewürze fügt man häufig schon zu Beginn des Kochens hinzu, Pulver erst am Ende der Garzeit. Zur Grundmischung gehören in unterschiedlichen Anteilen meist Koriandersamen, Kreuzkümmelsamen, Kardamom, Zimt, Nelken, Muskatblüte, Pfefferkörner und Zimtblätter. Andere Gewürze werden abhängig von den persönlichen Vorlieben des Kochs und dem jeweiligen Gericht dazugegeben.

Zutaten

50 g Koriandersamen

50 g Kreuzkümmelsamen

20 grüne Kardamomkapseln (S. 260)

10 Zimtstangenstücke, jeweils 2,5 cm lang

2 EL Nelken

10 Blättchen Muskatblüte

10 schwarze Kardamomkapseln (S. 260)

½ Muskatnuss

1 EL schwarze Pfefferkörner

4 Zimtblätter oder Lorbeerblätter

1 EL getrocknete Rosenblütenblätter

1 EL Fenchelsamen

Ergibt etwa 150 g

Eine Pfanne ohne Fett erhitzen und alle Gewürze hineingeben. Sobald die Gewürze zu bersten beginnen, umrühren und die Pfanne schütteln. Wenn die Gewürze aromatisch duften, die Pfanne von der Kochstelle nehmen. Die Gewürze auf einen Teller geben und abkühlen lassen.

Zum Mahlen der Gewürze einen Mörser oder eine Gewürzmühle (oder saubere Kaffeemühle) verwenden.

Lal maas Feuriges Lamm-Curry

Wie sein Name vermuten lässt, ist dieses Gericht nichts für empfindliche Gaumen. Es ist das bei weitem schärfste Gericht in diesem Kapitel und eines der wenigen indischen Gerichte, bei dem sowohl scharfe Chilischoten als auch scharfe Gewürze verwendet werden. Sie können selbst entscheiden, wie scharf Ihre Variante ausfällt, indem Sie die Samen aus den Chilischoten entfernen oder nicht. Man kann das Curry sowohl mit Lamm als auch mit Ziege zubereiten. Ein perfektes Gericht für kalte Winterabende.

Zutaten

25–35 getrocknete rote Chilischoten
1 ½ TL Nelken
150 g Ghee oder Pflanzenöl
250 g Naturjoghurt, glatt gerührt
2 TL Kreuzkümmelsamen, geröstet
20 g gemahlener Koriander
1 TL rotes Chilipulver
2 TL Salz
3 Zimtblätter oder Lorbeerblätter

6 grüne Kardamomkapseln (S. 260)
5 schwarze Kardamomkapseln (S. 260)
75 g Knoblauchzehen, fein gehackt
250 g Zwiebeln, fein gehackt
1 kg Lamm- oder Ziegenkeule mit Knochen, in 2,5 cm große Stücke gehackt
750 ml Lammfond oder Wasser
30 g Korianderblätter, fein gehackt

Die Stiele von den Chilis entfernen, 3 oder 4 Schoten beiseite legen, die restlichen in 125 ml Wasser einweichen. Außerdem 4–6 Nelken und 1 EL Ghee beiseite stellen.

Den Joghurt in einer Schüssel mit den Kreuzkümmelsamen, dem gemahlenen Koriander, dem Chilipulver und Salz vermischen. Beiseite stellen.

Das restliche Ghee in einem schweren Topf erhitzen. Übrige Nelken, Zimt- oder Lorbeerblätter sowie grüne und schwarze Kardamomkapseln hinzufügen. Sobald sie aufspringen und sich zu verfärben beginnen, den Knoblauch dazugeben und etwa 2 Minuten braten, bis er goldgelb wird. Die Zwiebeln hinzufügen und unter ständigem Rühren etwa 10 Minuten braten, bis sie goldbraun sind.

Das Fleisch hineingeben, umrühren und 2–3 Minuten garen. Die eingeweichten Chilis abtropfen lassen und in den Topf geben. Den Topfinhalt weitere 10–12 Minuten garen, bis alle Flüssigkeit verdampft und das Fleisch leicht gebräunt ist. Den Joghurt hinzufügen und alles noch einmal 10–12 Minuten garen, bis der Joghurt eingedickt ist.

Fond oder Wasser dazugießen und alles zum Kochen bringen, dann die Hitze reduzieren und das Gericht zugedeckt köcheln lassen, bis das Fleisch weich ist. Abschmecken, von der Kochstelle nehmen und warm stellen.

Das beiseite gestellte Ghee in einer großen Kelle über einer Flamme (oder in einem kleinen Topf) erhitzen. Die restlichen Nelken und getrockneten Chilischoten hineingeben und etwa 1–2 Minuten rösten, bis sie ihre Aromen entfalten und das Ghee sich verfärbt. Die Mischung über das Curry geben, das Gericht mit dem gehackten Koriander bestreuen und servieren.

Für 4 Personen

sehr scharf

Makai ka soweta Lamm-Mais-Curry

Dies ist ein wunderbares Beispiel für ein Gericht, das durch regionale Zutaten einzigartig wird. Das Klima in weiten Teilen Rajasthans und der Wüste Thar ist trocken, und wenn dort auch sonst wenig angebaut wird, gibt es Mais in Hülle und Fülle. Mais hilft dem Körper, Wasser zu speichern, Joghurt wirkt in der Hitze kühlend. Ich verwende für dieses Rezept Lamm, es kann aber ebenso gut mit Ziegen- oder Hammelfleisch zubereitet werden.

Zutaten

1 kg entbeinte Lammschulter, in 2,5 cm
   große Würfel geschnitten
100 g Ghee oder Maisöl
1 ½ TL Kreuzkümmelsamen
5 grüne Kardamomkapseln (S. 260)
4 schwarze Kardamomkapseln (S. 260)
10 Nelken
2 Zimtblätter oder Lorbeerblätter
750 ml Lammfond oder Wasser
450 g Mais aus der Dose, abgetropft und
   grob gehackt
Saft von ½ Zitrone
30 g Korianderblätter, gehackt

Marinade

300 g Naturjoghurt
2 TL gemahlener Koriander
1 TL gemahlene Kurkuma
2 TL Salz

Zwiebelpaste

200 g Zwiebeln, fein gehackt
75 g Knoblauchzehen, fein gehackt
12 grüne Chilischoten

Die Zutaten für die Marinade vermischen. Die Fleischwürfel hineingeben und darin wenden, so dass sie rundherum mit Marinade überzogen sind, dann zugedeckt für etwa 15 Minuten beiseite stellen.

In der Zwischenzeit die Zutaten für die Zwiebelpaste im Mixer glatt pürieren.

Das Ghee in einem schweren Topf bei mittlerer Temperatur erhitzen, dann die Gewürze einschließlich Zimt- oder Lorbeerblätter hinzufügen. Sobald sie zu bersten beginnen, das Fleisch mit der Marinade dazugeben und auf starke Hitze heraufschalten. Unter ständigem Rühren 12–15 Minuten garen, bis alle Flüssigkeit verdampft ist.

Die Zwiebelpaste hinzufügen, weitere 10 Minuten garen, dabei weiterrühren, damit die Paste nicht am Topfboden ansetzt. Den Lammfond oder das Wasser dazugießen und die Hitze reduzieren. Etwa 30 Minuten köcheln lassen, bis das Fleisch beinahe gar ist.

Den Mais hinzufügen und alles unter ständigem Rühren weitere 10 Minuten garen. Das Gericht ist fertig, wenn es eine seidige Konsistenz hat. Von der Kochstelle nehmen, abschmecken, in eine Servierschüssel füllen und Zitronensaft sowie Korianderblätter darübergeben. Mit gedämpftem Reis oder Brot servieren.

Für 4–6 Personen

**angenehm
würzig**

Achari khargosh Kaninchenkeule in Einlegegewürz

Dies ist ein Gericht wie man es früher auf den Jagdausflügen gegart hat, die die Rajputenfürsten mit ihrem Gefolge unternahmen. Damals wurde es mit Hase zubereitet, Kaninchen eignet sich aber ebenso gut.

Zutaten

4–6 Kaninchenkeulen (insgesamt ca. 900 g)	2 Zwiebeln (etwa 150 g), fein gehackt
1 TL Salz	1 TL Salz
1 TL gemahlene Kurkuma	½ TL gemahlene Kurkuma
	2,5 cm frischer Ingwer, in feine Streifen geschnitten

Sauce

3½ EL Senföl (S. 25)	25 g Palmzucker oder Melasse
75 ml Ghee	300 g Naturjoghurt (3,5 % Fett)
4 getrocknete rote Chilischoten	2 TL Kichererbsenmehl
1 EL Einlegegewürz (S. 24)	Saft von 1 Zitrone
8 Knoblauchzehen, fein gehackt	1 EL fein gehacktes Korianderblätter

Für 4 Personen

würzig,
scharf,
säuerlich

Die Kaninchenkeulen mit Salz und Kurkuma in einen Topf geben. 1,5 l Wasser dazugießen und bei mittlerer Hitze zum Kochen bringen. Auf schwache Hitze herunterschalten, Deckel auflegen und die Keulen etwa 45 Minuten köcheln lassen, bis sie weich sind. Die Keulen herausnehmen und abtropfen lassen, die Garflüssigkeit aufbewahren.

In einem zweiten schweren Topf das Senföl bei mittlerer Temperatur erhitzen, bis es raucht. Ghee hinzufügen. Während es schmilzt, die Chilischoten dazugeben und kurz braten, dann das Einlegegewürz hinzufügen. Wenn die Gewürze knistern und sich verfärben, den Knoblauch dazugeben und etwa 1 Minute braten, bis er sich goldbraun färbt. Die Zwiebeln hinzufügen und etwa 10 Minuten sautieren, bis sie weich und glasig, aber noch nicht gebräunt sind.

Salz und Kurkuma unterrühren, dann die Kaninchenkeulen in den Topf legen. Ingwer und Palmzucker dazugeben und alles einige Minuten rühren, bis die Keulen eine hellbraune Farbe annehmen. Die aufbewahrte Garflüssigkeit unterrühren und 5 Minuten köcheln lassen.

In einer Schüssel Joghurt und Kichererbsenmehl sorgfältig verschlagen. Die Temperatur heraufschalten und die Flüssigkeit im Topf wieder zum Kochen bringen. Langsam die Joghurtmischung hinzufügen, dabei ständig rühren, damit der Joghurt nicht ausflockt. Ist der gesamte Joghurt untergemischt, alles weitere 2–3 Minuten köcheln lassen. Im Idealfall erkennt man jetzt am Topfrand, dass sich das Fett abzusetzen beginnt.

Das Gericht abschmecken. Kurz vor dem Servieren Zitronensaft und Koriander unterrühren. Dazu Reis oder Brot reichen.

Pitod ka saag Kichererbsenmehl-Schnitten in Joghurtsauce

Dies ist ein ungewöhnliches vegetarisches Gericht, das durch seine Konsistenz und die spezielle Mischung aus Gewürzen interessant wird. Dazu reicht man gedämpften Reis.

Zutaten

750 g griechischer Joghurt (oder Sahnejoghurt)
100 g Kichererbsenmehl
1 TL Salz
½ TL gemahlene Kurkuma
½ TL Zucker
½ TL gemahlenes Garam masala
2,5 cm frischer Ingwer, fein gehackt
2 EL Ghee
1 TL Fenchelsamen
1 Prise Asant
Öl zum Braten

Joghurtsauce

2 EL Maisöl
1 Prise Asant

½ EL Kreuzkümmelsamen
4 Nelken
1 Zwiebel, fein gehackt
200 g griechischer Joghurt
2 EL gemahlener Koriander
½ TL gemahlene Kurkuma
½ TL rotes Chilipulver
Salz und Zucker nach Bedarf
2 grüne Chilischoten, nach Entfernen der Stiele längs in vier Spalten geschnitten
1 cm frischer Ingwer, in feine Streifen geschnitten
20 g Korianderblätter, gehackt
Saft von ½ Zitrone

Für die Schnitten den Joghurt mit 500 ml Wasser, Kichererbsenmehl, Salz, Kurkuma, Zucker, Garam masala und Ingwer in einer Schüssel vermischen und beiseite stellen.

Ghee in einem schweren Topf erhitzen und die Fenchelsamen kurz darin braten. Asant dazugeben und 30 Sekunden rühren. Wenn sich die Aromen entfalten, die Joghurtmischung dazugeben und unter Rühren 20–25 Minuten garen, bis sie die Konsistenz eines weichen Teiges bekommt. Von der Kochstelle nehmen und in eine gefettete 15 cm große, quadratische Form füllen. Etwa 30 Minuten im Kühlschrank fest werden lassen.

Für die Sauce das Öl in einem Topf bei mittlerer Temperatur erhitzen. Asant, Kreuzkümmel und Nelken hinzufügen. Wenn sie aufzubrechen beginnen, die Zwiebel dazugeben und 5–8 Minuten garen, bis sie weich ist.

In der Zwischenzeit den Joghurt mit gemahlenem Koriander, Kurkuma, Chilipulver und Salz verschlagen und unter die Zwiebeln rühren. Alles zum Kochen bringen, dabei weiter rühren, damit der Joghurt nicht ausflockt. Grüne Chilis und 200 ml Wasser hinzufügen. Wieder zum Kochen bringen und 5 Minuten garen. Abschmecken und falls nötig Salz und Zucker dazugeben. Ingwer, Koriander und Zitronensaft untermischen. Warm stellen.

Den Kichererbsen»kuchen« in 2,5 cm große Quadrate schneiden. Etwas Öl in einer Pfanne erhitzen. Die Schnitten portionsweise einige Minuten braten, bis sich eine Kruste gebildet hat, dann auf der heißen Sauce anrichten und servieren.

Für 6 Personen

dünn, säuerlich

Panchmael dal Bunte Hülsenfrüchte

Panchmael bedeutet Fünfermischung, das Gericht kann aber auch aus nur drei Sorten von Hülsenfrüchten zubereitet werden, je nachdem, welche man bekommt. Am größten ist die Auswahl vermutlich in Asienläden.

Zutaten

2 gehäufte EL halbe gelbe Mungbohnen (Moong dal)
2 gehäufte EL halbe gelbe Linsen (Toor dal)
2 gehäufte EL halbe Kichererbsen (Chana dal)
2 gehäufte EL halbe Urdbohnen (Urad dal)
2 EL halbe rote Linsen (Masoor dal)
1 ½ TL Salz
½ TL gemahlene Kurkuma
2 EL Ghee
1 große Zwiebel, fein gehackt
½ TL rotes Chilipulver

1 TL gemahlenes Garam masala
1 Tomate, gewürfelt
1 EL gehackte Korianderblätter
1 Spritzer frisch gepresster Zitronensaft

Tadka (Gewürzbutter)
1 EL Ghee
1 getrocknete rote Chilischote
½ TL Kreuzkümmelsamen
4 Nelken
2 Knoblauchzehen, fein gehackt

Die Hülsenfrüchte vermischen und unter fließend kaltem Wasser waschen, dann mit kaltem Wasser bedeckt etwa 20 Minuten quellen lassen.

Die Hülsenfrüchte mit 600 ml Wasser, 1 TL Salz und der Hälfte der Kurkuma in einem Topf zum Kochen bringen. Falls nötig den weißen Schaum von der Oberfläche abschöpfen. Den Deckel auflegen und die Hülsenfrüchte bei schwacher Hitze 20–25 Minuten köcheln lassen, bis sie mit Ausnahme der Kichererbsen sehr weich sind und zerfallen.

In der Zwischenzeit das Ghee in einer Pfanne erhitzen. Die Zwiebel hineingeben und goldbraun braten. Restliches Salz, übrige Kurkuma, Chilipulver und Garam masala hinzufügen und 1 Minute sautieren, dann die Tomate dazugeben und weich garen.

Die Zwiebel-Tomaten-Mischung über die Hülsenfrüchte geben und aufkochen lassen. Wird die Masse zu dick, etwas kochendes Wasser hinzufügen und rühren, damit nichts ansetzt. Zum Schluss Koriandergrün und Zitronensaft untermischen. Von der Kochstelle nehmen und warm halten.

Für die Gewürzbutter das Ghee in einem großen Schöpflöffel (oder kleinen Topf) erhitzen, bis es raucht. Chilischote, Kreuzkümmel, Nelken und Knoblauch in dieser Reihenfolge rasch nacheinander hineingeben. Wenn der Knoblauch goldgelb wird, alles über die Hülsenfrüchte gießen und einen Deckel auf den Topf legen. Die Hülsenfrüchte 2 Minuten stehen lassen, damit sie die Aromen aufnehmen können. Den Deckel abnehmen, das Gericht sorgfältig durchrühren und sofort servieren.

Für 4 Personen

würzig, aromatisch, leicht

Lahsun ki chatni Knoblauch-Chutney

Dies ist ein schönes Beispiel für die ungemein scharfen Chutneys und Pickles, die in Rajasthan gegessen werden. Sie werden häufig aus getrocknetem und eingemachtem Obst oder Gemüse hergestellt – hier aus *Kachri*, einer sauren, tomatenähnlichen Frucht. Die große Menge an Gewürzen macht das Chutney besser haltbar. Früher nahmen Reisende solche Chutneys mit und bereiteten sich unterwegs daraus mit Brot einfache, aber schmackhafte Mahlzeiten zu. Dieses köstliche Chutney hält sich, mit einer Ölschicht bedeckt, im Vorratsschrank eine Woche, im Kühlschrank bis zu 2 Wochen. Da *Kachri* bei uns kaum erhältlich ist, können Sie die Knoblauchmenge um 250 g erhöhen – aber dann wird das Chutney erheblich schärfer. Ist es Ihnen zu scharf, geben Sie einen Esslöffel Tomatenketchup hinzu. Malzessig ist in Feinkost- oder englischen Lebensmittelläden erhältlich.

Zutaten

250 ml Maisöl oder anderes Pflanzenöl
1 TL Kreuzkümmelsamen
125 g Knoblauch, grob gehackt
75 g getrocknete rote Chilischoten,
   in 250 ml Wasser eingeweicht,
   abgetropft und zu einer Paste
   zerrieben

75 ml Malzessig
2 EL Salz
1 EL rotes Chilipulver
250 g Kachri (siehe oben), grob zerdrückt
3 EL Zucker (oder nach Geschmack)
1 EL gehackte Korianderblätter
   (nach Belieben)

Das Öl in einem Topf erhitzen und den Kreuzkümmel hinzufügen. Wenn er aufspringt, den Knoblauch dazugeben und braten, bis er goldgelb wird.

Die Chilipaste, den Essig, das Salz und Chilipulver hinzufügen und unter ständigem Rühren 5–6 Minuten garen. Die Kachri, falls vorhanden, dazugeben und das Chutney weitere 12–15 Minuten garen, bis sich das Öl absetzt und nach oben steigt.

Abschmecken und Zucker nach Geschmack hinzufügen. Das Chutney von der Kochstelle nehmen und abkühlen lassen. Dieses Chutney kann kalt oder heiß gegessen werden. Wird es vor dem Servieren erhitzt, Koriandergrün hinzufügen.

Ergibt
etwa 500 g

scharf,
würzig

Missi roti Kichererbsenmehl-Fladen

Dieses rustikale, würzige Brot wird aus zwei verschiedenen Mehlsorten und Gewürzen zubereitet und erhält so einen einzigartigen Geschmack. Früher war es bei Reisenden sehr beliebt, die es mit scharfem Knoblauch-Chutney als leichte Mahlzeit aßen. Kichererbsenmehl hilft dem Körper, Wasser zu speichern, was vor allem bei Reisen durch die Wüste von Vorteil ist. Sie können das Brot entweder als Beilage zu jedem beliebigen Gericht aus Rajasthan essen oder als Imbiss mit einem Chutney oder Pickle Ihrer Wahl.

Zutaten

300 g Kichererbsenmehl
200 g Weizenmehl
25 g Salz
1 TL fein gehackter frischer Ingwer
2 grüne Chilischoten, entkernt und fein
  gehackt
1 EL fein gehackte Korianderblätter

1 TL Ajowansamen (S. 24)
½ TL rotes Chilipulver
½ TL gemahlene Kurkuma
2 EL Pflanzenöl
1 rote Zwiebel, fein gehackt
1 Frühlingszwiebel, fein gehackt
3 EL zerlassenes Ghee zum Bepinseln

Kichererbsenmehl und Weizenmehl in einer großen Schüssel vermischen. 3–4 EL Mehlmischung in eine kleine Schüssel geben und beiseite stellen. Salz, Ingwer, grüne Chilischoten, Koriandergrün, Ajowansamen, Chilipulver und Kurkuma sorgfältig unter das Mehl in der großen Schüssel mischen.

Das Öl sowie 200 ml Wasser hinzufügen und alles zu einem festen Teig verkneten. Sollte sich der Teig zu weich anfühlen, einen Teil des beiseite gestellten Mehls einarbeiten. Den Teig zu einer Kugel formen, mit einem feuchten Küchenhandtuch abdecken und für 15–20 Minuten beiseite stellen.

Den Teig in acht Stücke teilen und diese zu Kugeln rollen. Auf jedes Teigstück etwas gehackte rote Zwiebel und Frühlingszwiebel geben und dieses dann zu 15–20 cm großen Fladen ausrollen.

Eine große Pfanne bei schwacher bis mittlerer Temperatur erhitzen. Die Fladen ohne Fett nacheinander auf jeder Seite 3–4 Minuten ausbacken, bis sie Farbe annehmen.

Die fertigen Fladen auf beiden Seiten mit etwas zerlassenem Ghee bepinseln und heiß servieren.

Ergibt 8 Stück

Murgh makhani Hähnchen-Curry

In den 1950er-Jahren entstand in dem legendären Restaurant Moti Mahal in Alt-Delhi dieses Gericht, das für Millionen Menschen auf der ganzen Welt zum Inbegriff indischer Küche wurde. Im Westen wandelt man es häufig ab, aber hier wird es genau wie in Alt-Delhi zubereitet. Im Idealfall wird das Huhn auf Spießen in einem Tandoor gegart, damit es einen rauchigen Geschmack bekommt, aber ein Holzkohlegrill oder der Backofen tun es auch. Das Hähnchen sollte etwa zu zwei Dritteln gegart und dann in der Sauce geköchelt werden. Herabtropfender Fleischsaft wird aufgefangen, durch ein Sieb gegossen und der Sauce hinzugefügt.

Zutaten

1 TL Ingwerpaste
1 TL Knoblauchpaste
1½ TL Salz
1½ TL Chilipulver
Saft von ½ Zitrone
800 g entbeinte Hähnchenschenkel, gehäutet und halbiert
100 g griechischer Joghurt
1 Prise gemahlenes Garam masala

Sauce

1,25 kg Tomaten, halbiert
2,5 cm frischer Ingwer, zerdrückt
4 Knoblauchzehen, zerdrückt

4 grüne Kardamomkapseln (S. 260)
2 Nelken
1 Zimtblatt oder Lorbeerblatt
1½ EL Kashmir-Chilipulver (S. 22)
60 g Butter, in kleine Stücke geschnitten
2,5 cm frischer Ingwer, fein gehackt
4 grüne Chilischoten, längs in vier Stücke geschnitten
75 g Sahne
1 TL Salz
1 TL gemahlene getrocknete Bockshornkleeblätter
1 Prise gemahlenes Garam masala
2 TL Zucker (nach Belieben)

Den Grill vorbereiten oder den Backofen auf 220 °C vorheizen. Für die Marinade Ingwerpaste, Knoblauchpaste, Salz, Chilipulver und Zitronensaft in einer großen Schüssel vermischen. Das Hühnerfleisch hineingeben und mit den Händen in der Marinade wenden. Das Fleisch für 20 Minuten beiseite stellen. Den Joghurt mit dem Garam masala vermischen und zu dem marinierten Hähnchenfleisch geben. Das Fleisch am besten noch einmal 10 Minuten stehen lassen.

Das Hähnchenfleisch auf Spieße stecken und auf dem Grill oder im Backofen 15–18 Minuten braten, dabei die Spieße zum gleichmäßigen Garen nach etwa 10 Minuten drehen.

In der Zwischenzeit die Sauce zubereiten. Die Tomaten mit 125 ml Wasser in einen Topf geben. Ingwer, Knoblauch, Kardamom, Nelken und Zimt- oder Lorbeerblatt hinzufügen. Die Zutaten garen, bis die Tomaten vollkommen zerfallen sind. Das Zimt- oder Lorbeerblatt entfernen.

Für 4–6 Personen

schwer, duftend

Den Topf von der Kochstelle nehmen und die Mischung mit dem Stabmixer oder in der Küchenmaschine pürieren, dann durch ein Sieb streichen, sodass ein sehr glattes Püree entsteht.

Das Püree wieder in den Topf geben und zum Kochen bringen. Das Chilipulver unterrühren und das Püree weitergaren, bis es dick wird. Nach und nach und unter ständigem Rühren die Butter hinzufügen.

Das Fleisch von den Spießen nehmen, mit dem durchgesiebten Bratensaft in den Topf geben und 5–6 Minuten köcheln lassen. Wenn die Sauce dick wird, Ingwer, grüne Chilischoten und Sahne hinzufügen. So lange weiterköcheln lassen, bis die Sauce so dick ist, dass sie das Fleisch überzieht.

Den Topf von der Kochstelle nehmen, bevor sich das Fett absetzt und nach oben steigt. (Sollte das passieren, 1–2 EL Wasser sowie 1 EL Sahne unterrühren, dann den Topf sofort vom Herd nehmen.) Salz, Bockshornklee und Garam masala sorgfältig untermischen. Abschmecken und, falls gewünscht, den Zucker hinzufügen.

Das Curry mit heißem Naan (S. 50) oder Pilaw-Reis servieren.

Kadhai paneer Pfannengerührter Panir mit Paprikaschoten

Ein *Kadhai* oder *Karahi* ist ein indischer Wok und dieses Gericht vermutlich das beliebteste *Kadhai*-Gericht in ganz Indien. Überdies ist es das einfachste, leckerste und farbenfrohste unter den verschiedenen Varianten. Diese Art der Speisenzubereitung ist vielseitig und geht schnell, wenn man ein paar Vorbereitungen getroffen hat. Bereiten Sie die Grundsauce im Voraus zu, dann müssen Sie nur noch Fleisch, Fisch oder Gemüse und Gewürze auswählen. Vielleicht möchten Sie ein Glas mit Grundsauce im Kühlschrank aufbewahren. Zunehmend beliebt ist diese Zubereitungsmethode bei jungen Leuten, die kochen lernen und Neues ausprobieren möchten, ohne viel Zeit in der Küche zu verbringen.

Zutaten

1 EL Ghee oder Maisöl
½ TL Chiliflocken
2 rote oder gelbe Paprikaschoten, entkernt und in 1 x 3 cm große Stücke geschnitten
1 rote Zwiebel, in 1 cm dicke Scheiben geschnitten
600 g Panir, in 1 x 3 cm große Stäbchen geschnitten (S. 25)
20 g Korianderblätter, fein gehackt
½ TL getrocknete Bockshornkleeblätter, gerebelt
Saft von 1 Zitrone
5 cm frischer Ingwer, in feine Streifen geschnitten

Grundsauce

80 g Ghee oder Maisöl
30 g Knoblauchzehen, fein gehackt
15 g Koriandersamen, grob zerstoßen
8 rote Chilischoten, im Mörser grob zerdrückt
2 Zwiebeln, fein gehackt
5 cm frischer Ingwer, fein gehackt
3 grüne Chilischoten, fein gehackt
750 g reife Tomaten, fein gehackt
2 TL Salz
1 TL gemahlenes Garam masala
1½ TL getrocknete Bockshornkleeblätter, gerebelt
1 TL Zucker (nach Belieben)

Für die Sauce das Ghee in einem Topf erhitzen. Den Knoblauch darin leicht bräunen. Umrühren, dann Koriandersamen und rote Chilischoten dazugeben. Wenn sich ihr Aroma entfaltet, die Zwiebeln hinzufügen und goldgelb braten. Ingwer, grünen Chili und Tomaten unterrühren. Auf schwache Hitze herunterschalten und das Ganze garen, bis alle Flüssigkeit verdampft ist und das Fett sich abzusetzen beginnt. Salz, Garam masala und Bockshornkleeblätter untermischen. Abschmecken und falls nötig etwas Zucker hinzufügen.

Zur Zubereitung des Gerichts das Ghee in einem Kadhai oder einer großen Pfanne erhitzen. Chiliflocken, Paprika und rote Zwiebel darin bei starker Hitze knapp 1 Minute unter Rühren braten, den Käse dazugeben und nochmals 1 Minute braten. Die Sauce sorgfältig unterheben und erhitzen. Abschmecken und falls nötig etwas nachsalzen. Zum Schluss Koriandergrün, Bockshornkleeblätter und Zitronensaft untermischen. Mit Ingwer garnieren und servieren. Dazu Naan (S. 50) reichen.

Für 4–6 Personen

**farbenfroh,
süß-sauer**

Subz saag gosht Lamm mit Wintergemüse und Spinat

Dieses Rezept hat seine Wurzeln in Kaschmir, dem nördlichsten indischen Bundesstaat an der Grenze zu Pakistan, wo die Winter streng sind. Es ist eine einfache, aber wärmende Mahlzeit aus Speiserüben, Möhren, Spinat, Dill und Lammfleisch.

Zutaten

80 g Ghee oder Maisöl
2 TL Kreuzkümmelsamen
2 TL Nelken
2 große Zwiebeln, fein gehackt
50 g Knoblauch, fein gehackt
40 g frischer Ingwer, fein gehackt
2 TL rotes Chilipulver
1 TL gemahlene Kurkuma
2 TL Salz
1 kg entbeinte Lammkeule, in 2,5 cm
 große Würfel geschnitten

4 grüne Chilischoten, längs aufgeschlitzt
je 150 g Speiserübe und Möhren, in 1 cm
 große Würfel geschnitten
300 ml Lammfond oder Wasser
200 g Tomaten, fein gewürfelt
400 g Spinatblätter, fein gehackt
1½ TL gemahlene Gewürzmischung aus
 gleichen Teilen Nelken, Muskatnuss, Muskatblüte und grünen Kardamomkapseln
 (S. 260)
30 g Dillspitzen, fein gehackt

Ghee oder Öl in einem schweren Topf erhitzen und Kreuzkümmel und Nelken hineingeben. Wenn sie aufspringen, die Zwiebeln hinzufügen und sautieren, bis sie hell goldgelb sind. Knoblauch und Ingwer dazugeben und 2–3 Minuten braten, bis der Knoblauch Farbe annimmt.

Chilipulver, Kurkuma und Salz hineinstreuen und einige Minuten rühren, bis die Gewürze aromatisch duften und das Fett sich abzusetzen beginnt. Die Fleischwürfel hinzufügen und 5–6 Minuten unter ständigem Rühren garen, bis sie an den Rändern braun werden.

Wenn die meiste Flüssigkeit verdampft ist und das Fleisch braun wird, grüne Chilischoten, Speiserübe und Möhren unterrühren. Den Lammfond dazugießen. Auf schwache Hitze herunterschalten und alles zugedeckt garen, bis das Fleisch zu drei Vierteln gar ist.

Den Deckel abnehmen, die Tomaten in den Topf geben und die Zutaten weitere 10–12 Minuten garen, bis das Fleisch fast gar ist und die Tomaten zerfallen sind. Den Spinat untermischen und die Temperatur wieder heraufschalten. Den Topfinhalt nochmals 2–3 Minuten garen, falls gewünscht mit Deckel.

Das Gericht abschmecken. Zum Schluss Gewürzmischung und Dill darüberstreuen. Den Deckel aufsetzen und den Topf von der Kochstelle nehmen.

Bei Tisch den Deckel abnehmen und das Gericht sofort mit Fladenbrot (Chapati oder Roti) servieren.

Für 4 Personen

schwer,
würzig,
rustikal

Dahi wali machli Wels in Joghurtsauce

Der Norden Indiens ist nicht gerade für Fischgerichte bekannt, doch scheint es in jeder Region zumindest ein Standardrezept für Fisch zu geben. Meist werden Süßwasserfische aus Flüssen oder Seen verwendet. Zu den heimischen Fischen gehören *Rohu* und *Katla*, die aber durch andere Süßwasserfische wie Flussbarsch oder auch Heilbutt oder Seeteufel ersetzt werden können.

Zutaten

1 kg Wels-, Flussbarsch- oder Karpfenfilet, in 4 cm große Würfel geschnitten
1 TL Salz
Saft von 1 Zitrone
1 ½ TL gemahlene Kurkuma
1 ½ TL rotes Chilipulver
1 EL Ajowansamen (nach Belieben)
2 EL Kichererbsenmehl
Öl zum Frittieren

Sauce

3 EL Ghee oder Maisöl
1 Zwiebel, fein gehackt

1 TL gemahlener Kreuzkümmel
1 TL gemahlene Kurkuma
1 TL rotes Chilipulver
1 TL Salz
2,5 cm frischer Ingwer, fein gehackt
2 grüne Chilischoten, aufgeschlitzt
450 g Naturjoghurt
40 g Kichererbsenmehl
250 ml Fischfond oder Wasser
½ TL getrocknete Bockshornkleeblätter, gerebelt
½ TL gemahlenes Garam masala

Für 4 Personen

leicht, frisch, säuerlich

Den Backofen auf niedriger Temperatur vorheizen. Den Fisch in einer großen Schüssel mit Salz, Zitronensaft und Kurkuma einreiben. 20 Minuten durchziehen lassen.

Den Fisch mit Chilipulver, Ajowansamen und Kichererbsenmehl bestreuen. Die Würfel sorgfältig mit den Händen durchheben, um sie mit den Zutaten zu überziehen.

Das Öl in einem tiefen Topf erhitzen. Die Fischwürfel hineingeben und 2–3 Minuten frittieren, bis sie goldbraun sind. Auf Küchenpapier abtropfen lassen, in eine ofenfeste Form füllen und im Backofen warm stellen.

Für die Sauce das Ghee in einem Topf erhitzen und die Zwiebel darin goldbraun braten. Kreuzkümmel, Kurkuma, Chilipulver und Salz hinzufügen und rösten, bis sich ihr Aroma entfaltet. Ingwer und grüne Chilischoten unterrühren und 2 Minuten garen.

Joghurt und Kichererbsenmehl in einer Schüssel glatt rühren, dann langsam in den Topf gießen, dabei weiterrühren, damit der Joghurt nicht ausflockt. Die Temperatur heraufschalten und die Sauce zum Kochen bringen. Den Fond oder das Wasser hinzufügen. Die Sauce wieder aufkochen und 3–5 Minuten köcheln lassen.

Die Fischwürfel in die Sauce geben und bei schwacher Hitze noch einige Minuten garen. Abschmecken, dann Bockshornklee und Garam masala unterrühren. Den Deckel auflegen und das Gericht sofort mit gedämpftem Reis servieren.

Dal makhani Urdbohnen

Dies ist ein typisches Gericht aus dem Punjab, dem Land der fünf Flüsse, nahrhaft und nicht gerade kalorienarm, da es mit einer Menge Butter zubereitet wird. Urdbohnen sind im Asienladen erhältlich. Gewöhnlich hat dieses Gericht eine lange Zubereitungszeit – traditionell wird es auf die Kohleglut im Tandoor gesetzt, wo man es die ganze Nacht köcheln lässt.

Zutaten

250 g ganze Urdbohnen (Urad),
    über Nacht in lauwarmem Wasser
    eingeweicht
1 TL Ingwerpaste
1 TL Knoblauchpaste
1 ½ TL Salz
2 TL rotes Chilipulver

2 EL Tomatenmark
150 g Butter
1 TL Garam masala
½ TL gemahlene getrocknete
    Bockshornkleeblätter
½ TL Zucker
4 EL Sahne

Die Bohnen abtropfen lassen, mit 1,5 l Wasser in einen Topf geben und zum Kochen bringen. Die Bohnen etwa 1 Stunde köcheln lassen, bis sie gut durchgegart, aber noch nicht vollkommen zerfallen sind.

Ingwerpaste, Knoblauchpaste, Salz und Chilipulver hinzufügen und die Bohnen noch einmal 10 Minuten köcheln lassen. Auf niedrige Temperatur herunterschalten, dann Tomatenmark und Butter dazugeben. Die Bohnen unter häufigem Rühren weitere 15 Minuten garen, bis sie eingedickt sind, dabei darauf achten, dass sich die Butter nicht von den Bohnen trennt.

Garam masala, Bockshornklee und Zucker unterrühren und das Gericht abschmecken; falls nötig nachsalzen. Zum Schluss die Sahne unterrühren und sofort servieren.

Für 4 Personen

nahrhaft,
rustikal,
sahnig

Naan Fladenbrot

Dieses einfache Brot aus Delhi und dem Punjab ist vielleicht eines der schönsten Geschenke, die die Menschheit dem Tandoor verdankt. Es ist auf der ganzen Welt beliebt und eine großartige Beilage zu jedem Curry. Traditionell wird *Naan* in einem mit Holzkohle befeuerten Tonofen gebacken, aber man kann es ebenso gut in einem normalen Backofen oder unter dem Grill zubereiten. Ihrer Fantasie sind keine Grenzen gesetzt – bereiten Sie aus *Naan* doch auch einmal Sandwiches und Appetithäppchen zu.

Zutaten
35 g feiner Zucker
2 Eier
400 ml Vollmilch
750 g Mehl
1 ½ TL Backpulver
1 EL Salz
3 ½ EL Pflanzenöl

Den Backofen auf 220 °C vorheizen und zwei beschichtete Backbleche vorwärmen. Oder den Grill auf höchster Stufe vorheizen.

Zucker, Eier und Milch in einem großen Krug verrühren, bis sich der Zucker aufgelöst hat. Das Mehl in einer großen Schüssel mit Backpulver und Salz vermischen. Nach und nach die Milchmischung dazugießen und mit den Händen untermischen, sodass ein weicher Teig entsteht, dabei nicht zu stark kneten, weil er sonst zu elastisch wird. Die Schüssel mit einem feuchten Tuch abdecken und den Teig 15 Minuten gehen lassen.

Das Öl hinzufügen und rasch unter den Teig mischen. Den Teig in 16 Stücke teilen. Die Stücke zu Fladen von etwa 10 cm Durchmesser ausrollen. Damit sie die traditionelle »Tränenform« bekommen, die Fladen nacheinander über den Handrücken legen und auf einer Seite leicht in die Länge ziehen. Die Fladen auf die heißen Bleche legen und 4–5 Minuten backen.

Bei Benutzung des Grills eine Grillpfanne auf dem Herd erhitzen. Einen Fladen in die Pfanne legen und 2–3 Minuten auf dem Herd backen, bis sich die Unterseite leicht zu verfärben beginnt. Die Pfanne in den Grill schieben und das Brot noch etwa 1 Minute backen, bis es aufgeht und die Oberseite leicht gebräunt ist. Das Brot warm servieren (falls nötig im Backofen bei 180 °C noch einmal 1–2 Minuten erhitzen).

Ergibt 16 Stück

Nalli gosht Lammhachse in Safransauce

Dieses Gericht ist sehr einfach zuzubereiten, aber ein großartiger Beweis für die Finesse, die die Kochkunst während der Regierungszeit einiger Mogulherrscher in Lakhnau erreichte. Durch das langsame Garen geben die Hachsen maximale Mengen an Gelatine ab, wodurch die Sauce einzigartigen Glanz und Glätte erhält.

Zutaten

4 Lammhachsen
3 EL Maisöl
2 schwarze Kardamomkapseln, zerstoßen (S. 260)
2 Zimtstangen
2 große Zwiebeln, fein gehackt
1 TL Ingwerpaste
1 TL Knoblauchpaste
1½ TL Chilipulver
½ TL gemahlene Fenchelsamen
½ TL gemahlener Koriander

1 TL Ingwerpulver
2 EL Naturjoghurt
5 Tomaten, püriert
1½ TL Salz
600 ml Lammfond oder Wasser

Zur Fertigstellung

¼ TL gemahlenes Garam masala
1 große Prise Safranfäden
3 Tropfen Rosenwasser (nach Belieben)
2 EL Sahne

Die Hachsen in einem großen Topf mit kochendem Wasser zugedeckt 20 Minuten garen. Abtropfen lassen. Sobald sie etwas abgekühlt sind, Knorpel abschneiden.

Das Öl in einem Topf erhitzen, in dem alle Hachsen Platz haben. Kardamom und Zimtstangen dazugeben. Wenn sie aufspringen, die Zwiebeln hinzufügen und goldbraun braten. Ingwer- und Knoblauchpaste dazugeben und 2 Minuten unter ständigem Rühren garen. Die gemahlenen Gewürze wird das Ingwerpulver hinzufügen und 3 Minuten braten.

Langsam den Joghurt unterschlagen und rühren, bis die Sauce köchelt. Die pürierten Tomaten untermischen. Wieder zum Kochen bringen und mit Salz abschmecken.

Die Hachsen in die köchelnde Sauce legen. Einen fest sitzenden Deckel auflegen und bei schwacher Hitze 1½–2 Stunden köcheln lassen, bis das Fleisch fast vom Knochen fällt. Zwischendurch ab und zu Fond oder Wasser nachgießen, damit die Hachsen vollkommen bedeckt sind.

Oder die Hachsen im Backofen zubereiten: In einen Bräter legen, mit Sauce und Fond bedecken und im auf 180 °C vorgeheizten Backofen 2½–3 Stunden schmoren. Nach 2 Stunden immer wieder einen Gartest machen.

Die fertigen Hachsen auf einer Servierplatte anrichten und abgedeckt im leicht erwärmten Backofen warm halten.

Fett oder Öl von der Sauce abschöpfen. Die Sauce durch ein Sieb in einen kleineren Topf gießen und wieder auf den Herd setzen. Garam masala, Safran und, sofern verwendet, Rosenwasser hinzufügen. Zum Kochen bringen und abschmecken, dann die Sahne unterrühren. Die Sauce über die Hachsen gießen und sofort servieren.

Für 4 Personen

angenehm würzig

Kachhi mirch ka gosht Lammschulter mit Chilischoten und Minze

Lammschulter eignet sich wunderbar zum Schmoren. Dieses Gericht ähnelt einem nordindischen *Korma*, bekommt aber durch grüne Chilischoten und Minze eine frische, scharfe Note und durch das Hinzufügen von Zwiebeln und weiteren Chilischoten am Ende der Garzeit zudem eine großartige Konsistenz.

Zutaten

1 kg entbeinte Lammschulter, in 3,5 cm große Würfel geschnitten

300 g Naturjoghurt

1 ½ TL schwarze Pfefferkörner, grob zerstoßen

10 g Koriandersamen, geröstet und grob gemahlen

10 g Kreuzkümmelsamen, geröstet und grob gemahlen

2 TL Salz

80 g Ghee oder Maisöl

1 Blättchen Muskatblüte

5 schwarze Kardamomkapseln (S. 260)

250 g weiße Zwiebeln, fein gehackt

20 g frischer Ingwer, fein gehackt

6 grüne Chilischoten, längs aufgeschlitzt

750 ml Lammfond oder Wasser

40 g Cashewmus

2 ½ EL Sahne

1 rote Zwiebel, in 1 cm große Würfel geschnitten

1 EL fein gehackte Minzeblätter

Saft von 1 Zitrone

1 TL geröstete und gemahlene Fenchelsamen

Die Fleischwürfel 10 Minuten unter fließend kaltem Wasser waschen, um alles Blut zu entfernen, dann mit Küchenpapier trockentupfen. Mit Joghurt, Pfeffer, Koriander, Kreuzkümmel und Salz in eine Schüssel geben, sorgfältig vermischen und durchziehen lassen.

Das Ghee bis auf 1 EL in einem schweren Topf erhitzen. Muskatblüte und Kardamomfrüchte hineingeben und einige Sekunden rühren. Die weißen Zwiebeln hinzufügen und bei mittlerer Temperatur garen, bis sie weich und glasig, aber noch nicht braun sind. Sobald sie hell goldgelb werden, den Ingwer und 4 grüne Chilischoten dazugeben.

Die Fleischwürfel unterrühren und 12–15 Minuten unter ständigem Rühren garen, dabei darauf achten, dass das Fleisch nicht gebräunt wird. Den Fond oder das Wasser dazugießen. Die Hitze reduzieren und das Fleisch zugedeckt schmoren, bis es beinahe gar ist.

Die Cashewmus untermischen und weitere 5–7 Minuten garen. Die Sahne hinzufügen und alles abschmecken, dann sanft köcheln lassen.

In einem zweiten Topf das restliche Ghee erhitzen. Rote Zwiebel und übrige Chilischoten darin rasch braten, bis die Zwiebel weich und glasig ist. Die Mischung zum Fleisch hinzufügen, Minze und Zitronensaft darübergeben und zusammen mit den gemahlenen Fenchelsamen unterrühren. Sofort mit Paratha (S. 62) oder Pilaw servieren.

Für 4 Personen

scharf, frisch

Rezala Ziegen-Curry auf Bhopal-Art

Dieses faszinierende Rezept stammt aus der Küche einer steinreichen Maharani in Zentralindien. Ich mag es, weil es sehr leicht zu merken und einfach zuzubereiten ist. Es erinnert auf merkwürdige Weise an ein mittelalterliches Rezept für Früchtekuchen, für das man gleiche Mengen von allen Zutaten mischt und in den Backofen schiebt.

In diesem Fall gibt man die Zutaten in einen Topf und gart sie entweder im Backofen oder bei schwacher Hitze auf dem Herd. Ich habe hier Ziege verwendet, Lamm oder Hammel eignet sich aber ebenso gut.

Zutaten

1 kg entbeinte Ziegenkeule, in 2,5 cm
   große Würfel geschnitten
200 ml Maisöl oder Ghee
200 g grüne Chilischoten, längs
   aufgeschlitzt und entkernt
200 g Röstzwiebeln, grob zerstoßen
25 g Ananas, püriert
200 g griechischer Joghurt
2 EL fein gehackter frischer Ingwer
1 EL Knoblauchpaste
25 g geröstetes Kichererbsenmehl
25 g Salz
1 TL Pimentkörner
2 TL Samen von schwarzem
   Kreuzkümmel (S. 260)

2 TL rotes Chilipulver
2 TL gemahlener Kreuzkümmel
2 TL gemahlenes Garam masala
Paratha-Teig (S. 62) oder ein Teig aus
   Mehl und Wasser zum Verschließen
   des Topfes

Zur Fertigstellung

100 g Sahne
50 g geröstete Cashewkerne, zu einer
   Paste zerrieben
120 g Korianderblätter, gehackt
20 g Minzeblätter, gehackt

Für 4 Personen

scharf, würzig und nahrhaft

Den Backofen, sofern benutzt, auf 180 °C vorheizen.

Die Fleischwürfel mit allen anderen Zutaten (den Teig ausgenommen) vermischen und zum Marinieren für 10–15 Minuten beiseite stellen.

Das Fleisch in eine ofenfeste Kasserolle aus Ton oder einen feuerfesten Topf mit fest schließendem Deckel geben. Den Deckel mit dem Teig abdichten und falls nötig ein Gewicht auf den Deckel setzen, damit während des Garens kein Dampf entweicht.

Kasserolle oder Topf in den Backofen bzw. bei niedriger Temperatur auf den Herd setzen. Das Fleisch 2 Stunden garen, bis es weich ist. Beim Garen im Backofen die Temperatur nach 25–30 Minuten auf 110 °C herunterschalten.

Die Sauce umrühren. Sahne und Cashewpaste untermischen. Die Sauce wieder zum Kochen bringen und abschmecken. Das Curry mit Koriandergrün und Minze bestreuen und servieren.

Subz miloni Saisongemüse in Spinat-Knoblauch-Sauce

Gemüse wie Pilze und Maiskölbchen gab es früher nicht, werden heute jedoch häufiger angeboten. Für dieses Gericht können Sie beliebige Gemüse verwenden, alle sollten aber in Stücke etwa der gleichen Größe und Form geschnitten werden. Zudem sollte man harte Gemüse vorgaren und zarte Sorten erst später hinzufügen.

Zutaten

150 g Möhren, in 1 cm große Würfel geschnitten

150 g Blumenkohl, in 1 cm große Röschen geteilt

100 g Prinzessbohnen, in 1 cm lange Stücke geschnitten

1 kg junge Spinatblätter

75 g Ghee oder Pflanzenöl

2 TL Kreuzkümmelsamen

40 g Knoblauch, fein gehackt

1 große Zwiebel, fein gehackt

2,5 cm frischer Ingwer, fein gehackt

6 grüne Chilischoten, fein gehackt

1 ½ TL gemahlener Koriander

2 TL Salz

100 g Champignons, in 1 cm große Würfel geschnitten

50 g Maiskölbchen, in 1 cm lange Stücke geschnitten oder Mais aus der Dose (nach Belieben)

50 g Brokkoliröschen, in 1 cm lange Stücke geschnitten (nach Belieben)

50 g Tiefkühl-Erbsen, aufgetaut

1 EL Kichererbsenmehl

25 g Butter

4 EL Sahne

1 TL getrocknete Bockshornkleeblätter, gerebelt

1 TL gemahlenes Garam masala

Möhren 4 Minuten, Blumenkohl und Bohnen 3 Minuten vorgaren. Gut abtropfen lassen, in Eiswasser abschrecken und wieder abtropfen lassen.

Den Spinat in kochendem Salzwasser blanchieren, bis er zusammengefallen ist. Abtropfen lassen, rasch in Eiswasser abkühlen, ausdrücken und in der Küchenmaschine glatt pürieren; falls nötig etwas Wasser hinzufügen.

Das Ghee oder Öl in einem schweren Topf bei mittlerer Temperatur erhitzen. Den Kreuzkümmel hineinrühren. Wenn der Kreuzkümmel aufspringt, den Knoblauch hinzufügen und goldgelb braten. Die Zwiebel dazugeben. Auf schwache Hitze reduzieren und die Zwiebel garen, bis sie weich und goldbraun ist. Ingwer und Chilischoten hinzufügen und 2–3 Minuten braten.

Möhren und Blumenkohl unterrühren und 2–4 Minuten garen. Koriander und Salz dazugeben, dann die Pilze. Die Pilze unter Rühren 2–3 Minuten braten, bis sie weich werden. Den Mais hinzufügen und 1–2 Minuten garen, dann Brokkoli, Bohnen und Erbsen dazugeben und sorgfältig vermischen. Das Kichererbsenmehl hinzufügen und den Topfinhalt 2–3 Minuten rühren. Das Spinatpüree dazugeben, zum Kochen bringen und Butter und Sahne untermischen.

Das Curry abschmecken, sobald es wieder kocht. Aber nicht zu lange kochen, weil es sich sonst verfärbt und unappetitlich aussieht. Zum Schluss Bockshornklee und Garam masala hinzufügen und mit Paratha (S. 62) oder Chapati servieren.

Für 4–6 Personen

frisch, leicht, aromatisch

Bateyr masala Wachteln in würziger Sauce

Früher brachten die *Bawarchis* (Köche) ihre Speisen in verschlossenen Gefäßen zu ihren reichen Kunden, um zu verhindern, dass jemand in dem Essen herumpfuschte. Ein Gericht wie dieses wurde nur zu besonderen Anlässen zubereitet. Mit einem Pilaw serviert kann es zum Mittelpunkt Ihrer Tafel werden. Anstelle von Wachteln eignet sich auch anderes Wildgeflügel wie Rebhuhn oder Fasan.

Zutaten

6 Wachteln, je etwa 300 g schwer, gehäutet
25 g Ingwerpaste
25 g Knoblauchpaste
2½ TL rotes Chilipulver
1 TL gemahlene Kurkuma
2½ TL Salz
200 ml Pflanzenöl oder Ghee
2,5 cm Zimtstange
1 Blättchen Muskatblüte

2 schwarze Kardamomkapseln (S. 260)
1 EL schwarze Pfefferkörner
5 Nelken
5 grüne Kardamomkapseln (S. 260)
250 g Zwiebeln, glatt püriert
2 EL gemahlener Koriander
450 g Naturjoghurt
1½ EL Kichererbsenmehl
1 TL gemahlenes Garam masala
50 g Korianderblätter, fein gehackt

Die Wachteln unter fließend kaltem Wasser innen und außen waschen und mit Küchenpapier trocken tupfen. Mit einer Mischung aus 1 EL Ingwerpaste, 1 EL Knoblauchpaste, 1 TL rotem Chilipulver, ½ TL Kurkuma und 1 TL Salz einreiben und für 10–15 Minuten beiseite stellen.

Einen flachen, breiten Topf mit fest schließendem Deckel, in dem die Wachteln bequem Platz haben, bei mittlerer Temperatur mit dem Öl oder Ghee darin erhitzen. Die Wachteln in dem Fett braten, bis sie rundum goldbraun sind, dann mit einem Schaumlöffel in eine Schüssel heben und beiseite stellen.

Bratensaft und Öl im Topf wieder erhitzen und die ganzen Gewürze hinzufügen. Rühren, bis sie ihr Aroma entfalten. Zwiebelpüree sowie restliche Ingwer- und Knoblauchpaste dazugeben und weiterrühren, damit nichts ansetzt. Nach 5–6 Minuten die Reste von Chilipulver, Kurkuma und Salz sowie den gemahlenen Koriander hinzufügen und alles garen, bis sich das Fett abzusetzen beginnt.

Die Wachteln wieder in den Topf heben und Sauce darüber schöpfen. Joghurt und Kichererbsenmehl verrühren, über die Wachteln geben und mit der Sauce vermischen. Die Hitze reduzieren und das Ganze mit Deckel noch einmal 15–20 Minuten garen.

Die Wachteln in eine Servierschüssel heben und warm stellen. Die Sauce ein paar Minuten mit dem Schneebesen oder einer Gabel schlagen, damit sie emulgiert. Die Sauce abschmecken, dann Garam masala und Koriandergrün untermischen. Die Sauce über die Wachteln schöpfen und das Gericht sofort servieren.

Für 6 Personen

relativ fettreich, aromatisch

Gucchi aur murgh kalia Hähnchen-Morchel-Curry

Mitte des 18. Jahrhunderts erreichte der Konkurrenzkampf unter den Köchen in Lakhnau seinen Höhepunkt. Jeder versuchte, die anderen zu übertrumpfen, indem er noch raffiniertere Gerichte kreierte. Zur ultimativen Dekoration wurde Blattgold.

Zutaten

50 g große getrocknete Morcheln
500 g Zwiebeln, in Scheiben geschnitten
Öl zum Frittieren
300 g Naturjoghurt
100 g Ghee oder Pflanzenöl
1 TL Samen von Schwarzem Kreuzkümmel
1 TL Pimentkörner
½ Muskatnuss
1 Blättchen Muskatblüte
4 grüne Kardamomkapseln (S. 260)
½ TL schwarze Pfefferkörner
1 kg entbeinte Hühnerschenkel, von Fett befreit und längs halbiert

2 EL Ingwerpaste
2 EL Knoblauchpaste
2 EL Kashmir-Chilipulver
2 TL Salz
250 ml Hühnerfond
100 g Sahne
1 Prise Safranfäden
½ TL gemahlenes Garam masala
einige Tropfen Rosenwasser (nach Belieben)
2 Blättchen Blattgold (nach Belieben)

Für 4–6 Personen

aromatisch, würzig

Die Morcheln sorgfältig waschen, dann 30 Minuten in 200 ml Wasser einweichen. Abtropfen lassen und mit Küchenpapier trockentupfen. Einweichwasser aufbewahren.

Die Zwiebeln goldgelb frittieren, abtropfen lassen und mit 50 g Joghurt sowie etwas Wasser zu einer Paste verarbeiten.

In einem schweren Topf 1 EL Ghee erhitzen und ½ TL Schwarzen Kreuzkümmel hinzufügen. Wenn die Samen platzen, die Morcheln dazutun und bei mittlerer Hitze einige Minuten sautieren, dann mit einem Schaumlöffel herausheben und beiseite stellen.

Das restliche Ghee im Topf erhitzen und die ganzen Gewürze sowie den restlichen Kreuzkümmel hinzufügen. Die Gewürze 1–2 Minuten rühren, dann die Hähnchenteile hineinlegen und bei starker Hitze 2–3 Minuten braten. Zwiebel-, Ingwer- und Knoblauchpaste untermischen und 2–3 Minuten unter Rühren garen. Chilipulver und Salz hinzufügen und alles 2–3 Minuten garen. Nach und nach den restlichen Joghurt unterrühren und 5 Minuten garen, dann Hühnerfond und Einweichwasser der Pilze dazugeben. Die Hitze reduzieren und alles zugedeckt köcheln lassen, bis das Fleisch gar ist.

Die Fleischstücke mit einem Schaumlöffel herausnehmen und beiseite stellen. Die Sauce durch ein Sieb streichen, wieder in den Topf geben, zum Kochen bringen und reduzieren, bis sie eine saucenartige Konsistenz hat. Auf schwache Hitze herunterschalten. Sahne, Safran und Garam masala unterrühren. Das Fleisch in den Topf legen und kurz erhitzen. Direkt vor dem Servieren Morcheln und, sofern verwendet, Rosenwasser hinzufügen. In einer flachen Schüssel anrichten und mit Blattgold garnieren.

Mutter pulao Erbsen-Pilaw

Dies ist eines der einfachsten Pilaw-Rezepte, die es gibt. Früher wurden Pilaws in Lakhnau und den zentralen Bundesstaaten auf sehr unterschiedliche Weise zubereitet und galten als etwas Besonderes. Der grundlegende Unterschied zwischen gekochtem Reis und einem Pilaw ist nicht die Verwendung von Gewürzen, sondern die Garmethode. Auch Kochreis kann mit Gewürzen zubereitet werden, doch am Ende gießt man das Garwasser ab. Bei Pilaw ist es wichtig, genau die richtige Menge Wasser zu verwenden, da dieses am Ende der Garzeit vollkommen aufgenommen sein sollte. Pilaw-Reis hat mehr Aroma und Nährstoffe.

Zutaten

400 g Basmati-Reis
75 g Ghee
1 TL Kreuzkümmelsamen
½ TL Nelken
1 Zimtblatt oder Lorbeerblatt
4 grüne Kardamomkapseln (S. 260)
1 Zimtstange

2 rote Zwiebeln, in dünne Scheiben
   geschnitten
100 g Tiefkühl-Erbsen, aufgetaut
1 EL Salz
10 g Minzeblätter, in Streifen geschnitten
10 g Korianderblätter, gehackt

Den Reis unter fließend kaltem Wasser waschen, dann 20–25 Minuten in kaltem Wasser quellen lassen. Dadurch verringert sich die Garzeit und die Körner zerfallen beim Garen nicht.

Das Ghee in einer schweren Kasserolle bei mittlerer Temperatur erhitzen und die ganzen Gewürze hineingeben. Wenn die Gewürze aufspringen, die Zwiebeln hinzufügen und goldbraun braten. Die Erbsen dazugeben und 2–3 Minuten garen. 800 ml Wasser und Salz hinzufügen und mit aufgelegtem Deckel zum Kochen bringen.

Den Reis abtropfen lassen und in den Topf geben. Den Topfinhalt zugedeckt wieder zum Kochen bringen und bei mittlerer Temperatur 8–10 Minuten garen. Zwischendurch ab und zu den Deckel abnehmen und den Reis behutsam umrühren.

Wenn das Wasser fast vollkommen aufgenommen ist und sich in der Oberfläche des Reises kleine Löcher zeigen, Minze und Koriander darüber streuen. Den Deckel fest auflegen. Auf schwache Hitze reduzieren und den Reis weitere 10 Minuten garen. Oder ihn für 10 Minuten in den auf 130 °C vorgeheizten Backofen schieben.

ANMERKUNG Bei Zubereitung im Mikrowellengerät den Anweisungen oben bis zum Hinzufügen der Erbsen folgen. Dann Salz und Reis dazugeben und rühren, bis die Körner mit Fett überzogen sind. Reis und Wasser in ein mikrowellenfestes Gefäß füllen, mit Folie abdecken und die Folie mehrmals einstechen. Den Reis 18–20 Minuten garen. Anschließend 5 Minuten ruhen lassen, dann in eine Servierschüssel füllen.

Für 4 Personen

**wunderbar
duftend**

Tawa paratha Gefaltetes Brot

Diese dreieckigen Brote bereitet man im Norden Indiens fast jeden Morgen zu und verzehrt sie zum Frühstück, Mittagessen und Abendessen. Mit anderen Gewürzen oder auch Chilischoten und Pasten können Sie Ihre ganz eigenen *Parathas* kreieren.

Zutaten
500 g Chapati-Mehl
2 TL Salz
1 EL Pflanzenöl
50 g Chapati-Mehl zum Bestauben
3 EL zerlassenes Ghee oder Pflanzenöl
1 EL Ajowansamen oder Schwarzkümmelsamen (nach Belieben)

Schritt 1
Das Mehl mit Salz, Öl und 275 ml Wasser in einer großen Schüssel zu einem glatten Teig verarbeiten. Die Schüssel mit einem feuchten Tuch oder Klarsichtfolie abdecken und den Teig 15 Minuten ruhen lassen.

Schritt 2
Den Teig in acht Stücke gleicher Größe teilen und diese zu Kugeln formen. Die Kugeln nacheinander flach drücken, mit etwas Mehl bestauben und mit dem Nudelholz zu 6–8 cm großen Fladen ausrollen. Die Fladen mit etwas Ghee bestreichen, gegebenenfalls mit Samen bestreuen, wieder mit etwas Mehl bestauben und einmal zusammenfalten.

Schritt 3
Wieder Ghee, Samen und Mehl auf die Halbkreise geben und diese dann zu Dreiecken zusammenfalten. Die Dreiecke mit dem Nudelholz behutsam flach drücken, bis sie etwa 3 mm dick sind.

Schritt 4
Eine Pfanne ohne Fett erhitzen und jedes Brot einige Minuten backen, bis die Oberfläche trocken wird und braune Flecken bekommt. Umdrehen und noch einmal 2 Minuten backen, dabei die Oberseite dünn mit Ghee bestreichen. Wieder umdrehen und die andere Seite mit Ghee einpinseln.

Schritt 5
Das Brot herausnehmen, sobald beide Seiten goldgelb und knusprig sind, und heiß servieren.

Schritt 2

Schritt 3

Ergibt 8 Stück

Schritt 5>

Chingri malai curry Riesengarnelen in Kokosmilchsauce

Dieses beliebte Gericht wird in Bengalen für besondere Gäste und große festliche Büfetts und Hochzeiten zubereitet. Ich kann mich noch erinnern, wie dieses Curry einmal in einer grünen Kokosnuss serviert wurde. Als Kind sagte man mir, dass das Wort *malai* für das cremige Fleisch der Kokosnuss steht. Aber vielleicht hat der bengalische Name seine Wurzeln auch in dem Wort »Malaya«, wie Malaysia in Indien heißt. Denn während meiner Reisen und meiner Arbeit als Koch habe ich immer wieder eine verblüffende Ähnlichkeit zwischen einem *Chingri malai curry* und einem malaysischen *Laksa* festgestellt.

Zutaten

5 cm frischer Ingwer, grob gehackt
10 Knoblauchzehen, grob gehackt
6 Zwiebeln, grob gehackt
225 ml Pflanzenöl
800 g möglichst große Süßwassergarnelen, geschält
und der Darm entfernt
1 EL gemahlene Kurkuma
1 EL Salz

3 Zimtblätter oder Lorbeerblätter
2 EL gemahlener Kreuzkümmel
4 grüne Chilischoten, längs aufgeschlitzt
200 ml dicke Kokosmilch (S. 213)
1 TL Zucker (nach Belieben)
5 grüne Kardamomkapseln (grün, S. 260),
Samen herausgelöst und im Mörser
fein gemahlen
2 EL Ghee

Ingwer und Knoblauch in der Küchenmaschine zu einer feinem Paste verarbeiten. Die Paste beiseite stellen. Die Zwiebeln mit 100 ml Öl zu einer feinen Paste verarbeiten.

Die Garnelen mit je ½ TL Kurkuma und Salz würzen. In einer beschichteten Pfanne 2 EL Öl erhitzen und die Garnelen kurz braten. Herausnehmen und beseite stellen.

Das restliche Öl in einer schweren Pfanne erhitzen. Die Zwiebelpaste mit den Zimt- oder Lorbeerblättern hineingeben und bei mittlerer Hitze unter gelegentlichem Rühren etwa 10 Minuten braten, bis sie leicht gebräunt ist. Den Kreuzkümmel mit restlicher Kurkuma, Ingwer-Knoblauch-Paste sowie 150 ml Wasser vermischen und zu der Zwiebelpaste geben. Auf schwache Hitze herunterschalten und 5–8 Minuten weitergaren, dabei regelmäßig umrühren. Übriges Salz, Chilischoten und Garnelen untermischen und 2–3 Minuten garen.

Die Kokosmilch hinzufügen und 2–3 Minuten köcheln lassen, bis die Garnelen gerade gar sind; falls nötig noch etwas Wasser dazugeben. Mit Salz und nach Belieben mit Zucker abschmecken, den Kardamom darüberstreuen und das Ghee hineinrühren. Das Curry sofort mit gedämpftem Reis servieren.

Für 4 Personen

**sahnig, süß,
würzig**

Bhapa-Hummer Hummer mit Kokosmilch und Chilischoten

Mit diesem Gericht kann man Gäste beeindrucken. In Indien ist es besonderen Gelegenheiten vorbehalten, zu denen wichtige Gäste und Verwandte geladen sind. Kokosmilch, Senf, Chilischoten und Ingwer gehen hier eine spannende Verbindung ein. Der süßliche Geschmack von Hummer und Kokosmilch erhält durch die Schärfe von Chilischoten und Ingwer und das pikante Senföl ein Gegengewicht.

Zutaten

75 g weiße Senfkörner
knapp 2 EL Branntweinessig
6 ungegarte Hummer, je ca. 450 g schwer
250 ml dicke Kokosmilch (S. 213)
100 g griechischer Joghurt
6 grüne Chilischoten, längs aufgeschlitzt
5 cm frischer Ingwer, in feine Streifen
　geschnitten
5 Knoblauchzehen und 1 cm frischer
　Ingwer, zu einer Paste verarbeitet

2 TL Salz
1 ½ TL feiner Zucker
75 ml Senföl (S. 25)
1 TL schwarze Senfkörner

Zur Fertigstellung

50 g Korianderblätter, fein gehackt
1 TL gemahlenes Garam masala
1 EL frischer Ingwer, in feine Streifen
　geschnitten

Die weißen Senfkörner über Nacht im Essig einweichen, dann abtropfen lassen und zu einer Paste verarbeiten.

Den Backofen auf 180 °C vorheizen. Die Hummer mit dem Kopf voran in kräftig gesalzenes, sprudelnd kochendes Wasser geben, bis sie tot sind. Das dauert nur einige Sekunden. Dann die Hummer herausheben und mit Kopf und Schale längs halbieren. Die Hummerhälften säubern und auf Küchenpapier abtrocknen lassen, dann mit der Schale nach unten nebeneinander in einen Bräter legen.

Kokosmilch, Joghurt, Chilischoten, Ingwerstreifen, Knoblauch-Ingwer-Paste, Senfpaste, Salz und Zucker verquirlen.

Das Senföl in einem Topf erhitzen, bis es raucht, dann von der Kochstelle nehmen und abkühlen lassen. Wieder erhitzen und die schwarzen Senfkörner hinzufügen. Wenn sie aufspringen, die Kokosmilch-Gewürz-Mischung dazugeben und bei niedriger Temperatur unter kräftigem Schlagen zum Kochen bringen, dabei darauf achten, dass sich die Mischung nicht trennt. 2–3 Minuten köcheln lassen, dann von der Kochstelle nehmen.

Die Hummer mit der Sauce übergießen und mit Alufolie abgedeckt 15–18 Minuten im Backofen garen. Die Hummer herausnehmen, mit Koriandergrün, Garam masala und Ingwerstreifen bestreuen und sofort servieren. Dazu passt gedämpfter Reis.

Für 4–6 Personen

**süß, scharf,
sahnig**

Bekti jhal deya Fischfilet in Senf-Zwiebel-Sauce

Bekti ist ein in Indien viel gegessener Süßwasserfisch, von dem es zwei Arten gibt. Der kleinere Kolkata-Bekti hat wunderbar weißes Fleisch und einen feinen Geschmack. Er gilt als weitaus schmackhafter als der Mumbai-Bekti, der erheblich größer, fettreicher und preiswerter ist. Ein guter Ersatz ist Viktoriabarsch, man kann aber auch anderen weißfleischigen Fisch wie Heilbutt oder Kabeljau verwenden.

Zutaten

1 kg weißes Fischfilet, in 4 cm große
   Würfel geschnitten
1 TL Salz
1 TL rotes Chilipulver
1 TL gemahlene Kurkuma
Maisöl oder anderes Pflanzenöl
   zum Frittieren
50 g Korianderblätter, fein gehackt

Senfpaste

75 g weiße Senfkörner
100 ml Branntweinessig
1 TL Salz
1 TL feiner Zucker
1 TL gemahlene Kurkuma

Curry

75 ml Senföl (S. 25)
1 TL schwarze Senfkörner
3 rote Zwiebeln, in dünne Scheiben
   geschnitten
2 TL gemahlener Kreuzkümmel
1 EL rotes Chilipulver
1 ½ TL Salz
400 ml Fischfond oder Wasser
3 Tomaten, geviertelt und entkernt
6 grüne Chilischoten, längs aufgeschlitzt
1 Prise feiner Zucker (nach Belieben)
4 EL Kokoscreme (S. 213)

Für die Senfpaste die Senfkörner über Nacht im Essig einweichen. Abtropfen lassen und zu einer feinen Paste zerreiben. Salz, Zucker und Kurkuma vermischen und in die Paste rühren.

Den Fisch unter fließend kaltem Wasser waschen, mit Küchenpapier trockentupfen und mit Salz, Chilipulver und Kurkuma würzen. 1–2 Minuten in heißem Öl frittieren, bis er goldbraun ist. Auf Küchenpapier abtropfen lassen und beiseite stellen.

Für das Curry das Senföl bei mittlerer Temperatur in einem tiefen Topf oder einer feuerfesten Kasserolle erhitzen, bis es zu rauchen beginnt. Von der Kochstelle nehmen und zum Abkühlen beiseite stellen. Das Öl wieder erhitzen und die Senfkörner hineingeben. Wenn die Senfkörner aufspringen, die Zwiebeln hinzufügen und bei mittlerer Hitze 5–8 Minuten braten, bis sie glasig sind.

Die Senfpaste dazugeben und 5 Minuten braten. Kreuzkümmel, Chilipulver und Salz hineinrühren. Den Fischfond oder das Wasser angießen und zum Kochen bringen. Auf schwache Hitze reduzieren und 2–3 Minuten köcheln lassen. Frittierten Fisch, Tomaten und Chilischoten dazugeben und 6–8 Minuten köcheln lassen. Mit Salz und, sofern verwendet, Zucker abschmecken, dann behutsam die Kokoscreme einrühren. Das Gericht mit dem Koriandergrün garnieren und mit gedämpftem Reis servieren.

Für 6 Personen

scharf, knusprig

Kosha mangsho Lamm in Zwiebelsauce

Dieses Lamm-Curry aus Westbengalen ist in Bihar und angrenzenden Regionen sehr beliebt. *Kosha* bedeutet so viel wie »versteift« und bezieht sich auf die dicke Konsistenz der Sauce. Das Curry wird gern an kalten Tagen mit *Khichri* (Kedgeree) serviert, eine Kombination, die sowohl ein Seelentröster ist als auch die Lebensgeister weckt.

Zutaten

3 ½ EL Senföl (S. 25)
3 ½ EL Ghee oder Pflanzenöl
3 Zimtblätter oder Lorbeerblätter
5 schwarze Pfefferkörner
3 schwarze Kardamomkapseln (S. 260)
4 getrocknete rote Chilischoten
3 Blättchen Muskatblüte
6 große rote Zwiebeln, püriert
35 g Ingwerpaste
35 g Knoblauchpaste
70 g rotes Chilipulver
30 g gemahlener Kreuzkümmel
30 g gemahlener Koriander

1 kg entbeinte Lammkeule, in 2,5 cm große Würfel geschnitten
5 große Tomaten, püriert
1 ½ EL Salz
400 ml Lammfond oder Wasser
1 TL feiner Zucker

Zur Fertigstellung

je 10 g Zimtstange, grüne Kardamomkapseln (S. 260) und Koriandersamen, geröstet, zu Pulver vermahlen (S. 322)
fein gehackte Korianderblätter

Das Senföl in einem tiefen Topf erhitzen, bis es raucht. Das Ghee hinzufügen, dann sämtliche unzerkleinerte Gewürze. Sobald sie aufspringen, das Zwiebelpüree hineinrühren und braten, bis es leicht gebräunt ist, dabei ständig rühren, damit es nicht am Topfboden ansetzt und verbrennt.

Ingwerpaste und Knoblauchpaste hinzufügen und zusammen mit Chilipulver, Kreuzkümmel und Koriander unter die Zwiebelpaste mischen. 2–3 Minuten braten, dann die Fleischwürfel dazugeben. Alles bei mittlerer Temperatur unter häufigem Rühren 15–20 Minuten garen.

Tomatenpüree und Salz hinzufügen und das Ganze noch einmal 15 Minuten garen. Den Fond oder das Wasser angießen, die Hitze reduzieren und den Deckel auflegen. Das Fleisch köcheln lassen, bis es weich ist. Die Temperatur heraufschalten und die Sauce ohne Deckel einkochen lassen, bis sie dick wird und das Fleisch überzieht.

Das Gericht abschmecken und falls nötig salzen. Zuerst den Zucker und dann die gerösteten und gemahlenen Gewürze hineinrühren und das Koriandergrün darüberstreuen. Das Curry sofort mit Paratha (S. 62) oder Kedgeree servieren.

Für 4 Personen

gehaltvoll, würzig, leicht süß

Pork chop bhooni Masala-Schweineschnitzel

Bis Ende des 18. Jahrhunderts wurde in Indien nur wenig Schweinefleisch gegessen. Obwohl das Land weitgehend hinduistisch und der Verzehr von Schweinefleisch nicht verboten war, lebte ein Großteil der Bevölkerung vegetarisch. Nur in der anglo-indischen Küche und in den Bergen im Osten aß man Schweinefleisch. Dieses Rezept stammt aus Darjiling, wo früher viele Briten lebten. *Bhooni* bedeutet trocken und bezieht sich auf die dicke Gewürzmischung, die die fertigen Schnitzel überzieht.

Zutaten

8 Schweineschnitzel, je etwa 100 g
   schwer, Fett gegebenenfalls entfernt
1 TL Salz
1 TL rotes Chilipulver
1 EL Maisöl

Masala

1½ EL mildes Chilipulver
1 TL gemahlene Kurkuma
1 EL Ingwerpaste
1 TL Knoblauchpaste
3 Tomaten, fein gehackt
4 EL Maisöl
½ TL Bockshornkleesamen

20 Curryblätter
2 große Zwiebeln, in dünne Scheiben
   geschnitten
2 EL Tomatenketchup
1 TL Salz
1 TL feiner Zucker
1 TL gemahlenes Garam masala

Zum Garnieren

2 große Kartoffeln, geschält und längs in
   Spalten geschnitten
je ½ TL Salz und gemahlene Kurkuma
2 EL Maisöl
2 EL gehackte Korianderblätter

Die Schnitzel sorgfältig mit Salz und Chilipulver einreiben. Das Öl in einem großen, schweren Topf erhitzen und die Schnitzel auf jeder Seite etwa 2 Minuten rasch anbraten, bis sie gebräunt sind. Herausnehmen und beiseite stellen.

Für das Masala Chilipulver, Kurkuma, Ingwerpaste, Knoblauchpaste und Tomaten in einer Schüssel vermischen und beiseite stellen.

In dem Topf das Maisöl erhitzen. Die Bockshornkleesamen hinzufügen und 1 Minute durchrühren. Wenn die Samen braun werden, Curryblätter und Zwiebeln hinzufügen und 6–8 Minuten braten, bis die Zwiebeln goldbraun werden. Die Tomatenmischung in den Topf geben und 3–5 Minuten garen, bis die Gewürze aromatisch duften.

Die Schnitzel wieder in den Topf legen, dann Tomatenketchup, Salz und Zucker untermischen. Die Gewürzmischung gleichmäßig über die Schnitzel schöpfen. Auf schwache Hitze reduzieren und 200 ml Wasser dazugeben. Den Topfinhalt zugedeckt 15–20 Minuten köcheln lassen, bis das Fleisch gar ist.

In der Zwischenzeit die Garnitur vorbereiten. Die Kartoffeln in kochendem Wasser mit Salz und Kurkuma 6–8 Minuten garen, bis sie weich, aber noch fest sind. Abtropfen lassen. Das Öl in einer Pfanne erhitzen und die Kartoffeln darin goldbraun und knusprig braten, dann warm stellen.

Für 4 Personen

**scharf,
fettreich**

Die Schnitzel aus dem Topf nehmen und auf einer Servierplatte warm stellen. Die Sauce ohne Deckel noch einige Minuten weitergaren, bis sie dick ist. Zum Schluss das Garam masala unterrühren.

Die Sauce über die Schnitzel gießen. Die Kartoffelspalten rundum anrichten und mit dem Koriandergrün bestreuen. Das Gericht nach Belieben mit Chapatis, Reis oder knusprigem Brot servieren.

Murgir jhol Hähnchen-Curry nach Hausfrauenart

Dieses Hähnchen-Curry wird in jedem Haushalt anders zubereitet. Jede Köchin hat ihr eigenes Rezept, auf das sie schwört. *Jhol* bedeutet, dass die Sauce sehr dünn ist, und genau das macht dieses Gericht besonders. Es handelt sich hier um eine einfache, rustikale Garmethode. Man kann für dieses Rezept entbeintes Hühnerfleisch verwenden, ein zerlegtes ganzes Hähnchen oder auch Wachteln, Rebhuhn und Fasan, sofern man die Garzeit entsprechend anpasst.

Zutaten

75 ml Maisöl oder anderes Pflanzenöl
½ TL Kreuzkümmelsamen
2 Zimtblätter oder Lorbeerblätter
3 grüne Kardamomkapseln (S. 260)
4 schwarze Pfefferkörner
4 große rote Zwiebeln, fein gehackt
4 Kartoffeln, geschält und geviertelt
   (nach Belieben)
2 TL Salz
1 kg Hähnchenschenkel mit Knochen,
   gehäutet und halbiert
1 EL Ingwerpaste

1 EL Knoblauchpaste
2 EL gemahlener Koriander
2 EL gemahlener Kreuzkümmel
1 EL Chilipulver
1 EL gemahlene Kurkuma
4 Tomaten, gewürfelt oder püriert
400 ml Hühnerfond oder Wasser
3 grüne Kardamomkapseln (S. 260),
   geröstet und gemahlen
5 cm Zimtstange, geröstet und gemahlen
1 EL fein gehackte Korianderblätter

Für 4–6 Personen

**rustikal,
frisch,
würzig**

Das Öl in einem großen Topf erhitzen und die ganzen Gewürze hineingeben. Wenn die Gewürze aufspringen, die Zwiebeln hinzufügen und bei mittlerer Hitze goldbraun braten. Die Kartoffeln, sofern verwendet, untermischen und 5 Minuten garen. 1 TL Salz dazugeben, dann das Hähnchenfleisch; 5–8 Minuten braten, bis es leicht gebräunt ist.

Ingwerpaste, Knoblauchpaste, gemahlenen Koriander und Kreuzkümmel, restliches Salz, Chilipulver und Kurkuma dazugeben und 10 Minuten unter ständigem Rühren garen, bis die Gewürze aromatisch zu duften beginnen. Die Tomaten unterrühren und 5 Minuten garen, dann den Fond oder das Wasser dazugießen. Den Topfinhalt zum Kochen bringen und bei schwacher Hitze köcheln lassen, bis das Fleisch gar ist.

Das Gericht abschmecken, mit dem gemahlenen Kardamom und Zimt sowie Koriandergrün bestreuen und servieren, dazu gedämpften Reis reichen.

Ghee bhaat Ghee-Reis

Dies ist ein Grundrezept für gekochten Basmati-Reis, der mit Ghee verfeinert wird. Der nussige Geschmack des Ghee in Kombination mit der Konsistenz von Meersalz ist einfache Küche in ihrer besten Form. Wenn sich auf der Verpackung Ihres Basmati-Reises Angaben zur Garzeit finden, sollten Sie sich an diese halten.

Zutaten
500 g Basmati-Reis
3 EL Ghee
1 EL grobes Meersalz

Den Reis unter fließend kaltem Wasser waschen, dann 20–25 Minuten mit kaltem Wasser bedeckt quellen lassen. Dadurch reduziert sich die Garzeit und die Körner bleiben beim Garen ganz.

In der Zwischenzeit in einem großen Topf 2 l Wasser zum Kochen bringen. Den abgetropften Reis hineingeben, das Wasser wieder zum Kochen bringen und den Reis ohne Deckel bei mittlerer Temperatur 10–14 Minuten kochen, bis er gerade gar ist. Er sollte weder al dente noch so stark gegart sein, dass er zerfällt.

Den Reis in einem Durchschlag abtropfen lassen und noch heiß sorgfältig mit Ghee und Meersalz vermischen, dann sofort servieren. Sollte der Reis kalt werden, kann er im Mikrowellengerät (650 W) in 1–2 Minuten wieder erhitzt werden.

Für 8–10 Personen

Poories Frittierte Fladenbrote

Poories – oder *Luchis,* wie sie in Bengalen genannt werden – sind eine ausgezeichnete Beilage zu Currys mit wenig Sauce und zudem bei Kindern als Snack sehr beliebt. In Bengalen benutzt man für den Teig mitunter etwas mehr Öl oder Ghee, wodurch das Brot noch knuspriger wird, und häufiger Weißmehl als Vollkornmehl, das im übrigen Indien üblich ist. Außerdem fügen die Bengalen gern Schwarzkümmel- und Ajowansamen hinzu, was das Brot hübscher, aromatischer und überdies leichter verdaulich macht.

Zutaten

500 g Chapati-Mehl (S. 25), normales Mehl
   oder eine Mischung aus beiden Mehlen (1:1)
2 TL Salz
1 TL feiner Zucker

1 TL Ajowansamen (S. 24)
1 TL Schwarzkümmelsamen
1 EL Ghee oder Öl
Öl zum Frittieren
2 EL Pflanzenöl zum Ausrollen

Schritt 1
Mehl, Salz, Zucker und Samen in einer Schüssel vermischen. Das Ghee oder Öl mit den Fingern einarbeiten, bis es vollkommen untergemischt ist.

Schritt 2
In der Mitte der Mischung eine Mulde machen und nach und nach 250 ml Wasser hineingeben. Die Zutaten zu einem festen Teig verarbeiten. Den Teig mit den Händen gut durchkneten, dann mit einem feuchten Tuch abdecken und für 15 Minuten beiseite stellen.

Schritt 3
Den Teig in 20 Stücke teilen und diese wieder mit dem feuchten Tuch abdecken. Jeweils nur ein Stück unter dem Tuch herausnehmen.

Schritt 4
In der Fritteuse oder im Wok Öl auf etwa 180 °C erhitzen. In der Zwischenzeit ein Teigstück zu einer glatten Kugel rollen, etwas Öl daraufgeben und mit dem Nudelholz zu einem etwa 10 cm großen Fladen ausrollen. Mit den übrigen Stücken ebenso verfahren.

Schritt 5
Die Fladen 1–2 Minuten im heißen Öl frittieren oder bis sie aufgegangen, knusprig und auf beiden Seiten goldgelb sind. Auf Küchenpapier abtropfen lassen und heiß servieren.

Schritt 5

Ergibt 20 Stück

Frisch zubereitete Poories >

SÜDINDIEN

< Kerala – Land
der Kokospalmen

Die alte Kultur des südlichen Indien ist ungeachtet von Invasionen, Handel, religiösem Wandel und Modernisierung im Kern erhalten geblieben. Wie das übrige Indien bestand die Region ursprünglich aus zahlreichen Königreichen, deren Hindu- und Mogulherrscher Kriege führten, um die Kontrolle über das Land und seine Ressourcen zu erlangen. Viele Fremde kamen über den Süden nach Indien, zuerst die frühen Christen, später Portugiesen, Holländer, Araber, Franzosen und im späten 17. Jahrhundert schließlich die Briten.

Nach der Unabhängigkeit von Großbritannien wurde Indiens Süden aufgrund der Sprache in vier Bundesstaaten aufgeteilt: Andhra Pradesh, Tamil Nadu, Karnataka und Kerala. Da die Bevölkerung wie in anderen Landesteilen vorwiegend hinduistisch war und ist, wird traditionell hauptsächlich vegetarisch gekocht. Auch der Ayurveda, eine jahrtausendealte Heilkunst, wirkte sich nachhaltig auf die Kochkultur aus. Südinder haben großen Respekt vor den Heilkräften von Lebensmitteln und folgen bei der Ernährung ayurvedischen Regeln. Traditionelle Mahlzeiten bestehen in den meisten Teilen der Region gewöhnlich aus reichlich Reis mit verschiedenen farbenfrohen vegetarischen Speisen oder Fleischgerichten und Pickles mit ausgewogenen Aromen und hohem Nährwert.

Neue Kulturen und Religionen hinterließen ihre Spuren in der südindischen Küche. So wurde etwa durch die Muslime im Norden Keralas und in Hyderabad sowie in den christlichen Gemeinden in Mangaluru, Kochi und Zentralkerala Fleisch eingeführt.

Die Küche eines jeden der vier Bundesstaaten weist einzigartige Merkmale auf. Die Küche von Andhra Pradesh gilt als die würzigste. Ihre scharfen Lamm- und Hähnchen-Currys sind bei Liebhabern der traditionellen indischen Küche äußerst beliebt.

Der Tempelstaat Tamil Nadu ist für seine vegetarischen Gerichte und seine Vielzahl köstlicher Snacks berühmt. *Dosas* (Reismehl-Pfannkuchen), *Idlis* (gedämpfte Reis-Linsen-Küchlein) und Snacks, die in Zügen verkauft werden, wie *Vadais* und *Bondas*, sind kulinarische Beiträge der reichen Brahmanen (Angehörige der obersten Kaste im Hinduismus) von Tamil Nadu. In den südlichen Regionen wie Chettinad erfreuen sich Fleisch-Currys und scharfe Hähnchen-Currys großer Beliebtheit, auch wenn sich die Mehrzahl der Menschen immer noch streng vegetarisch ernährt. Säuerliches *Sambar*, würzige Suppen wie *Rasam* oder wunderbare Reisgerichte mit Joghurt und saurer Tamarinde sind Beispiele für die feine Küche Tamil Nadus.

Karnataka mit der Gartenstadt Bangaluru besitzt eine eigene kulinarische Identität. Die Küche ist vorwiegend vegetarisch, und Ausnahmen gibt es nur an den Grenzen wie in Mangaluru, wo die christliche und anglo-indische Bevölkerung ebenso wie die Menschen im Nachbarstaat Kerala Fleisch essen. Udupi an der Küste nahe Mangaluru ist für die Küche seiner Hindus bekannt, vor allem für seine *Dosas* und andere knusprige Pfannku-chen. Zudem bereitet man dort schmackhafte Reisgerichte wie *Bisi bela bhath* (siehe S. 116) zu.

Kerala an der Südwestküste ist der schönste Teil des indischen Südens. Dieser faszinierende Bundesstaat ist als Gewürzzentrum des Landes bekannt und hat eine starke ayurvedische Tradition. Daher überrascht es nicht, dass Keralas Küche gesund, farbenfroh und leicht ist. In Kerala leben Hindus, Christen, Muslime und einige Juden, die alle ihren Beitrag zur kuli-narischen Vielfalt leisten. Im Norden Keralas findet man wunderbare mus-limische Fleischgerichte, während es in Travancore in Zentralkerala großar-tige christliche Lamm- und Hähnchen-Currys gibt. Köstliche Gerichte aus Meeresfrüchten bereitet man in den Fischerorten entlang der Küste zu, und die alte Kriegerkaste der Nair ist für ihre vegetarische Küche berühmt.

In fast allen südindischen Bundesstaaten nimmt man bevorzugt frische Zutaten wie Ingwer, Curryblätter und Kokosnuss, die wie viele Gewürze in Hausgärten gezogen, aber auch kommerziell angebaut und in andere Teile der Welt exportiert werden. Anders als im Norden Indiens, wo man zu Currys oft Brot serviert, essen die Menschen in dieser Region lieber Reis.

Dorfbewohner garen ihre Speisen in Ton- oder Steinguttöpfen, während betuchte Familien für die tägliche Küche Utensilien aus Messing und Silber benutzen – diesen Metallen werden heilende Kräfte zugeschrieben. Die meisten Gerichte werden zuerst pfannengerührt oder gekocht und dann in Masala-Pasten auf Kokosbasis gegart. Zum Schluss fügt man aroma-tische Curryblätter, duftende Senfkörner und getrocknete rote Chilischo-ten hinzu. Die Kombination dieser magischen Aromen macht südindische Currys so besonders.

Das Sreedharan

Frische Kokosnuss rösten >
Kokosnuss wird mit Ingwer, Knoblauch und ganzen Gewürzen gebräunt.

Die Aromen Südindiens

1. Kokosnuss
2. Bockshornkleesamen
3. Kreuzkümmelsamen
4. schwarze Senfkörner
5. Basmati-Reis
6. Fenchelsamen
7. Koriandersamen
8. schwarze Pfefferkörner
9. Urdbohnen
10. Cashewkerne
11. frische grüne Chilischoten
12. getrocknete rote Chilischoten
13. Tamarindenmark
14. Curryblätter
15. Limetten
16. frischer Ingwer

Die Grundzutaten

Viele Leute glauben, dass die Inder große Mengen an Gewürzen verwenden und die intensivsten Aromen mischen, doch für die südindische Küche trifft dies nicht zu. Mehr als in der Küche im Norden des Landes wird im südlichen Indien großer Wert auf eine Ausgewogenheit der Aromen gelegt. Man kreiert feine Variationen und macht die Speisen durch eine schichtweise Verwendung der Gewürze leichter.

Tamarinde

Diese süßsaure Frucht dient in Südindien oft als Säuerungsmittel und verleiht milden Kokosnusssaucen eine säuerliche Note. Zudem wird sie für Chutneys und Getränke verwendet. Zur Herstellung von Tamarindenwasser weicht man getrocknetes Tamarindenmark in heißem Wasser ein und seiht das Wasser abschließend ab (S. 322).

Ingwer

Der knollige Wurzelstock ist eine Grundzutat der indischen Küche und viele bauen ihn selbst an, um stets frischen Ingwer zur Verfügung zu haben. Mitunter ist gemahlener Ingwer ein akzeptabler Ersatz, frischem Ingwer gibt man aber stets den Vorzug.

Chilischoten

In der traditionellen Küche dieser Region werden verschiedene Chilisorten verwendet, etwa frische, 7 cm lange grüne Chilis und getrocknete rote Chilis, die winzig klein und sehr scharf, aber auch größer und milder sein können. Chili ist für seine feurige Schärfe berüchtigt, doch die kann man mildern, indem man die Schoten ganz verwendet (so gelangen die Samen nicht in die Sauce) oder die Samen vor der Verwendung entfernt.

Curryblätter

Sie sind die wichtigsten Kräuter in der südindischen Küche. Wie der Name vermuten lässt, riechen und schmecken sie wie Curry, aber sie schmecken nicht nur würzig, sondern auch nussig, wenn man sie in Öl brät. Curryblätter können ganz oder zerzupft verwendet werden. Kaufen Sie, wenn möglich, frische Curryblätter, die Sie in Folie oder einen Folienbeutel verpackt im Tiefkühlgerät aufbewahren können.

Schwarzer Pfeffer

Schwarzer Pfeffer, auch schwarzes Gold genannt, gehört zu den wichtigsten Gewürzen der Welt. Kerala gilt als sein Herkunftsland, da die Pflanze, von der er stammt (*Piper nigrum*) in Travancore heimisch ist. Schwarze Pfefferkörner sind die getrockneten, fast reifen Beeren der Pflanze. Keralas Pfeffermärkte sind einen Besuch wert und schon von weitem zu riechen. Schwarzen Pfeffer kann man ganz oder gemahlen verwenden.

Schwarze Senfkörner

Für die meisten Gerichte werden schwarze Senfkörner verwendet, die der Küche Südindiens einen typischen Geschmack verleihen. Wenn die Senfkörner in Öl geröstet werden, verströmen sie einen herrlichen Duft. Sie sorgen für das gewisse Etwas, sind aber bei den meisten Rezepten entbehrlich.

Koriandersamen

Geröstete Koriandersamen gehören in Südindien in die meisten masala-Mischungen. Sie haben einen typischen, intensiven Geschmack und dienen, meist zusammen mit Bockshornkleesamen, schwarzem Pfeffer und getrockneten roten Chilis, zum Würzen zahlreicher vegetarischer und Meeresfrüchte-Speisen.

Bockshornkleesamen

Dieses extrem bittere Gewürz verleiht vielen südindischen Gerichten mit und ohne

Curryblätter >

Fleisch einen strengen, bitteren Geschmack. Die eckigen, gelblichen Samen werden auch Pickles und Chutneys hinzugefügt. Man sollte sie sparsam verwenden.

Kreuzkümmelsamen

Dieses beliebte Gewürz, das auch als Kumin bekannt ist, hat einen zarten Charakter und ergänzt viele Gewürzmischungen einschließlich *Garam masala* (S. 28) perfekt. Geröstet werden die Samen auch über Reisgerichte gegeben.

Fenchelsamen

Fenchelsamen haben einen anisartigen Geschmack und sehen wie dicke grüne Kreuzkümmelsamen aus. Da sie sehr intensiv schmecken und mildere Gewürze leicht überdecken, benutzt man sie nur in kleinen Mengen.

Kokosnuss

Kokosnuss ist auf der ganzen Welt, vor allem aber in der südindischen Küche eine wichtige Zutat. Frisch geraspelt wird sie oft mit Gewürzen zerrieben oder für Currys geröstet und sowohl pikanten Snacks als auch Süßigkeiten beigegeben. Als Ersatz können Kokosraspeln aus der Tüte verwendet werden, die aber trockener sind. Auch Kokosmilch und Kokoscreme (S. 213) werden viel für südindische Currys verwendet.

Limetten

Limettensaft dient in ganz Indien dazu, Gerichten eine saure Note zu verleihen. Die kleinen indischen Limetten haben ein intensives Zitrusaroma.

Urdbohnen

Urdbohnen sind in vielen Teilen Indiens äußerst beliebt. Im Norden werden sie ganz verwendet, im Süden dagegen meist geschält und halbiert *(Urad dal)*. In vielen Rezepten dienen Urdbohnen als Würzzutat, da sie den Speisen einen nussigen Geschmack und Biss verleihen.

Reis

Traditionell ist der Reis Südindiens rot und hat ein dickes, rundes Korn. Außerhalb Indiens findet man ihn aber nur selten. Duftender Basmati-Reis gilt als besonders fein und ist speziellen Gerichten vorbehalten. Reismehl ist die Hauptzutat bei der Herstellung von Teig.

Cashewnüsse

Cashewnüsse werden in Südindien kultiviert und oft pikanten Gerichten hinzugefügt, aber auch für zahlreiche Snacks und fast alle Süßigkeiten verwendet.

Madras meen kolambu Fisch-Curry mit Tamarinde

Im Süden Indiens wachsen überall riesige Tamarindenbäume, die Schatten spenden und Früchte für die Küche liefern. Der süßsaure Geschmack der Tamarinde verfeinert alle Arten von Speisen, von fruchtigen Süßigkeiten bis hin zu Currys wie diesem. In den Fischerorten wird in Tontöpfen gegarter Fisch mit roten Chilischoten und Tamarinde millionenfach gegessen. Zu diesem Curry wird normaler Reis gereicht.

Zutaten
2 EL Pflanzenöl
1 TL Senfkörner
10 Curryblätter
1 Prise Bockshornkleesamen
2 Knoblauchzehen, gehackt
2 Zwiebeln, gehackt
¼ TL gemahlene Kurkuma
½ TL Chilipulver
3 Tomaten, gehackt
1 TL Tomatenmark
Meersalz
100 ml Tamarindenwasser, aus 50 g
　Tamarindenmark und 100 ml Wasser
　hergestellt (S. 322)
500 g Rotzungenfilet

Das Öl in einem großen Topf erhitzen. Die Senfkörner hineingeben und, wenn sie zu platzen beginnen, Curryblätter, Bockshornkleesamen und Knoblauch dazugeben. Die Gewürze 1–2 Minuten braten, bis der Knoblauch braun wird. Die Zwiebeln untermischen und bei mittlerer Hitze unter gelegentlichem Rühren etwa 10 Minuten garen, bis sie goldgelb sind.

Kurkuma und Chilipulver sorgfältig untermischen, dann Tomaten, Tomatenmark und etwas Salz hinzufügen und 2 Minuten garen. Tamarindenwasser sowie 200 ml Wasser dazugießen. Den Topfinhalt zum Kochen bringen und 12 Minuten unter gelegentlichem Rühren köcheln lassen, bis die Sauce dick wird.

Die Fischfilets in Stücke schneiden und sorgfältig unter die Sauce mischen. Die Hitze reduzieren und das Curry etwa 4–5 Minuten sanft garen, bis der Fisch gerade durch ist. Sofort servieren.

Für 6 Personen

süßsauer

SÜDINDIEN

Arachu vecha curry Kokosnuss-Fisch-Curry

Dies ist ein traditionelles Fisch-Curry aus der Gegend von Travancore im Süden Keralas, einem der schönsten Gebiete Südindiens, in dem das Küstentiefland am Arabischen Meer von Lagunen umgeben ist. Dies ist ein fantastisches Gericht für alle, die milde Currys mögen. Seine cremige Glätte bildet ein Gegengewicht zu stärker gewürzten Gerichten. Serviert wird es mit Reis oder indischem Brot.

Zutaten

2 EL Pflanzenöl
200 g Schalotten, gehackt
10 Curryblätter
500 g Tilapia-Filet oder anderes weißes
   Fischfilet, gehäutet
1 EL frisch gepresster Zitronensaft

Würzpaste

100 g frisch geriebene Kokosnuss
1 TL gemahlener Koriander
½ TL Chilipulver
1 große Prise gemahlene Kurkuma

Für 6 Personen

**mild, cremig,
nussig,
aromatisch**

Zur Herstellung der Würzpaste Kokosnuss, Koriander, Chilipulver und Kurkuma mit 200 ml Wasser im Mixer 2–3 Minuten zu einer glatten Paste pürieren, dann beiseite stellen.

Das Öl in einer großen Pfanne, einem Karahi (einer indischen Metallpfanne) oder einem Wok erhitzen. Schalotten und Curryblätter hineingeben und bei mittlerer Temperatur etwa 5 Minuten garen, bis die Schalotten weich sind. Die Würzpaste sowie 100 ml Wasser unterrühren. Die Mischung zum Kochen bringen und etwa 5 Minuten unter gelegentlichem Rühren garen, bis die Sauce dick geworden ist.

Das Fischfilet in 2,5 cm große Stücke schneiden und in die Sauce geben, dann den Zitronensaft sorgfältig untermischen. Den Pfanneninhalt 4–5 Minuten vorsichtig köcheln lassen, bis der Fisch gar ist. Sofort servieren.

Nadan meen kootan Königsmakrelen-Curry

Der tägliche Verzehr wenigstens eines Fisch-Currys ist für die Mehrheit der Küstenbewohner Südindiens ein Muss. Königsmakrele ist sehr beliebt und vielseitig. Ihr kräftiger Geschmack harmoniert hier gut mit Tamarinde und Kokosmilch – eine für die Region ganz typische Kombination. Viele der Fischgerichte, die man täglich isst, sind eher schlicht, dies ist jedoch ein Curry für besondere Anlässe.

Zutaten

2 EL Pflanzenöl

½ TL Senfkörner

10 Curryblätter

1 Prise Bockshornkleesamen

1 große Zwiebel, gehackt

2,5 cm frischer Ingwer, in dünne Scheiben geschnitten

½ TL gemahlene Kurkuma

½ TL Chilipulver

1 TL gemahlener Koriander

2 Tomaten, gewürfelt

Meersalz

3 EL Tamarindenwasser aus 1 EL Tamarindenmark und 3 EL Wasser hergestellt (S. 322)

500 g Königsmakrelenfilet (oder anderes Fischfilet mit festem Fleisch), gehäutet und in 4 cm große Stücke geschnitten

200 ml dicke Kokosmilch (S. 213)

1 Prise zerstoßene schwarze Pfefferkörner

Das Öl in einem großen Topf, einem Karahi oder Wok erhitzen. Die Senfkörner und, wenn sie zu platzen beginnen, Curryblätter und Bockshornkleesamen hineingeben. Die Gewürze etwa 1 Minute braten, bis sich die Bockshornkleesamen goldgelb färben. Die Zwiebel dazugeben und bei mittlerer Hitze 5 Minuten unter gelegentlichem Rühren garen.

Ingwer, Kurkuma, Chilipulver und Koriander sorgfältig untermischen, dann Tomaten sowie Salz nach Geschmack hinzufügen. Die Zutaten unter ständigem Rühren 5 Minuten garen. Das Tamarindenwasser sowie 300 ml Wasser hineinrühren und langsam zum Kochen bringen.

Die Hitze reduzieren. Die Fischstücke in den Topf geben und 5–6 Minuten köcheln lassen, bis sie gerade gar sind.

Auf niedrigste Temperatur herunterschalten. Die Kokosmilch hinzufügen, anschließend den Pfeffer. Das Curry noch einmal 2 Minuten köcheln lassen, dann sofort mit gekochtem Reis oder Kartoffeln servieren.

Für 4–6 Personen

sauer, würzig

Meen porichathu — Gebratene Masala-Sardinen

Bei einem Festessen ist dieser knusprige, wunderbar würzige Fisch ein großartiges Pendant zu Hühner- und Fleischgerichten mit Sauce. Man serviert ihn als Beilage oder mit Reis oder grünem Salat als Hauptgericht. Anstelle von Sardinen kann man auch Makrelen oder einen Plattfisch verwenden.

Zutaten

4 Sardinen, insgesamt etwa 300 g
5 EL Pflanzenöl
1 kleine Zwiebel, in dünne Scheiben
   geschnitten und in Ringe geteilt
1 Handvoll gehackte Korianderblätter
Zitronenspalten

Würzpaste
1 Zwiebel, gehackt
2 grüne Chilischoten, gehackt

1 cm frischer Ingwer, fein gehackt
10 Curryblätter
10 schwarze Pfefferkörner
½ TL Chilipulver
½ TL gemahlene Kurkuma
2 EL Wein- oder Apfelessig
1 TL frisch gepresster Zitronensaft
Salz

Die Zutaten für die Würzpaste in einer Küchenmaschine oder im Mixer zu einer feinen Paste verarbeiten, dann beiseite stellen.

Die Fische unter fließend kaltem Wasser waschen und mit Küchenpapier trockentupfen. Die Fische mit einem sehr scharfen Messer im Abstand von 2,5 cm auf der gesamten Länge beidseits mehrmals leicht, aber keinesfalls zu tief einschneiden.

Die Fische auf ein Backblech legen und die Würzpaste so auf ihnen verteilen, dass sie auch in die Einschnitte dringt. Für 15–20 Minuten zum Durchziehen beiseite stellen.

In einer großen Pfanne 2 EL Öl erhitzen. Die Zwiebelringe darin 5–6 Minuten bei hoher Temperatur braten, bis sie gut gebräunt und knusprig sind. Aus der Pfanne nehmen und auf Küchenpapier abtropfen lassen.

Das restliche Öl bei niedriger Temperatur in der Pfanne erhitzen. Die Fische behutsam hineinlegen und zugedeckt auf jeder Seite etwa 6 Minuten braten, bis die Haut braun und das Fleisch gar ist; zwischendurch nur einmal drehen, damit sie nicht zerfallen.

Die Fische vorsichtig aus der Pfanne heben und auf einer Servierplatte anrichten. Die Zwiebelringe darüberstreuen, die Fische mit Korianderblättern und Zitronenspalten garnieren und servieren.

Für 2–4 Personen

**duftend,
würzig,
trocken**

Meen kari Fischeintopf aus Sri Lanka

Wie an der südindischen Küste ist Fisch in Sri Lanka beliebter als rotes Fleisch und Huhn, und zahlreiche Gerichte und Garmethoden auf dieser wunderschönen Insel sind denen des indischen Südens sehr ähnlich. Auf den Märkten findet man eine Vielzahl frischer Fische und Meeresfrüchte. Dieses schmackhafte Curry wird an vielen Orten Sri Lankas zubereitet. Es passt gut zu Tamarindenreis (S. 118) oder einfachem Brot wie *Akki roti* (S. 119).

Zutaten

1 EL Ghee oder Butter
12 Schalotten, in Spalten geschnitten
1 ½ TL Mehl
3 EL Tomatenmark
½ TL Chilipulver
½ TL gemahlener Koriander
¼ TL gemahlene Kurkuma
Salz

400 g Königsmakrelen- oder Lachs-filet, gehäutet und in kleine Stücke geschnitten
250 ml dicke Kokosmilch (S. 213)
1 EL Wein- oder Apfelessig
1 Prise zerstoßene schwarze Pfefferkörner

Für 4 Personen

**wunderbar
gewürzt**

Ghee oder Butter in einem großen Topf erhitzen und die Schalotten darin etwa 5 Minuten braten, bis sie gebräunt sind. Den Topf von der Kochstelle nehmen. Das Mehl über die Schalotten streuen und sorgfältig untermischen. Den Topf bei schwacher Hitze wieder auf den Herd setzen.

Nach und nach 450 ml Wasser in den Topf gießen und sorgfältig unterrühren, damit keine Klümpchen entstehen. Tomatenmark, Chilipulver, Koriander, Kurkuma und etwas Salz hineinrühren. Die Zutaten zum Kochen bringen und gut durchrühren, dann den Fisch hinzufügen. Den Topfinhalt zugedeckt etwa 20 Minuten leicht köcheln lassen, bis der Fisch gar ist, zwischendurch gelegentlich umrühren.

Den Topf von der Kochstelle nehmen. Die Kokosmilch hineingeben und 2 Minuten rühren. Essig hinzufügen und zerstoßenen Pfeffer darüberstreuen, dann das Gericht sofort servieren.

Koyilandi konju masala Garnelen nach Bootsmannsart

Gerichte mit Riesengarnelen sind an der südlichen Küste Indiens ein Festschmaus, da sich normale Leute Garnelen bestenfalls dann leisten können, wenn sie in der Nähe von Stränden leben oder in Gebieten, wo man frisch gefangene Garnelen bekommt. Kerala hat seine eigenen typischen Methoden zum Garen von Garnelen und Hummer. Dieses Gericht ist in dortigen Bars, die für ihre ausgezeichnete würzige Küche bekannt sind, sehr beliebt. Dazu isst man Brot wie *Paratha* (S. 62) oder Reis.

Zutaten
3 EL Pflanzenöl
1 Prise Kreuzkümmelsamen
10 Curryblätter
3 Zwiebeln, in Scheiben geschnitten
½ TL gemahlene Kurkuma
1 TL Chilipulver
1 TL Tomatenmark
4 Tomaten, in Scheiben geschnitten
2,5 cm frischer Ingwer, in dünne Scheiben
   geschnitten
Meersalz
500 g ungegarte Riesengarnelen, geschält,
   Schwanzfächer belassen
gehackte Korianderblätter zum Servieren

Das Öl in einer großen Pfanne, einem Karahi oder Wok erhitzen. Kreuzkümmel, Curry-blätter und Zwiebeln hinzufügen und bei mäßiger Hitze 10 Minuten unter gelegent-lichem Rühren garen, bis die Zwiebeln goldbraun sind.

Kurkuma, Chilipulver, Tomatenmark, Tomaten, Ingwer und etwas Salz nach Geschmack dazugeben und 5 Minuten unter gelegentlichem Rühren garen.

Die Garnelen hinzufügen und 5–6 Minuten köcheln lassen, bis sie sich rosa färben und gerade gar sind. Die Garnelen mit den Korianderblättern bestreut servieren.

Für 4–6 Personen

edel,
würzig

Konju pulungari Garnelen-Kürbis-Curry

Kürbisse werden in den meisten südindischen Bundesstaaten vor allem zu festlichen Anlässen zubereitet. Sie wachsen in fast jedem Hausgarten und werden auf alle erdenklichen Weisen gegart. Es gibt zahlreiche Sorten mit den verschiedensten Formen, Farben, Größen und Erntezeiten. Besonders köstlich und erfrischend sind weiße Kürbisse, die in diesem feinen Curry wunderbar mit Kokosmilch und Garnelen harmonieren. Dazu serviert man Tamarindenreis (S. 118) oder Brot wie *Paratha* (S. 62).

Zutaten
2 EL Pflanzenöl
½ TL Senfkörner
1 Prise Kreuzkümmelsamen
10 Curryblätter
2,5 cm frischer Ingwer, in Streifen
   geschnitten
2 grüne Chilischoten, längs aufgeschlitzt
2 Zwiebeln, in Scheiben geschnitten
150 g Kürbisfleisch ohne Schale, in dünne
   Scheiben geschnitten
½ TL gemahlene Kurkuma
Salz
400 ml dicke Kokosmilch (S. 213)
500 g ungegarte Riesengarnelen, geschält,
   die Schwanzfächer belassen
1 TL Branntweinessig

Das Öl in einer großen Pfanne erhitzen. Senfkörner und Kreuzkümmel hineingeben. Wenn sie zu platzen beginnen, Curryblätter, Ingwer, Chilischoten und Zwiebeln hinzufügen und bei mäßiger Hitze 10 Minuten unter gelegentlichem Rühren garen, bis die Zwiebeln goldgelb sind.

Kürbis, Kurkuma und etwas Salz dazugeben und alles 1 Minute kräftig durchrühren, dann die Kokosmilch sowie 200 ml Wasser hinzufügen. Die Mischung unter ständigem Rühren zum Kochen bringen.

Die Garnelen dazugeben und etwa 5 Minuten unter Rühren garen, bis Garnelen und Kürbis gar sind. Den Essig sorgfältig untermischen und das Curry heiß mit Reis oder Brot servieren.

Für 4–6 Personen

zart, leicht

Njandu thengapal Krebs in Kokosmilch

Krebse werden in weiten Teilen Südindiens nur selten zu Hause zubereitet. Häufiger bereitet man sie in Fischerorten und traditionellen Toddy-Bars zu, meist aber ohne Sauce und damit anders als bei diesem Curry, für das der Krebs in einer fein gewürzten Kokosmilchsauce gegart wird. Dazu isst man Tamarindenreis (S. 118) oder Brot wie *Chapati* oder *Paratha* (S. 62).

Zutaten

3 EL Pflanzenöl
200 g Schalotten, in dünne Scheiben geschnitten
10 Curryblätter
3 Knoblauchzehen, gehackt
2,5 cm frischer Ingwer, in dünne Scheiben geschnitten
½ TL Chilipulver
½ TL gemahlene Kurkuma
1 ungegarter Krebs (etwa 400 g)
300 ml Kokosmilch (S. 213)
2 Tomaten, geviertelt
Salz
1 TL frisch gepresster Zitronensaft
½ TL schwarzer Pfeffer

Das Öl in einer großen Pfanne erhitzen und die Schalotten darin etwa 5 Minuten braten, bis sie weich sind. Curryblätter, Knoblauch und Ingwer hinzufügen und bei mittlerer Hitze 5 Minuten garen.

Chilipulver und Kurkuma dazugeben, dann langsam 250 ml Wasser einrühren. Die Mischung zum Kochen bringen und nach Reduzieren der Hitze unter gelegentlichem Rühren 10 Minuten köcheln lassen.

Währenddessen den Krebs mit dem Kopf voran in kräftig gesalzenes, sprudelnd kochendes Wasser geben. Nach einigen Sekunden ist er tot. Dann den Krebs herausheben und vierteln. Die Krebsstücke hinzufügen und alles bei mittlerer Hitze noch einmal etwa 10 Minuten köcheln lassen, bis das Krebsfleisch gar ist.

Kokosmilch und Tomaten unterrühren und 2–3 Minuten behutsam erhitzen. Das Curry nach Geschmack salzen, von der Kochstelle nehmen und einige Minuten stehen lassen. Dann Zitonensaft hinzufügen und Pfeffer darüberstreuen; sofort servieren.

Für 4 Personen

**cremig,
erfrischend**

Koonthal ulathiyathu Tintenfisch-Curry

Kalmar ist sowohl im südlichen Indien als auch in Sri Lanka sehr beliebt – gefüllt, gebraten oder als Curry zubereitet. Wenn man mit einem Fischerboot hinausfährt, bereiten die Fischer an Bord den frisch gefangenen Kalmar mit nur wenig Gewürzen zu und bieten ihn als besonderen Leckerbissen an. Kalmar muss entweder kurz gegart oder aber lange geköchelt werden, weil er andernfalls gummiartig wird. Dazu kann man Brot wie *Paratha* (S. 62) oder *Chapati* oder aromatisierten Reis reichen.

Zutaten
3 EL Pflanzenöl
½ TL Senfkörner
2 große Zwiebeln, in Scheiben geschnitten
3 grüne Chilischoten, längs aufgeschlitzt
2,5 cm frischer Ingwer, in dünne Scheiben
   geschnitten
½ TL Chilipulver
½ TL gemahlener Koriander
2 große Tomaten, in Scheiben geschnitten
400 g gesäuberter Kalmar, die Tuben in 1 cm
   große Stücke geschnitten, Tentakel nicht
   zerkleinert
1 EL gehackte Korianderblätter

Das Öl in einer großen Pfanne erhitzen und die Senfkörner hineingeben. Wenn sie zu platzen beginnen, die Zwiebeln hinzufügen und 5 Minuten braten, bis sie goldbraun sind.

Chilischoten und Ingwer unterrühren, dann Chilipulver und gemahlenen Koriander dazugeben. Alles sorgfältig vermischen und die Tomaten hinzufügen. Den Pfanneninhalt bei mittlerer Hitze 5–10 Minuten garen, bis die Tomaten zerfallen und eine dicke Sauce entsteht.

Kalmarstücke und Tentakel sorgfältig untermischen und mit aufgelegtem Deckel bei schwacher Hitze 15 Minuten garen, dabei gelegentlich umrühren, damit nichts ansetzt oder anbrennt. Falls das Curry zu trocken wird, einige Löffel Wasser unterrühren. Mit den gehackten Korianderblättern garnieren und heiß servieren.

Für 4 Personen

**warm,
farbenfroh**

Kerala-Lamm

Dies ist eine Restaurantspezialität, die unter dem Namen Malabar-Hammel-Curry in Malabari-Restaurants überall im Süden Indiens angeboten wird. Muslime in Kozhikode (früher Calicut) lieben dieses Gericht, weil es sich leicht zubereiten lässt und außergewöhnlich schmeckt. Geröstete Kokosnuss und das Aroma von Pfeffer sind für die Küche Keralas typisch. Als Beilage eignet sich am besten Reis oder *Paratha* (S. 62).

Zutaten

3 EL Pflanzenöl
200 g Schalotten, gehackt
1 EL gemahlener Koriander
½ TL gemahlene Kurkuma
½ TL Chilipulver
Salz
500 g Lammfleisch, in Würfel geschnitten

Würzpaste

100 g frisch geraspelte Kokosnuss oder Kokosraspeln aus der Tüte
2,5 cm frischer Ingwer, in Scheiben geschnitten

3 Knoblauchzehen, gehackt
2,5 cm Zimtstange
3 Nelken
2 Lorbeerblätter
10 Curryblätter
5 schwarze Pfefferkörner

Zur Fertigstellung

2 EL Pflanzenöl
½ TL Senfkörner
10 Curryblätter
2 grüne Chilischoten, längs aufgeschlitzt

Zuerst die Würzpaste herstellen. Die Kokosraspeln mit Ingwer, Knoblauch, Zimtstange, Nelken, Lorbeerblättern, Curryblättern und Pfefferkörnern in einer Pfanne ohne Fett rösten, bis die Kokosraspeln gebräunt sind. Abkühlen lassen und in einer Küchenmaschine zerkleinern, dabei nach und nach etwa 250 ml Wasser hinzufügen, bis eine feine Paste entsteht.

Die 3 EL Öl in einer Pfanne erhitzen und die Schalotten darin 5 Minuten braten, bis sie weich sind. Würzpaste, Koriander, Kurkuma, Chilipulver, etwas Salz und 400 ml Wasser dazugeben und zum Kochen bringen. Das Lammfleisch hinzufügen und nach Reduzieren der Hitze zugedeckt 30 Minuten köcheln lassen, bis es vollkommen gar ist.

Zur Fertigstellung in einer zweiten Pfanne die 2 EL Öl erhitzen und die Senfkörner hineingeben. Wenn sie zu platzen beginnen, Curryblätter und grüne Chilischoten hinzufügen und 1 Minute unter Rühren braten.

Die Mischung über das Lamm-Curry geben und das Curry noch einmal etwa 10 Minuten garen, bis es sehr dick ist. Das Gericht heiß servieren.

Für 4 Personen

exquisit, aromatisch

Attirachi koot Würziges Lamm-Curry aus Hyderabad

Hyderabad ist für seine würzigen Fleisch- und Hühnergerichte bekannt und mehr noch für seine mit Fleisch zubereiteten *biryanis*. Die dortige islamische Bevölkerung hat zahlreiche neue Garmethoden und Köstlichkeiten in die moderne indische Küche eingeführt. Bei Fleisch wird Hammel bevorzugt. Dieses Gericht galt früher als fürstliches Gericht und wurde nur von Reichen gegessen, heute findet man es weltweit auf den Speisekarten indischer Restaurants. Dazu serviert man Tamarindenreis (S. 118) oder *Chapati*.

Zutaten

500 g entbeintes Hammelfleisch, in 1 cm
    große Würfel geschnitten
4 EL Pflanzenöl
2 Nelken
2 grüne Kardamomkapseln (S. 260)
1 cm Zimtstange
1 Lorbeerblatt
1 Zwiebel, fein gehackt
Salz
Korianderblätter zum Garnieren

Marinade
1 TL Ingwerpaste
1 TL Knoblauchpaste
2 Tomaten, fein gewürfelt
1 Zwiebel, fein gehackt
½ TL gemahlene Kurkuma
½ TL Chilipulver
1 TL gemahlener Koriander
2 EL Korianderblätter

Für 4 Personen

würzig

Die Zutaten für die Marinade in einer Schüssel verrühren. Die Fleischwürfel in der Marinade wenden, bis sie damit überzogen sind, dann für 20 Minuten beiseite stellen.

Das Öl in einem großen Topf erhitzen. Nelken, Kardamomkapseln, Zimtstange und Lorbeerblatt 1 Minute darin braten, dann die Zwiebel dazugeben und garen, bis sie goldgelb ist.

Die Fleischwürfel mit Salz nach Geschmack sorgfältig untermischen und mit aufgelegtem Deckel bei schwacher Hitze etwa 30 Minuten garen, bis sie weich sind. Das Gericht mit den Korianderblättern garnieren und servieren.

Ethakka attirachi curry Lamm-Curry mit Kochbananen

Dies ist ein Beitrag meines Küchenchefs Prasad – eine Spezialität aus seinem Heimatdorf. Lammgerichte sind in Kerala sehr beliebt und man experimentiert gern mit ungewöhnlichen Zutaten wie Kochbananen. Da Lamm recht teuer ist, bereitet man dieses Gericht meist zu besonderen Anlässen zu. Gut dazu passt Brot wie *Chapati* oder *Paratha* (S. 62).

Zutaten
4 EL Pflanzenöl
1 TL Senfkörner
10 Curryblätter
2,5 cm frischer Ingwer, gehackt
5 Knoblauchzehen, gehackt
2 grüne Chilischoten, gehackt
2 Zwiebeln, in Scheiben geschnitten
2 TL gemahlener Koriander
½ TL gemahlene Kurkuma
½ TL Chilipulver
3 Tomaten, in Scheiben geschnitten
400 g Lammfleisch, gewürfelt
1 Kochbanane, geschält und in kleine
   Stücke geschnitten
Salz

Das Öl in einer großen Pfanne erhitzen. Die Senfkörner hineingeben und, wenn sie zu platzen beginnen, die Curryblätter. Dann Ingwer, Knoblauch und Chilischoten hinzufügen und 3 Minuten braten. Die Zwiebeln dazugeben und 10 Minuten braten, bis sie gebräunt sind.

Koriander, Kurkuma, Chilipulver und Tomaten sorgfältig untermischen, dann die Fleischwürfel mit 400 ml Wasser hinzufügen. Das Ganze zum Kochen bringen und zugedeckt bei schwacher Hitze 15 Minuten garen.

Die Bananenstücke mit etwas Salz hineinrühren und alles weitere 15 Minuten unter gelegentlichem Rühren köcheln lassen, bis das Fleisch gar und die Kochbanane weich ist. Das Gericht heiß servieren.

Für 4 Personen

**würzig,
gehaltvoll**

Pork-Vindaloo Schweinefleisch in scharf-saurer Sauce

Vindaloo oder *Vindalho* (abgeleitet vom portugiesischen Wort Vinho für Wein) stammt aus Goa, wo sich in der Küche portugiesische Einflüsse mit feurigen indischen Aromen mischen. *Vindaloos* werden in Goa für die Weihnachtsfestlichkeiten zubereitet. Ungewöhnlich daran ist die Kombination von Curry-Gewürzen und Essig. Die Zubereitung dieses Gerichtes ist etwas aufwändiger, doch die Mühe lohnt sich. Traditionell wird es mit rotem Reis gegessen, normaler Reis schmeckt dazu aber auch.

Zutaten

900 g Schweinefleisch, in 5 cm große
   Würfel geschnitten
4 EL Pflanzenöl
5 Knoblauchzehen, fein gehackt
2 Zwiebeln, gehackt
1 TL gemahlene Kurkuma
½ TL Chilipulver
½ TL Tomatenmark
3 Tomaten, gewürfelt
3 EL Wein- oder Apfelessig
Salz
1 Prise zerstoßene schwarze Pfefferkörner
1 EL gehackte Korianderblätter

Würzpaste

1 TL Kreuzkümmelsamen
4 grüne Kardamomkapseln (S. 260)
4 Nelken
2,5 cm Zimtstange
5 schwarze Pfefferkörner
1 grüne Chilischote, gehackt
2,5 cm frischer Ingwer, gehackt
4 Knoblauchzehen, geschält
3 EL frisch gepresster Zitronensaft

Für die Würzpaste Kreuzkümmel, Kardamom, Nelken, Zimtstange und Pfefferkörner in einer sauberen Kaffee- oder Gewürzmühle zu einem feinen Pulver vermahlen. Das Pulver mit Chili, Ingwer, Knoblauch und Zitronensaft in der Küchenmaschine zu einer feinen Paste verarbeiten.

Die Fleischwürfel in einer großen Schüssel mit der Würzpaste vermischen und mit Klarsichtfolie abgedeckt 90 Minuten an einem kühlen Platz durchziehen lassen.

Das Öl in einer Pfanne erhitzen und den Knoblauch darin 1 Minute braten. Die Zwiebeln hinzufügen und unter gelegentlichem Rühren goldgelb braten. Dann Kurkuma, Chilipulver, Tomatenmark, Tomaten und Essig sorgfältig untermischen.

Die Fleischwürfel sowie Salz nach Geschmack hinzufügen und 10 Minuten unter gelegentlichem Rühren garen. 275 ml Wasser dazugießen und zum Kochen bringen, dann die Hitze reduzieren und alles etwa 30 Minuten köcheln lassen, bis das Fleisch gar und die Sauce dick ist.

Den schwarzen Pfeffer dazugeben, Korianderblätter darüberstreuen und das Curry heiß servieren.

Für 4 Personen

**sehr scharf,
säuerlich**

Kozhy kuruma Südindisches Hähnchen-Korma

Einfache, milde Hähnchen-Currys sind für die häusliche Küche dieser Region typisch. In christlichen Gemeinden werden Gerichte mit Hühnerfleisch zu besonderen Anlässen zubereitet und mit Brot, etwa *Papadams*, gegessen. Am liebsten verwendet man Hühner aus eigener Haltung, da sie einen besonders guten Geschmack haben.

Zutaten

3 EL Pflanzenöl
2,5 cm Zimtstange
3 Nelken
2 Lorbeerblätter
3 grüne Kardamomkapslen (S. 260), zerstoßen
2 Zwiebeln, gehackt
1 TL gemahlener Koriander
½ TL gemahlene Kurkuma
½ TL Chilipulver
2 TL Tomatenmark
500 g Hähnchenbrustfilet, gewürfelt

1 Prise schwarzer Pfeffer
Salz
40 g Cashewkerne, mit etwas Wasser zu einer Paste zerrieben
Korianderblätter zum Garnieren

Ingwer-Knoblauch-Paste
2,5 cm frischer Ingwer, gehackt
4 Knoblauchzehen, geschält

Zur Herstellung der Ingwer-Knoblauch-Paste Ingwer, Knoblauch und etwas Wasser in einer kleinen Küchenmaschine oder im Mixer zu einer feinen Paste verarbeiten. Die Paste beiseite stellen.

Das Öl in einer großen Pfanne erhitzen. Zimtstange, Nelken, Lorbeerblätter und Kardamom 2 Minuten darin braten. Die Zwiebeln sorgfältig untermischen und 5 Minuten garen, bis sie weich sind.

Ingwer-Knoblauch-Paste, Koriander, Kurkuma, Chilipulver und Tomatenmark untermischen und bei schwacher Hitze unter gelegentlichem Rühren 5 Minuten garen. Fleischwürfel, Pfeffer, Salz nach Geschmack und 150 ml Wasser hineinrühren. Den Pfanneninhalt zum Kochen bringen und zugedeckt 15–20 Minuten köcheln lassen, bis das Fleisch gut gegart ist.

Die Cashewpaste sorgfältig untermischen. Das Gericht noch einmal 3 Minuten garen, dann mit den Korianderblättern garnieren und heiß servieren.

Für 4 Personen

**aromatisch,
nussig, mild**

Kukul mus kari Hähnchen-Curry aus Sri Lanka

Hähnchen-Curry gehört in Sri Lanka zu den Höhepunkten des Wochenendes. Wie in der Küche Keralas erhält es durch Kokosmilch einen besonderen Geschmack, und die Gewürze werden so verwendet, dass man ihre verschiedenen Aromen leicht unterscheiden kann. Dieses Gericht stammt von unserem Freund Raj aus Colombo. Es ist sein Lieblingsrezept von seiner Großmutter. Ich habe ihm im Gegenzug einige traditionelle vegetarische Gerichte aus Kerala beigebracht. Dieses Curry serviert man mit Reis oder Brot.

Zutaten

3 EL Pflanzenöl
2 Zwiebeln, in dünne Scheiben geschnitten
2,5 cm frischer Ingwer, gehackt
2 Knoblauchzehen, gehackt
½ TL gemahlene Kurkuma
1 TL Chilipulver
2 TL gemahlenes Garam masala
400 g Hähnchenbrustfilet, in mundgerechte
   Stücke geschnitten
200 ml Kokosmilch (S. 213)
2 Tomaten, geviertelt
Salz

Das Öl in einem mittelgroßen Topf erhitzen und die Zwiebeln darin goldbraun braten. Ingwer, Knoblauch und gemahlene Gewürze hinzufügen und 1 Minute durchrühren, dann die Fleischstücke dazugeben und bei mittlerer Hitze unter Rühren 5 Minuten garen.

300 ml Wasser dazugießen. Den Topfinhalt zum Kochen bringen und nach Reduzieren der Hitze zugedeckt weitere 10 Minuten garen.

Auf ganz schwache Hitze herunterschalten und die Kokosmilch hinzufügen. Alles noch einmal etwa 10 Minuten garen, bis das Fleisch vollkommen durch ist. Die Tomaten sowie Salz nach Geschmack hineinrühren und das Curry weitere 5 Minuten garen, dann heiß servieren.

Für 4 Personen

sehr cremig,
fein gewürzt

Koli erachi molagu Pfeffrige Hähnchenbrust-Pfanne

Dieses Gericht kommt aus Tamil Nadu, wo es anlässlich von Festen wie Diwali und zu anderen besonderen Gelegenheiten zubereitet wird. In manchen Dörfern dient es als Opfergabe. Durch die Kombination der Gewürze und reichlich scharfen Pfeffer unterscheidet es sich von anderen tamilischen Hähnchenfleischgerichten. Am besten genießt man es zusammen mit indischem Brot und einem kühlen Glas Bier.

Zutaten

3 EL Pflanzenöl
½ TL Senfkörner
10 Curryblätter
2,5 cm frischer Ingwer, in dünne Scheiben geschnitten
3 Knoblauchzehen, gehackt
3 grüne Chilischoten, in Scheiben geschnitten
2 Zwiebeln, gehackt
2 Tomaten, gewürfelt
Salz
500 g Hähnchenbrustfilet, in 1 cm große Würfel geschnitten
1 große Prise zerstoßene schwarze Pfefferkörner

Würzpaste
1 EL Pflanzenöl
100 g geraspelte frische Kokosnuss oder Kokosraspeln aus der Tüte
2 Nelken
2 grüne Kardamomkapseln (S. 260)
3 schwarze Pfefferkörner
1 cm Zimtstange
½ TL Chilipulver
½ TL gemahlene Kurkuma
1 TL gemahlener Koriander

Zur Herstellung der Würzpaste das Öl in einer Pfanne erhitzen und die Kokosraspeln zusammen mit Nelken, Kardamomkapseln, Pfefferkörnern und Zimtstange rösten, bis die Kokosraspeln gebräunt sind. Die gemahlenen Gewürze hinzufügen und 1 Minute rösten. Abkühlen lassen, dann mit 200 ml Wasser in einer Küchenmaschine oder im Mixer zu einer feinen Paste verarbeiten. Beiseite stellen.

Das Öl in einem großen Topf erhitzen und die Senfkörner hinzufügen. Wenn sie zu platzen beginnen, Curryblätter, Ingwer, Knoblauch und Chilischoten dazugeben und 3 Minuten braten. Die Zwiebeln hinzufügen und braten, bis sie goldbraun sind. Die Tomaten dazugeben und 1 Minute garen, dann sorgfältig die Würzpaste und etwas Salz untermischen.

Die Fleischwürfel und 250 ml Wasser hinzufügen. Den Topfinhalt zum Kochen bringen und zugedeckt etwa 20 Minuten köcheln lassen, bis das Fleisch gar ist. Das Gericht heiß und mit schwarzem Pfeffer bestreut servieren.

Für 4 Personen

pfeffrig, dick

Rasa kayi Buntes Gemüse-Curry

Dies ist ein in Karnataka häufig zubereitetes Gericht, für das verschiedene Gemüse in einer Tomaten-Masala gegart und – was ungewöhnlich ist – mit Fenchelsamen gewürzt werden. Es ist weitaus würziger als viele andere vegetarische Gerichte Südindiens, wiewohl es die Kokosmilch auch cremig und süßlich macht. Man serviert es mit *Paratha* (S. 62) oder *Chapati* oder als Beilage zu Fleisch- und Geflügel-Currys.

Zutaten

100 g Möhren, geschält
100 g Kartoffeln, geschält
100 g grüne Bohnen (frisch oder tiefgefroren)
3 EL Pflanzenöl
2 Zwiebeln, in kleine Stücke geschnitten
1 grüne Chilischote, längs aufgeschlitzt
½ TL Chilipulver
½ TL gemahlener Koriander
½ TL gemahlene Kurkuma
Salz
100 g Blumenkohl, in Röschen getrennt
100 ml Kokosmilch (S. 213)

Würzpaste
2 Knoblauchzehen, geschält
2 cm frischer Ingwer, fein gehackt
1 grüne Chilischote, fein gehackt
½ TL Fenchelsamen
100 g Tomaten, gehackt

Die Zutaten für die Würzpaste im Mörser, im Mixer oder in einer kleinen Küchenmaschine zu einer feinen Paste verarbeiten und beiseite stellen. Möhren, Kartoffeln und grüne Bohnen in 2,5 cm große Stücke schneiden und beiseite stellen.

Das Öl in einem großen Topf erhitzen. Zwiebeln und Chilischote darin braten, bis die Zwiebeln weich sind. Möhren, Chilipulver, Koriander, Kurkuma und Salz nach Geschmack sorgfältig untermischen. Die Hitze reduzieren und die Kartoffeln hinzufügen. Das Ganze mit aufgelegtem Deckel 10 Minuten garen.

Blumenkohl und grüne Bohnen mit der Würzpaste dazugeben, sorgfältig untermischen und alles zugedeckt noch einmal 10–15 Minuten garen.

Den Topf von der Kochstelle nehmen und langsam die Kokosmilch hineinrühren. Das Curry heiß servieren.

Für 4 Personen

recht
würzig,
leicht süß

Cheera moru curry Spinat-Joghurt-Curry

In Kerala fehlen bei den Mahlzeiten zwei Dinge nie: ein Joghurt-Curry und ein *Thoran* (pfannengerührtes Gemüse). Ein Joghurt-Curry ist einfach zuzubereiten, und man gibt ihm Gemüse der Saison zu. Ich verwende am liebsten Spinat, während in unserem Dorf die roten Blätter der Rübenfamilie sehr beliebt sind. Dies ist ein mildes Gericht, das aber auch stärker gewürzt werden kann. Denken Sie daran, dass es nach Hinzufügen des Joghurts nicht mehr zu stark erhitzt werden darf. Zu einem Joghurt-Curry wird stets Reis gereicht.

Zutaten
2 EL Pflanzenöl
½ TL Senfkörner
1 Prise Bockshornkleesamen
2 Knoblauchzehen, fein gehackt
3 getrocknete rote Chilischoten
10 Curryblätter
100 g Schalotten, gehackt
3 frische grüne Chilischoten, längs
    aufgeschlitzt
2,5 cm frischer Ingwer, fein gehackt
2 Tomaten, fein gehackt
½ TL gemahlene Kurkuma
Salz
100 g Spinat, gehackt
300 g Naturjoghurt

Das Öl in einem großen Topf erhitzen und die Senfkörner hinzufügen. Wenn sie zu platzen beginnen, erst Bockshornkleesamen, dann Knoblauch, getrocknete Chilischoten und Curryblätter dazugeben und 1 Minute braten. Schalotten, grüne Chilischoten und Ingwer hinzufügen und unter gelegentlichem Rühren garen, bis die Schalotten braun werden.

Tomaten, Kurkuma sowie Salz nach Geschmack sorgfältig untermischen, dann den Spinat dazugeben und unter gelegentlichem Umrühren 5 Minuten garen.

Den Topf von der Kochstelle nehmen und nach und nach den Joghurt hinzufügen, dabei langsam und gleichmäßig rühren. Das Curry bei niedriger Temperatur unter ständigem Rühren 3 Minuten behutsam wieder erwärmen, dann servieren.

Für 4 Personen

leicht
würzig,
cremig

Thakkali payaru curry Augenbohnen mit Spinat und Tomaten

Dieses erfrischende, leichte Tomatengericht ist einfach zuzubereiten. Man kann dafür auch andere Hülsenfrüchte verwenden, ich nehme aber am liebsten Augenbohnen. Achten Sie darauf, dass die Tomaten nicht übergart werden, damit sie ihre Frische bewahren. Um aus dem Gericht eine Mahlzeit zu machen, serviert man es mit Reis oder *Chapati*.

Zutaten
3 EL Pflanzenöl
½ TL Senfkörner
2 Knoblauchzehen, fein gehackt
10 Curryblätter
100 g gehackte Zwiebel
2 grüne Chilischoten, längs aufgeschlitzt
½ TL Chilipulver
1 TL gemahlener Koriander
½ TL gemahlene Kurkuma
200 g Tomaten, in kleine Stücke geschnitten
50 g Spinat, gehackt
100 g gegarte Augenbohnen oder Augenboh-
    nen aus der Dose
Salz
300 g Naturjoghurt

Für 4 Personen

**frisch,
leicht,
cremig**

Das Öl in einem großen Topf erhitzen und die Senfkörner hineingeben. Wenn die Senfkörner zu platzen beginnen, Knoblauch, Curryblätter und Zwiebel hinzufügen und bei mittlerer Temperatur etwa 5 Minuten garen, bis die Zwiebel weich ist.

Chilischoten, Chilipulver, Koriander und Kurkuma sorgfältig untermischen. Die Tomaten dazugeben, gut umrühren und den Spinat hinzufügen. Die Zutaten bei schwacher Hitze 5 Minuten garen.

Nun die Augenbohnen sowie Salz nach Geschmack dazugeben und 1 Minute erhitzen. Den Topf von der Kochstelle nehmen und den Joghurt langsam und sorgfältig unterrühren. Das Curry warm servieren.

Vendakka vazhuthananga masala Würziges Okra-Auberginen-Masala

Okras und Auberginen gehören im Süden Indiens zu den beliebtesten Gemüsesorten. Ich mag es, wie die knackigen Okras und saftigen Auberginen mit den aromatischen Gewürzen harmonieren, doch können sie auch durch beliebige andere Gemüse ersetzt werden. Man kann das Gericht mit *Paratha* (S. 62) als Hauptspeise servieren, es eignet sich aber auch fantastisch als Beilage zu Fleisch- und Fisch-Currys.

Zutaten
3 EL Pflanzenöl
1 Prise Bockshornkleesamen
1 Prise Fenchelsamen
2–3 grüne Kardamomkapseln (S. 260)
2 cm Zimtstange
1 Lorbeerblatt
3 Knoblauchzehen, gehackt
2 Zwiebeln, fein gehackt
½ TL gemahlene Kurkuma
½ TL Chilipulver
1 TL gemahlener Koriander
1 EL Tomatenmark
2 Tomaten, fein gehackt
150 g Okraschoten, in Stücke geschnitten
150 g Aubergine, in Stücke geschnitten
Salz
2 EL gehackte Korianderblätter

Für 4 Personen

**angenehm
gewürzt,
dick**

Das Öl in einem Topf erhitzen. Bockshornkleesamen, Fenchelsamen, Kardamonkapseln, Zimtstange, Lorbeerblatt, Knoblauch und Zwiebeln hinzufügen und unter gelegentlichem Rühren braten, bis die Zwiebel gebräunt ist.

Kurkuma, Chilipulver, gemahlenen Koriander und Tomatenmark sorgfältig unterrühren und 1 Minute garen. Gehackte Tomaten sowie 500 ml Wasser hineinrühren. Alles zum Kochen bringen und nach Reduzieren der Hitze etwa 10 Minuten köcheln lassen, bis eine dicke Sauce entstanden ist.

Okra- und Auberginenstücke sowie Salz nach Geschmack in den Topf geben, gut umrühren und alles zugedeckt noch einmal etwa 5 Minuten bei schwacher Hitze garen, bis das Gemüse weich ist.

Das Gericht mit dem gehackten Koriander garnieren und heiß servieren.

Kizhangu payaru Kartoffel-Bohnen-Eintopf

Dieses Gericht lässt sich leicht zubereiten und schmeckt göttlich. Zuhause haben wir auch einfache Kartoffeleintöpfe immer gern gegessen, aber meine Mutter liebte Experimente und fügte ihnen Gemüse der Saison hinzu. Dies war mein Favorit. Sie können auch andere Gemüsesorten verwenden, um das Gericht farbenfroher zu gestalten. Eintöpfe werden traditionell mit *Dosas* und *Paratha* (S. 62) gegessen.

Zutaten
2 EL Pflanzenöl
1 TL Senfkörner
2 getrocknete rote Chilischoten
einige Curryblätter
2 Zwiebeln, gehackt
½ TL gemahlener Koriander
½ TL gemahlenes Garam masala
½ TL gemahlene Kurkuma
¼ TL Chilipulver
2 Tomaten, geviertelt
300 g Kartoffeln, geschält und in Spalten
    oder Würfel geschnitten
100 g grüne Bohnen (frisch oder tiefgefro-
    ren), in 2,5 cm lange Stücke geschnitten
Salz
200 ml Kokosmilch (S. 213)
1 Prise zerstoßene schwarze Pfefferkörner

Das Öl in einem großen Topf erhitzen und die Senfkörner hinzufügen. Wenn sie zu platzen beginnen, Chilischoten und Curryblätter dazugeben und 2 Minuten braten. Die Zwiebeln hineinrühren und bei mäßiger Hitze etwa 5 Minuten garen, bis sie weich sind.

Koriander, Garam masala, Kurkuma und Chilipulver einrühren. Die Tomaten dazugeben und 5 Minuten garen. Die Kartoffeln sorgfältig untermischen und bei relativ schwacher Hitze 5 Minuten garen.

Grüne Bohnen mit Salz nach Geschmack hinzufügen und 1 Minute garen, dann auf ganz schwache Hitze herunterschalten. Die Kokosmilch sowie 100 ml Wasser in den Topf gießen und sorgfältig unterrühren. Den Topfinhalt noch einmal 15–20 Minuten garen, bis alle Gemüse weich sind. Den Eintopf mit dem schwarzen Pfeffer bestreuen und heiß servieren.

Für 4 Personen

**leicht süß,
sehr leicht**

Kootu sambar Gemüse mit Linsen

Sambar ist der berühmteste Begleiter von *Dosas*, den traditionellen Fladenbroten, und im Süden Indiens wird bei jedem Fest das Curry zuerst serviert. *Sambar* wird in den verschiedenen Regionen auf Hunderte von Arten mit einer Vielzahl von Gemüsen und gerösteten Gewürzen zubereitet. Es ist ein Gericht der einfachen Leute. Dazu isst man Reis, *Dosas* oder *Akki roti* (S. 119).

Zutaten

100 g halbe gelbe Linsen (Toor dal)
1 TL gemahlene Kurkuma
1 TL Chilipulver
2 Zwiebeln, in kleine Stücke geschnitten
100 g Möhren, geschält und in 2,5 cm lange Stücke geschnitten
100 g grüne Bohnen (tiefgefroren oder frisch), in 2,5 cm lange Stücke geschnitten
3 Tomaten, geviertelt
100 g Kartoffeln, geschält und gewürfelt
4 EL Tamarindenwasser, aus 1 EL Tamarindenmark und 4 EL Wasser hergestellt (S. 322)
Salz

Würzpaste
100 g geraspelte frische Kokosnuss oder Kokosraspeln aus der Tüte
2 TL Koriandersamen
1 getrocknete rote Chilischote

Zur Fertigstellung
1 EL Pflanzenöl
1 TL Senfkörner
10 Curryblätter
3 getrocknete rote Chilischoten

Zur Herstellung der Würzpaste Kokosraspeln und Gewürze rösten, bis sie gebräunt sind. Abkühlen lassen und in einer Küchenmaschine mahlen, dabei nach und nach etwa 250 ml Wasser hinzufügen, bis eine feine Paste entstanden ist.

In einem Topf 300 ml Wasser zum Kochen bringen. Linsen, Kurkuma, Chilipulver und Zwiebeln hinzufügen und köcheln lassen, bis die Linsen weich sind.

Möhren, Bohnen, Tomaten und Kartoffeln dazugeben und gut umrühren. Die Zutaten zugedeckt etwa 10 Minuten garen, bis die Gemüse weich sind. Tamarindenwasser und Salz nach Geschmack hinzufügen und alles mit aufgelegtem Deckel noch einmal 5 Minuten garen.

Die Würzpaste hineinrühren. Den Topfinhalt zum Kochen bringen, dann bei mittlerer Temperatur ohne Deckel 5 Minuten garen, dabei gelegentlich umrühren.

Zur Fertigstellung das Öl in einer Pfanne erhitzen und die Senfkörner hineingeben. Wenn die Senfkörner zu platzen beginnen, Curryblätter und getrocknete Chilischoten hinzufügen. Die Mischung über das Curry geben uund behutsam umrühren. Das Gericht heiß servieren.

Für 4 Personen

scharf, säuerlich

Bisi bela bhath Bunter Gemüsereis

Bei diesem für die Brahmanen Südindiens typischen Gericht wird Basmati-Reis mit verschiedenen Hülsenfrüchten gegart, um ihm ein nussiges Aroma zu verleihen. Das Gericht ist so reichhaltig, dass es eine komplette Mahlzeit bilden kann.

Zutaten

150 g halbe gelbe Linsen (Toor dal)
2 EL Pflanzenöl
75 g geraspelte frische Kokosnuss
7 getrocknete rote Chilischoten
2 TL Koriandersamen
1 TL halbe Kichererbsen (Chana dal)
1 TL halbe Urdbohnen (Urad dal)
1 TL gemahlene Kurkuma
½ TL Bockshornkleesamen
1 Prise Asant
500 g Basmati-Reis
Salz
120 ml Tamarindenwasser, aus 50 g Tamarindenmark und 120 ml Wasser hergestellt (S. 322)

Zur Fertigstellung
2 EL Pflanzenöl
1 TL Senfkörner
10 Curryblätter
1 EL gehackte Cashewkerne

In einem großen Topf 450 ml Wasser zum Kochen bringen. Die gelben Linsen hinzufügen und köcheln lassen, bis sie weich sind. Abtropfen lassen und beiseite stellen.

Das Öl in einer Pfanne erhitzen. Kokosraspeln, rote Chilischoten, Koriandersamen, Kichererbsen, Urdbohnen, Kurkuma, Bockshornkleesamen und Asant darin braten, bis sie aromatisch duften. Abkühlen lassen und in einer sauberen Kaffeemühle oder Gewürzmühle zu einem feinen Pulver vermahlen.

Den Reis unter fließend kaltem Wasser waschen und in einen großen Topf geben. 1 l Wasser sowie etwas Salz hinzufügen. Den Reis zum Kochen bringen und etwa 20 Minuten köcheln lassen.

Gelbe Linsen, Tamarindenwasser und das Würzpulver dazugeben. Den Reis noch einmal 5 Minuten garen, dabei noch etwas Wasser hinzufügen, falls er zu trocken wird.

Zur Fertigstellung in der Zwischenzeit das Öl in einer Pfanne erhitzen und die Senfkörner hineingeben. Wenn sie zu platzen beginnen, Curryblätter und Cashewkerne hinzufügen und rühren, bis sich die Nüsse goldbraun färben. Die Mischung unter den fertigen Reis heben. Den Reis heiß servieren.

Für 4 Personen

nussig, aromatisch, nahrhaft

Puli choru Tamarindenreis

Reisgerichte sind in Tamil Nadu und Karnataka sehr verbereitet. Durch die Zugabe von Nüssen, Hülsenfrüchten und sorgfältig ausgewählten Gewürzen wird dieses Gericht pikant und farbenfroh. Es passt zu allen Arten von Currys, egal ob sie mit Fleisch, Fisch, Geflügel oder Gemüse zubereitet sind.

Zutaten

50 g Tamarindenmark
250 g Langkornreis oder Basmati-Reis
Salz
2 EL Pflanzenöl
1 TL Senfkörner
1 Zwiebel, fein gehackt
20 g ungeröstete Erdnusskerne
1 EL halbe Kichererbsen (Chana dal) oder
    halbe gelbe Linsen (Toor dal)

10 Curryblätter
3 getrocknete rote Chilischoten
1 TL Bockshornkleesamen
1 TL Asant
1 TL Chilipulver
1 TL gemahlener Koriander
1 TL gemahlene Kurkuma
1 EL gehackte Korianderblätter

Für 4 Personen

**duftend,
pikant,
nahrhaft**

In einem kleinen Topf 100 ml Wasser zum Kochen bringen. Das Tamarindenmark hineingeben und 1 Minuten köcheln lassen, dabei gelegentlich umrühren. Das Wasser durch ein Sieb in eine Schüssel gießen und beiseite stellen.

In einem großen Topf 500 ml Wasser zum Kochen bringen. Den Reis mit etwas Salz nach Geschmack hinzufügen und 20–25 Minuten garen, bis er weich ist. Abtropfen lassen und warm stellen.

Den Topf auswaschen, wieder erhitzen und das Öl hineingießen. Wenn es heiß ist, die Senfkörner dazugeben. Sobald sie zu platzen beginnen, Zwiebel, Erdnüsse, Kichererbsen oder gelbe Linsen, Curryblätter, getrocknete Chilischoten und Bockshornkleesamen hinzufügen und unter häufigem Rühren braten, bis die Zwiebel weich ist.

Asant, Chilipulver, gemahlenen Koriander, Kurkuma und etwas Salz dazugeben und bei mittlerer Temperatur 2–3 Minuten unter Rühren erhitzen. Das Tamarindenwasser dazugießen, gut unterrühren und alles noch einmal 15 Minuten garen.

Den Reis untermischen, dann mit dem Koriandergrün garniert in einer Schüssel servieren.

Akki roti Pikante Reismehlbrote

Anders als im Norden Indiens, wo man Weizenmehl verwendet, macht man im Süden des Landes Brote aus Reismehl. Dieses Rezept stammt von meiner Freundin Vidya, die das Brot viele Male für mich zubereitet hat. Es ist sehr leicht und wunderbar gewürzt. Im Gegensatz zu vielen anderen Broten ist es im Handumdrehen zubereitet.

Zutaten

300 g Reismehl
50 g geraspelte frische Kokosnuss oder
  Kokosraspeln aus der Tüte
2 EL gehackte Korianderblätter
10 Curryblätter, gehackt
2 grüne Chilischoten, gehackt
75 g Schalotten, in dünne Scheiben
  geschnitten
10 Cashewkerne, geröstet und gemahlen
Salz
Pflanzenöl zum Braten

Alle Zutaten in einer großen Schüssel sorgfältig vermischen. In der Mitte eine Mulde machen und nach und nach etwa 450 ml Wasser unterrühren, bis ein weicher Teig entstanden ist. Den Teig mit bemehlten Händen kneten, dann zu kleinen Kugeln formen.

Die Kugeln auf der mit Reismehl bestaubten Arbeitsfläche zu möglichst dünnen Fladen ausrollen und 10 Minuten ruhen lassen.

Eine große Pfanne erhitzen und den Boden mit Öl bedecken. Einen Teigfladen in die Pfanne legen und 2–3 Minuten backen, bis die Unterseite goldbraun ist, dann umdrehen und die andere Seite bräunen. Den Fladen herausnehmen und warm stellen, während die übrigen Fladen gebacken werden. Das Brot heiß servieren.

Für 4 Personen

PAKISTAN

< Obst und
Gemüse auf
einem Markt
in Karachi

Pakistan ist ein Land mit mehr als 160 Millionen Einwohnern und einer Fläche von fast 900 000 km². Verschiedene Invasionen und Belagerungen, aber auch Handelsbeziehungen haben dazu geführt, dass das Land stark von seinen Nachbarn beeinflusst wurde – Indien im Osten, Iran und Afghanistan im Westen und, über die alte Seidenstraße, China im Norden. Und das hat sich mit der Zeit natürlich auch auf die Kultur, die Traditionen und die Küche Pakistans ausgewirkt.

Die vier Provinzen mit ihrer Landesnatur von hohen Bergen im Westen und Norden bis hin zu den Küsten am Arabischen Meer und Indischen Ozean bieten eine große Vielfalt an Fleisch, Wild, Geflügel, Obst und Gemüse.

Pakistanis sind große Fleischliebhaber, doch werden vor allem aus finanziellen Gründen auch die preiswerteren Hülsenfrüchte zur Hauptzutat für Currys. Bevorzugte Fleischsorten sind Lamm und Hammelfleisch, man isst aber auch Kalbfleisch und Rindfleisch. Da Pakistan ein muslimisches Land ist, ist Schweinefleisch tabu. In den einzelnen Landesteilen werden verschiedene Schaf- und Ziegenrassen gezogen. Die Tiere werden meist im Freien gehalten und fressen Wildpflanzen, wodurch ihr Fleisch einen wunderbaren Geschmack erhält. Das beliebteste Geflügel sind Hühner, gelegentlich kommt aber auch Wildgeflügel in den Topf.

Besucher, die zum ersten Mal nach Pakistan kommen, staunen über die Fülle an Obst und Gemüse. Von den Bergen bis in die Ebenen gibt es Kirschen, Äpfel, Pfirsiche, Aprikosen, Mangos, Orangen und Litschis im Überfluss, in den Küstenregionen Bananen und Papayas. Zur bunten Gemüsepalette gehören Kartoffeln, Tomaten, Zwiebeln, Möhren, Erbsen, Blumenkohl und zahlreiche regionale Sorten.

In der Alltagsküche ergänzen Pakistanis Fleisch durch Gemüse – oder umgekehrt, ganz wie man die Sache betrachten will. Es geht dabei vor allem darum, mit der gleichen Menge Fleisch mehr Menschen satt zu bekommen. In geringerem Maß wird Fleisch auch in Gerichte mit Hülsenfrüchten gegeben. Ein sehr beliebtes Gericht sind Kichererbsen mit Huhn.

In Pakistan kennt man das Wort Curry nicht, aber es gibt Gerichte, die einem Curry sehr nahe kommen – hier heißen sie *Salan*. Von indischen Currys unterscheiden sie sich durch das obligatorische Fleisch und weniger Gewürze. Und anders als in Thailand gibt man in Pakistan der Würzmischung keine sauren oder süßen Zutaten dazu.

Eine wichtige Regel bei der Zubereitung eines pakistanischen Currys lautet »Weniger ist mehr«. Nichts ruiniert ein Curry mehr als zu viele Zutaten.

Jede Zutat dient einem besonderen Zweck und muss nicht mit einer zweiten, ähnlichen Zutat konkurrieren. Fügt man beispielsweise Zitronensaft hinzu, braucht man keinen Essig. Wird Koriandergrün verwendet, ist frische Minze überflüssig. Auf diese Weise können die individuellen Eigenschaften jeder einzelnen Zutat gebührend gewürdigt werden.

Wichtig ist beim pakistanischen Curry auch, dass die Zutaten frisch sind. Man kauft sie morgens ein und isst sie am Abend. Zu Hause kochen meist die Frauen, und die Rezepte werden nur mündlich von der Mutter an die Tochter weitergegeben. Dies macht pakistanische Currys noch interessanter, da dadurch das gleiche Gericht von Heim zu Heim und von Region zu Region anders schmeckt.

Früher wurden Currys in Kochgeschirr aus Steingut gegart, heute ist an seine Stelle jedoch ein Topf (ohne Griff) getreten. Zuerst wird fast immer eine *masala* zubereitet, für die man Zwiebeln, Ingwer, Knoblauch und Tomaten mit Gewürzen gart, bis sich vorhandenes Öl absetzt.

Lebensmittelfarbe wird in Pakistan für Currys nicht benutzt. Ist ein Curry also rot, wurde es mit Chilischoten zubereitet, ist es gelb, mit Kurkuma. Nur Reisgerichten wie *Biryanis* und einigen Desserts fügt man Lebensmittelfarbe hinzu.

Menschen im Westen bekommen von Currys, die sie in anderen Ländern essen, oft Sodbrennen. Bei einem pakistanischen Curry passiert das nicht. Es ist einzigartig: frisch im Geschmack, mit Zutaten der Saison, sorgsam gewürzt, nahrhaft und ökonomisch in der Zubereitung. Ein pakistanisches Curry kann man jeden Tag und zu jeder Gelegenheit essen.

Mahmood Akbar

Eine Masala zubereiten >
Zwiebeln, Knoblauch,
Ingwer und Tomaten werden
in heißem Öl gebraten.

Die Aromen Pakistans

1. Steinsalz
2. Nelken
3. schwarzer Pfeffer
4. frischer Ingwer
5. Zwiebeln
6. Knoblauch
7. Tomaten
8. Sternanis
9. Minzeblätter
10. frische grüne Chilischoten
11. Zimtstangen
12. Koriandergrün

13. Basmati-Reis
14. Bockshornkleeblätter
15. Chaar magaz (Viererlei Kürbiskerne)
16. rotes Chilipulver
17. gemahlener Kreuzkümmel
18. gemahlene Kurkuma
19. gemahlener Koriander

Die Grundzutaten

Die wichtigsten Aromazutaten für ein pakistanisches Curry lassen sich in vier Gruppen unterteilen. Erstens sind da die Zutaten für die *Masala* – Zwiebeln, Knoblauch, frischer Ingwer und Tomaten –, zweitens die Gewürze, drittens frische Kräuter und Aromazutaten und viertens das für jedes Curry unverzichtbare Salz. Eine ausgewogene Mischung dieser Zutaten bildet die Basis für Fleisch, Hülsenfrüchte und Gemüse.

Zwiebeln

Die violettroten Zwiebeln, die in Pakistan viel angebaut werden, sind schärfer als europäische Zwiebeln und weniger süß, sodass sie pakistanischen Currys keine Süße verleihen.

Knoblauch

Da Pakistan ein sehr warmes Klima hat, ist Knoblauch dort schärfer als in Europa. Für Currys wird er im Mörser zu einer Paste zerrieben, damit er sein volles Aroma entfaltet. Wie Ingwerpaste kann auch Knoblauchpaste in größeren Mengen in der Küchenmaschine hergestellt und dann in einem luftdicht verschlossenen Gefäß 2 Wochen im Kühlschrank aufbewahrt werden. Im Gefriergerät hält sie sich in einer mit Klarsichtfolie ausgelegten und mit Folie abgedeckten Eiswürfelschale bis zu 3 Monate.

Ingwer

Während Zwiebeln und Knoblauch in fast keinem Curry der Welt fehlen, ist es eine Besonderheit des pakistanischen Currys, dass fast immer Ingwer enthalten ist. Ingwer verleiht Currys nicht nur einen warmen, erdigen Geschmack, sondern hat auch heilende Eigenschaften. Man verwendet nur frischen, rohen Ingwer, auch als Garnitur. Er sollte jung sein und eine dünne Schale haben, da bei älterem Ingwer das Fleisch fasrig ist. Die Schale wird am besten abgeschabt, nicht abgeschält, bei sehr jungem Ingwer muss man sie nicht entfernen. Für viele Currys zerreibt man den Ingwer im Mörser zu einer Paste.

Tomaten

Die Portugiesen brachten die Tomate via Goa auf den indischen Subkontinent, aber es dauerte mehr als hundert Jahre, bis sie in den Rest der Region vordrang und angenommen wurde. In Pakistan werden vor allem Eiertomaten gezogen, die vom Frühjahr bis zum Spätherbst Saison haben. Sie sind fester Bestandteil von Currys und Salaten, werden sonst aber wenig verwendet, ausgenommen als Garnitur. Außerhalb der Saison können für die Rezepte in diesem Buch Eiertomaten aus der Dose verwendet werden.

Gewürze

Die Basis der meisten pakistanischen Currys (*Masala*) besteht aus frischen Aromazutaten und Tomaten, die mit schwarzem Pfeffer, rotem Chilipulver, Kurkuma, Koriander, Kreuzkümmel und Salz gegart werden. Gewürze werden nur in kleinen Mengen hinzugefügt und überlagern sich nicht; jedes für sich erfüllt eine einzigartige Aufgabe. Pfeffer sorgt für Würze, Chilipulver für Schärfe, Kurkuma für Farbe, Kreuzkümmel für Aroma, Koriander für Erdigkeit und Salz für Wohlgeschmack. In besondere Gerichte kommen noch andere Gewürze wie etwa Sternanis, der *Biryanis* und anderen Reisgerichten einen kräftigen Anis-Lakritz-Geschmack verleiht. Während Fenchel, Kreuzkümmel, Senf und Bockshornklee in Pakistan angebaut werden, importiert man andere Gewürze wie Nelken, Kardamom, Zimt, Muskatnuss oder Muskatblüte aus Nachbarländern. In alltäglichen Gerichten werden diese Gewürze nur gelegentlich verwendet, und wenn, dann eher ganz als gemahlen.

Frische Bockshornkleeblätter >

Kräuter

In der Küche Pakistans werden hauptsächlich frische Zutaten benutzt, was auch für Kräuter gilt. Zu den beliebtesten gehören Koriander-, Minze- und Bockshornkleeblätter, die Currys zusätzlich Geschmack verleihen und als Garnitur dienen.

Chilischoten

Die beliebteste Chilisorte in Pakistan ist der Dundicut. Er ist leuchtend rot bis tief rubinrot und hat einen intensiven, leicht scharfen Geschmack, ist aber verglichen mit Thai-Chilis und Scotch Bonnets recht mild. Kommerziell werden Dundicuts in der Provinz Sindh angebaut. Der Gesamtverbrauch an roten Chilischoten liegt in Pakistan pro Jahr bei rund 180 000 kg, wovon etwa drei Viertel Dundicuts sind.
Rote Dundicuts werden selten frisch verwendet, sondern meist getrocknet und gemahlen. Rotes Chilipulver gilt bei vielen Gerichten als unverzichtbar. Wie andere Gewürze werden Chilis am besten erst vor der Verwendung gemahlen. Fertiges rotes Chilipulver sollte man nicht länger als 2–3 Monate aufbewahren. Scharfe grüne Chilischoten

sind das ganze Jahr hindurch frisch erhältlich. Je nach Jahreszeit und Anbaugebiet variiert ihre Größe, meist sind sie aber 7–12 cm lang.

Steinsalz

Steinsalz wird wegen seines einzigartigen Geschmacks und seiner Milde in Pakistan besonders gern für Currys verwendet und in großen Mengen abgebaut.

Joghurt

Um Currys leicht säuerlich und milder zu machen, wird ihnen dicker Naturjoghurt hinzugefügt, niemals aber Kokosmilch oder -creme.

Basmati-Reis

Für pakistanische Reisgerichte, vor allem *Biryanis*, sollte Basmati-Reis, vermutlich der beste Reis der Welt, verwendet werden.

Chaar magaz (Viererlei Kürbiskerne)

Hierbei handelt es sich um eine Mischung aus den getrockneten und geschälten Samen von vier verschiedenen Melonen und Kürbissen. Sie wird für Chutneys (siehe S. 148–9) sowie für *Halvas*, Süßigkeiten und Desserts verwendet. Sie kann durch beliebige andere Kürbiskerne ersetzt werden.

Palak gosht Spinat-Lamm-Curry

Kein Hochzeitsmahl und kein Festessen wären ohne dieses Curry komplett. In den meisten Fällen wird es mit Hammel oder Lamm zubereitet, manche Leute bevorzugen jedoch Huhn. Seine enorme Beliebtheit verdankt dieses Gericht der Tatsache, dass es praktisch immer gelingt. Man kann es im Voraus zubereiten und wieder aufwärmen, zum Mittag- oder Abendessen servieren und mit allen Arten von Reis essen – von gekochtem Reis bis zu Kichererbsen-Pilaw (S. 140) –, oder mit *Naan*, *Roti* und Zwiebel–Raita (S. 152). Es wird von Menschen jeden Alters und zu jeder Jahreszeit gegessen und ist der ultimative Seelentröster.

Zutaten

4 EL Sonnenblumenöl
2 große Zwiebeln, in dünne Scheiben geschnitten
1 TL Knoblauchpaste
2 Tomaten, gehäutet und gehackt
1 TL rotes Chilipulver
1 TL gemahlene Kurkuma
1 TL Kreuzkümmelsamen
Salz

500 g Lammfleisch, in kleine Stücke geschnitten
500 g frische Spinatblätter oder gut abgetropfter Tiefkühl-Spinat

Zum Garnieren

gehackte grüne Chilischoten
in Scheibchen geschnittener frischer Ingwer

Das Öl in einem Topf erhitzen und die Zwiebeln darin braten, bis sie leicht gebräunt sind. Knoblauchpaste und Tomaten hinzufügen und 1 Minute rühren. Chilipulver, Kurkuma, Kreuzkümmel und Salz nach Geschmack untermischen. Falls nötig 1–2 EL Wasser dazugeben, damit nichts am Topfboden ansetzt und anbrennt. Rühren, bis sich das Öl absetzt.

Das Lammfleisch mit 350–500 ml Wasser hinzufügen und bei relativ schwacher Hitze 30–40 Minuten zugedeckt köcheln lassen, bis es fast gar ist. Den Spinat dazugeben und die Zutaten zugedeckt weitere 12–15 Minuten garen, bis das Fleisch vollkommen weich ist.

Den Deckel abnehmen und alles noch einmal 10–15 Minuten köcheln lassen, bis überschüssige Flüssigkeit verdampft ist und das Öl sich absetzt. Das Gericht mit gehackten Chilischoten und Ingwerscheibchen garnieren und servieren.

Anmerkung: Das Curry kann im Voraus zubereitet und bei schwacher Hitze in einem Topf oder im Mikrowellengerät wieder erhitzt werden. Auch zum Einfrieren eignet es sich hervorragend.

Für 4–5 Personen

würzig, duftend

Tamatar gosht Lamm-Tomaten-Curry

Dies ist ein Curry für die Zeit, in der Tomaten Hochsaison haben und voller Aroma sind. Bei *Tamatar gosht* handelt es sich einfach um Lammfleischstücke, aus denen mit reichlich Tomaten ein Curry zubereitet wird. Lamm (oder Hammel) harmoniert gut mit der leichten Säure von Tomaten, man kann aber auch Rinder- oder Kalbsschulter verwenden oder Huhn, Wachteln, Fisch oder sogar Kalmar. Dazu reicht man Pflaumen-Chutney (S. 148) und *Roti* (S. 146) oder *Naan.*

Zutaten

4 EL Sonnenblumenöl
1 große Zwiebel, fein gehackt
1 TL Ingwerpaste
½ TL Knoblauchpaste
500 g Tomaten, gehäutet und gewürfelt
Salz
1 TL rotes Chilipulver
1 TL Kreuzkümmelsamen
3 schwarze Kardamomkapseln
   (S. 260)

5 Nelken
1 Lorbeerblatt
500 g entbeinte Lammkeule oder Lammschulter, in kleine Stücke geschnitten
4 EL gehackte Korianderblätter

Zum Garnieren

in Scheibchen geschnittener frischer Ingwer
gehackte grüne Chilischoten

Das Öl in einem Topf erhitzen und die Zwiebel darin leicht bräunen. Ingwer- und Knoblauchpaste unterrühren, dann die Tomaten dazugeben. Etwas Salz sowie Chilipulver, Kreuzkümmel, Kardamom, Nelken und Lorbeerblatt hinzufügen und rühren, bis sich das Öl absetzt.

Das Fleisch dazugeben und 5 Minuten unter Rühren braten. 250 ml Wasser sorgfältig unterrühren, dann den Deckel auflegen und auf mittelschwache Hitze reduzieren. Die Zutaten 45–60 Minuten garen, bis das Fleisch weich ist.

Den Deckel abnehmen und den Topfinhalt sanft unter Rühren weitergaren, bis das Öl sich absetzt. Die Korianderblätter untermischen, dann das Gericht mit Ingwerscheibchen und gehackten Chilischoten garnieren und servieren.

Anmerkung: Das Curry kann im Voraus zubereitet und bei schwacher Hitze in einem Topf oder im Mikrowellengerät wieder erhitzt werden. Auch zum Einfrieren eignet es sich gut.

Für 2–3 Personen

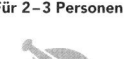

**scharf,
leicht süß**

Gurda keema Hackfleisch–Nieren–Curry

Keema gehört in Pakistan zu den Standardgerichten und ist vermutlich das Curry, dass pakistanische Studenten im Ausland als erstes kochen können. Früher verwendete man für das Gericht Rindfleisch, später wurden Hammel und Lamm beliebter. Heute ist bei Städtern gehacktes Hühnerfleisch auf dem Vormarsch. Häufig werden dem Gericht Gemüse wie Kartoffeln, Erbsen, Zwiebeln und Hülsenfrüchte hinzugefügt. Nieren aber machen es zu einem Curry für besondere Anlässe. Als Beilage reicht man Naturjoghurt und *Pratha* (S. 146).

Zutaten

6 Lammnieren, in Scheiben geschnitten
1½ TL Knoblauchpaste
1 TL gemahlene Kurkuma
4 EL Sonnenblumenöl
2 große Zwiebeln, in dünne Scheiben
  geschnitten
1 TL Ingwerpaste
4 Tomaten, gehäutet und gehackt
1 TL rotes Chilipulver
1 TL Kreuzkümmelsamen

1 TL gemahlener Koriander
Salz
500 g grob gehacktes Lammfleisch
4 EL gehackte Korianderblätter

Zum Garnieren

grüne Chilischoten, in schmale Streifen
  geschnitten
frischer Ingwer, in schmale Streifen
  geschnitten

In einen kleinen Topf 250 ml Wasser gießen. Die Nierenscheiben mit den Schnittflächen nach unten in den Topf schichten. ½ TL Knoblauchpaste und ½ TL Kurkuma hinzufügen und alles zum Kochen bringen, anschließend die Nieren abtropfen lassen. Durch diese Behandlung verlieren die Nieren ihren strengen Geruch.

Das Öl in einem Topf erhitzen und die Zwiebeln darin goldbraun braten. Restliche Knoblauchpaste, Ingwerpaste und Tomaten unterrühren, dann Chilipulver, übrige Kurkuma, Kreuzkümmelsamen, Koriander und Salz dazugeben. Die Zutaten unter Rühren garen, bis sich das Öl absetzt.

Das Hackfleisch hineinrühren, dann die Nieren untermischen. Den Deckel auflegen und das Ganze bei schwacher Hitze 30–35 Minuten garen.

Den Deckel abnehmen und den Topfinhalt noch einmal 8–10 Minuten garen oder bis überschüssige Flüssigkeit verdampft ist und sich das Öl absetzt.

Das Koriandergrün unterrühren. Das Gericht mit grünen Chilischoten und Ingwer garnieren und servieren.

Anmerkung: Das Curry kann im Voraus zubereitet und im Topf auf dem Herd oder im Mikrowellengerät wieder erhitzt werden. Auch zum Einfrieren eignet es sich gut.

Für 4–5 Personen

fleischreich, würzig

Pasanda curry Rindfleisch-Curry

Das Wort *Pasanda* steht für eine dünne Scheibe Fleisch; meist nimmt man Rind- oder Kalbfleisch, mitunter aber auch Lammfleisch. Jedes Stück Fleisch, das nach diesem Rezept zubereitet wird, verwandelt sich in ein köstliches Gericht. Das Curry eignet sich für jede Gelegenheit und wird am besten mit Minze-Raita (S. 152) und *Roti* (S. 146) oder *Naan* (S. 50) serviert. Man kann auch preiswertere Fleischstücke vom Rind oder Kalb verwenden, solange sie mager und zart sind.

Zutaten

500 g Rinderfilet	Marinade
3 EL Sonnenblumenöl	200 g griechischer Joghurt
2 große Zwiebeln, fein gehackt	1 TL rotes Chilipulver
1 TL Knoblauchpaste	½ TL gemahlene Kurkuma
1 TL Ingwerpaste	1 TL frisch gemahlener schwarzer Pfeffer
1 große Tomate, gehäutet und fein gewürfelt	1 TL Kreuzkümmelsamen
	1 TL gemahlener Koriander
5–6 EL gehackte Korianderblätter	Salz

Das Fleisch in 5 mm dicke Scheiben schneiden und mit einem Fleischklopfer noch dünner klopfen.

Für die Marinade den Joghurt mit den Gewürzen und Salz nach Geschmack verrühren. Die Fleischscheiben hineinlegen und darin wenden, sodass sie gut mit Joghurt überzogen sind. Für 2–3 Stunden zum Marinieren beiseite stellen.

Das Öl in einem Topf erhitzen und die Zwiebeln darin leicht bräunen. Knoblauch- und Ingwerpaste untermischen, dann sofort die Tomate hinzufügen und einige Minuten rühren. Das Fleisch und die gesamte Joghurtmarinade dazugeben und etwa 1 Minute rühren. Den Deckel auflegen und auf schwache Hitze herunterschalten. Die Zutaten 15–20 Minuten garen, bis das Fleisch sehr weich ist.

Den Deckel abnehmen und den Topfinhalt noch einige Minuten rühren, bis sich das Öl absetzt. 4 EL Korianderblätter untermischen, dann das Gericht mit den restlichen Korianderblättern garnieren und servieren.

Anmerkung: Das Curry kann im Voraus zubereitet und in einem Topf bei niedriger Temperatur oder im Mikrowellengerät wieder erhitzt werden. Auch zum Einfrieren eignet es sich gut.

Für 4–5 Personen

dick, gut gewürzt

Desi murgh curry Besonderes Hähnchen-Curry

Wenn man in den 1950er- und 1960er-Jahren zum Abendessen eingeladen war und dieses Curry serviert bekam, war klar, dass der Gastgeber keine Mühen und Kosten gescheut hatte. Damals waren Hühner schwer erhältlich und teuer, aber heute ist das anders, und das Gericht ist zu einem gewöhnlichen Curry geworden. Damit es authentisch wird, muss man ein junges Huhn aus biologischer Freilandhaltung verwenden. Es sollte langsam gegart werden, damit Kräuter und Gewürze sein Fleisch durchdringen können. Sollten Sie ein normales Huhn verwenden, müssen Sie vermutlich die Wassermenge reduzieren. Dazu reicht man eingelegte Mango (S. 150), *Naan* (S. 50) und gekochten Reis oder Pilawreis.

Zutaten

4 EL Sonnenblumenöl

2 große Zwiebeln, in dünne Scheiben geschnitten

2 TL Knoblauchpaste

2 TL Ingwerpaste

4 Tomaten, gehäutet und fein gehackt

50 g griechischer Joghurt

1 ½ TL rotes Chilipulver

1 TL gemahlene Kurkuma

1 TL Kreuzkümmelsamen

2 TL gemahlener Koriander

3 große schwarze Kardamomkapseln (S. 260)

6 Nelken

1 Lorbeerblatt

Salz nach Geschmack

1 Hähnchen aus biologischer Freilandhaltung, etwa 1,2 kg schwer, in acht Stücke geteilt, falls gewünscht gehäutet

5–6 EL gehackte Korianderblätter

Das Öl in einem großen Topf erhitzen und die Zwiebeln darin dunkel goldbraun braten. Mit einem Schaumlöffel herausheben und abkühlen lassen. Dann fein mahlen und beiseite stellen.

Knoblauch- und Ingwerpaste in das heiße Öl geben und einige Minuten rühren. Die Tomaten sorgfältig untermischen, dann den Joghurt. Alles 5–6 Minuten garen. Die gemahlenen Zwiebeln untermischen, anschließend alle Gewürze, das Lorbeerblatt sowie Salz nach Geschmack. Die Zutaten unter Rühren garen, bis sich das Öl absetzt.

Die Hühnerteile in den Topf legen und die Würzmischung darüberschöpfen. 500 ml Wasser dazugeben und den Topfinhalt bei schwacher Hitze zugedeckt und unter gelegentlichem Rühren 40–50 Minuten garen, bis das Fleisch zart und durch ist. Falls nötig noch Wasser hinzufügen.

Den Deckel abnehmen und alles nochmals etwa 10 Minuten garen, bis sich das Öl absetzt. 4 EL gehackte Korianderblätter unterrühren, das Gericht mit den restlichen Korianderblättern garnieren und servieren.

Anmerkung: Das Curry kann im Voraus zubereitet und bei schwacher Hitze auf dem Herd oder im Mikrowellengerät wieder erhitzt werden.

Für 4 Personen

aromatisch, saucenreich

Batair dahi wala Wachteln in Joghurtsauce

Bis vor wenigen Jahren waren Wachteln in Pakistan nur als Wildgeflügel erhältlich und wurden als große Delikatesse betrachtet, die nur Herrschern, den Nawabs und Maharadschas, zustand. Heute werden Wachteln gezüchtet und überall angeboten. Eine Kombination mit Joghurt ist ideal, da Joghurt das Fleisch zart macht und durch seine Säure den Geschmack der Wachteln unterstreicht. Auf die gleiche Weise kann man auch anderes Wildgeflügel, etwa Rebhuhn, zubereiten. Verwenden Sie sechs Rebhühner und verlängern Sie die Garzeit ein wenig. Dazu reichen Sie Koriander-Chutney (S. 150) und Kichererbsen-Pilaw (S. 140) oder *Naan* (S. 50).

Zutaten

4 EL Sonnenblumenöl
1 große Zwiebel, in dünne Scheiben geschnitten
Salz
12 rote Chilischoten
½ TL rotes Chilipulver
2 Zimtstangen
4 schwarze Kardamomkapseln (S. 260)
8 Nelken

20 schwarze Pfefferkörner
2 Lorbeerblätter
1 TL Kreuzkümmelsamen
12 Wachteln, jeweils etwa 75 g, falls gewünscht gehäutet
300 g griechischer Joghurt
Korianderblätter zum Garnieren

Für 4 Personen

leicht, mit Wildgeschmack

Das Öl in einem großen Topf erhitzen und die Zwiebel darin hell goldbraun braten. Etwas Salz, ganze Chilischoten und alle Gewürze hinzufügen und einige Minuten rühren. Die Wachteln dazugeben und noch einmal einige Minuten rühren, bis die Wachteln dick mit der Gewürzmischung überzogen sind.

Den Joghurt untermischen, dann auf mittlere bis schwache Temperatur herunterschalten und die Wachteln ohne Deckel 20–25 Minuten unter gelegentlichem Rühren garen.

Die Wachteln mit einem scharfen Messer einstechen, um festzustellen, ob sie gar sind. Dann behutsam weiterrühren, bis alle überschüssige Flüssigkeit verdampft ist und sich das Öl absetzt. Das Gericht mit den Korianderblättern garnieren und servieren.

Anmerkung: Das Curry kann im Voraus zubereitet und im Mikrowellengerät wieder erhitzt werden.

Jhinga curry Garnelen-Curry

Garnelen kommen in den warmen Gewässern des Arabischen Meeres südlich von Pakistan im Überfluss vor. Am häufigsten finden sich dort weißschalige Garnelen, die einen feinen Geschmack haben, gefolgt von Tigergarnelen. Die Garnelen harmonieren wunderbar mit der aromatischen *Masala*. Die *Masala* kann man im Voraus zubereiten, die Garnelen dürfen aber erst kurz vor dem Servieren dazugegeben und gegart werden. Gute Beilagen sind Gurken-Raita (S. 153) und Gemüse-Biryani (S. 138).

Zutaten

500 g ungegarte Riesengarnelen oder
   Tigergarnelen (mit Schalen gewogen)
3 EL Sonnenblumenöl
1 Zwiebel, gehackt
1 TL Knoblauchpaste
1 TL Ingwerpaste
1 Tomate, gehäutet und fein gewürfelt
225 g griechischer Joghurt
1 TL rotes Chilipulver

½ TL frisch gemahlener schwarzer Pfeffer
½ TL gemahlene Kurkuma
½ TL Kreuzkümmelsamen
½ TL gemahlener Koriander
Salz
2 EL grob gehackte grüne Chilischoten
4 EL gehackte Korianderblätter
Korianderblätter zum Garnieren

Die Garnelen schälen, die Schwanzfächer aber belassen. Die Därme entfernen und die Garnelen beiseite stellen.

Für die Masala das Öl in einem Topf erhitzen und die Zwiebel darin hell goldbraun braten. Knoblauch- und Ingwerpaste hinzufügen und 1–2 Minuten rühren. Tomate und Joghurt dazugeben und einige Minuten unter Rühren garen. Chilipulver, Pfeffer, Kurkuma, Kreuzkümmel, gemahlenen Koriander sowie Salz nach Geschmack dazugeben und rühren, bis sich das Öl absetzt.

Die Garnelen hinzufügen und bei mäßig hoher Temperatur unter häufigem Rühren 4–5 Minuten garen, bis sich die Garnelen rosa färben, dabei darauf achten, dass sie nicht verkochen. Chilischoten und gehackten Koriander untermischen und das Curry mit den Korianderblättern garniert heiß servieren.

Für 4–5 Personen

**duftend,
würzig**

Subzi biryani Gemüse-Biryani

Wenn Sie ein Reisgericht zubereiten möchten, das mehr ist als ein Reisgericht, eines, das auf Ihrem Esstisch einen farbenfrohen Blickfang bildet und Ihre meisterlichen Fertigkeiten demonstriert, dann ist dies genau das richtige Rezept für Sie. Das Gericht passt zu jedem Curry, eignet sich großartig für Picknicks und Grillpartys und kann heiß und kalt gegessen werden. Sie können dafür jedes Gemüse der Saison verwenden.

Zutaten

500 g Basmati-Reis
125 ml Sonnenblumenöl
2 große Zwiebeln, in Scheiben geschnitten
1 TL Ingwerpaste
1 TL Knoblauchpaste
225 g gehäutete und fein gehackte Tomaten
1 TL rotes Chilipulver
1 TL gemahlene Kurkuma
1 TL gemahlener Koriander
2 Zimtstangen
4 schwarze Kardamomkapseln (S. 260)
1 TL Kreuzkümmelsamen

1 TL schwarze Pfefferkörner
1 TL Nelken
4 Sternanis
2 Lorbeerblätter
Salz
250 g griechischer Joghurt
250 g Kartoffeln, geschält und gewürfelt
150 g frische oder tiefgefrorene Erbsen
150 g Möhren, geschält und gewürfelt
4 EL fein gehackte Korianderblätter
gebräunte Zwiebeln zum Garnieren
  (S. 140)

Den Reis gründlich unter fließend kaltem Wasser waschen, dann mit Wasser bedeckt mindestens eine Stunde quellen lassen.

Den Reis abtropfen lassen und in reichlich Salzwasser kochen, bis er fast gar ist. Abtropfen lassen und beiseite stellen.

Das Öl in einem Topf erhitzen und die Zwiebeln darin goldbraun braten. Ingwer- und Knoblauchpaste hinzufügen, 1 Minute garen. Tomaten, alle Gewürze, die Lorbeerblätter, etwas Salz und den Joghurt unterrühren. 10 Minuten garen, bis sich das Öl absetzt.

Kartoffeln, frische Erbsen und Möhren mit 125 ml Wasser dazugeben und 5–8 Minuten garen, bis sie weich sind. (Tiefkühlerbsen erst hinzufügen, wenn Kartoffeln und Möhren fast gar sind.) Den Topf von der Kochstelle nehmen.

Die Hälfte des gegarten Reises in einem großen Topf verteilen. Das gegarte Gemüse daraufgeben, mit dem Koriandergrün bestreuen und mit dem restlichen Reis bedecken.

Ein dickes, sauberes Küchenhandtuch mit Wasser befeuchten, auf den Topf legen und den Deckel fest aufsetzen. Den Topf bei ganz schwacher Hitze auf den Herd stellen und den Topfinhalt noch einmal etwa 30 Minuten garen. (Um die Hitze noch weiter zu reduzieren, kann der Topf in eine schwere Pfanne gestellt werden).

Den Reis behutsam mit dem Gemüse vermischen, dann in einer großen, flachen Schüssel anrichten, mit den gebräunten Zwiebeln garnieren und servieren.

Für 4–5 Personen

farbenfroh, aromatisch

Chana pulao Kichererbsen-Pilaw

Dieses Gericht ist eine großartige Kombination aus Proteinen und Kohlenhydraten und mit einem Salat und Joghurt serviert eine komplette Mahlzeit. Es kann ganz nach Geschmack kräftig oder mild gewürzt werden. Ein Reisgericht wie dieses eignet sich gut, um Menschen – auch Kinder – in die wunderbare Welt der Currys einzuführen. Man kann es auch in die Schule oder zur Arbeit mitnehmen oder an einem warmen Sommerabend im Freien genießen.

Zutaten

500 g Basmati-Reis
125 ml Sonnenblumenöl
115 g in dünne Scheiben geschnittene Zwiebeln
1 TL in Scheibchen geschnittener frischer Ingwer
3 Zimtstangen
1 TL schwarze Pfefferkörner
1 TL Kreuzkümmelsamen
3 schwarze Kardamomkapseln (S. 260)

Salz
115 g getrocknete Kichererbsen, über Nacht eingeweicht und gegart, oder 400 g Kichererbsen aus der Dose, abgetropft

Gebräunte Zwiebeln
2 EL Sonnenblumenöl
1 große Zwiebel, in dünne Scheiben geschnitten

Den Reis gründlich unter fließend kaltem Wasser waschen, dann in einer Schüssel mit Wasser bedeckt für mindestens 1 Stunde zum Quellen beiseite stellen. Abtropfen lassen.

Das Öl in einem Topf erhitzen und die Zwiebeln darin goldbraun braten. Ingwer, alle Gewürze sowie Salz nach Geschmack dazugeben und etwa 1 Minute rühren. 750 ml Wasser hinzufügen und zum Kochen bringen. Reis und Kichererbsen dazugeben. Die Hitze reduzieren und alles mit aufgelegtem Deckel etwa 15 Minuten köcheln lassen, bis der Reis fast gar ist.

Ein sauberes, dickes Küchenhandtuch mit Wasser befeuchten. Den Deckel vom Topf nehmen, das feuchte Tuch auf den Topf legen, den Deckel wieder fest aufsetzen und den Topfinhalt bei sehr schwacher Hitze noch einmal 25–30 Minuten garen. (Um die Hitze noch weiter zu reduzieren, kann der Topf in eine schwere Pfanne gestellt werden.)

Für die gebräunten Zwiebeln in der Zwischenzeit das Öl in einem großen Topf erhitzen und die Zwiebel darin braten, bis sie tief goldbraun und knusprig ist. Mit dem Schaumlöffel herausheben und auf Küchenpapier abtropfen lassen.

Den Pilaw mit den gebräunten Zwiebeln garnieren und servieren.

Für 4–5 Personen

aromatisch, herzhaft

Gewürzhändler in Lahore >

Lobia curry Augenbohnen-Curry

Eine typische Mahlzeit für eine Familie besteht aus einem Fleischgericht, einem Gemüsegericht und einem Gericht aus Hülsenfrüchten. Dieses Curry ist preiswert und im Sommer wie im Winter eine ideale Wahl. Zudem eignet es sich großartig für Vegetarier, da es mit Knoblauch-Naan, einem Reisgericht und Gurken-Raita (S. 153) serviert eine komplette Mahlzeit ergibt. Pakistanischen *Lobias* am ähnlichsten sind Augenbohnen, aber man kann auch andere Hülsenfrüchte verwenden wie etwa Kidney-Bohnen; je nach verwendeter Bohnenart kann die Garzeit variieren.

Zutaten

3 EL Sonnenblumenöl
2 Zwiebeln, gehackt
1 TL Ingwerpaste
1 TL Knoblauchpaste
3 Tomaten, gehäutet und gewürfelt
1 TL rotes Chilipulver
½ TL gemahlene Kurkuma
1 TL Kreuzkümmelsamen
2 TL gemahlener Koriander
½ TL frisch gemahlener schwarzer Pfeffer

Salz
300 g getrocknete Augenbohnen,
   8–10 Stunden lang eingeweicht, dann
   abgetropft
4 EL gehackte Korianderblätter

Zum Garnieren

gehackte grüne Chilischoten
Korianderblätter

Das Öl in einem Topf erhitzen und die Zwiebeln darin hell goldbraun braten. Ingwerpaste, Knoblauchpaste und Tomaten hinzufügen und einige Minuten rühren, dann die Gewürze sowie Salz nach Geschmack dazugeben. Die Zutaten rühren, bis sich das Öl absetzt.

Die Augenbohnen in die Würzmischung rühren. 750 ml Wasser dazugießen und zum Kochen bringen. Den Deckel auflegen und die Bohnen bei schwacher Hitze 45–50 Minuten garen oder bis sie weich sind.

Den Deckel abnehmen und alles bei niedriger Temperatur köcheln lassen, bis überschüssige Flüssigkeit verdampft ist und sich das Öl absetzt. Das gehackte Koriandorgrün unterrühren und den Topf von der Kochstelle nehmen. Das Curry mit Chilischoten und Korianderblättern garnieren und servieren.

Anmerkung: Das Gericht kann im Voraus zubereitet und bei schwacher Hitze auf dem Herd oder im Mikrowellengerät wieder erhitzt werden. Auch zum Einfrieren eignet es sich gut.

Für 4–5 Personen

**gut
gewürzt,
erdig**

Subzi curry Gemüse-Curry

Obwohl Pakistan ein Land der Fleischesser ist, stehen auch Gemüse-Currys sehr häufig auf dem täglichen Speisezettel. Dieses Curry dient armen Menschen als komplette Mahlzeit, bei den Betuchteren ist es Teil eines Menüs. Viele Leute ziehen dieses Curry einem Fleischgericht vor, da es gesund und schmackhaft ist. Dazu reicht man Koriander-Chutney (S. 150) und *Roti*. Mit der richtigen Methode kann aus beinahe jedem Gemüse ein Curry zubereitet werden. Wichtig ist nur, dass das Gemüse vollkommen frisch ist und die Gewürze zart sind und dass das Curry gleich nach dem Garen gegessen wird.

Zutaten

3 EL Sonnenblumenöl
1 große Zwiebel, fein gehackt
1 TL Knoblauchpaste
1 EL in Scheibchen geschnittener
   frischer Ingwer
2 große Eiertomaten, gehäutet und
   gehackt
½ TL gemahlene Kurkuma
1 TL rotes Chilipulver
1 TL Kreuzkümmelsamen
Salz
500 g Kartoffeln, geschält und gewürfelt
500 g Blumenkohl, in mittelgroße Röschen
   geteilt
5–6 EL gehackte Korianderblätter

Das Öl in einem Topf erhitzen und die Zwiebel darin leicht bräunen. Knoblauchpaste und Ingwerscheibchen hinzufügen, dann Tomaten und Gewürze sowie Salz nach Geschmack. Gut umrühren. Kartoffeln und Blumenkohl mit 125 ml Wasser dazugeben. Wieder gut umrühren und das Gemüse zugedeckt 15–20 Minuten garen, bis es weich geworden ist.

Den Deckel abnehmen und das Curry weitergaren, bis sich das Öl absetzt. Den größten Teil der gehackten Korianderblätter untermischen, mit den restlichen Korianderblättern garnieren und servieren.

Anmerkung: Das Curry kann im Voraus zubereitet und bei niedriger Temperatur auf dem Herd oder im Mikrowellengerät wieder erhitzt werden.

Für 3–4 Personen

**frisch,
duftend**

Aloo curry Kartoffel-Curry

Wenn Sie nicht wissen, was Sie kochen sollen oder wenig Zeit zum Kochen haben, ist Kartoffel-Curry die Lösung. Es enttäuscht Sie nie. Sie können es morgens (auf getoastetem Bauernbrot und mit Spiegeleiern), mittags oder abends essen, für sich oder als Teil einer größeren Mahlzeit, zusammen mit Brot oder Reis. Man kann für das Curry jede Kartoffelsorte verwenden, natürlich auch kleine neue Kartoffeln. Dieses Gericht ist ein wahrer Seelentröster und schmeckt köstlich mit Apfel-Chutney (S. 149) und *Naan* (S. 50).

Zutaten

2 EL Sonnenblumenöl
1 große Zwiebel, fein gehackt
2 große Eiertomaten, gehäutet und gehackt
8 rote Chilischoten
½ TL rotes Chilipulver
1 TL Kreuzkümmelsamen
Salz
500 g Kartoffeln, geschält und gewürfelt,
oder ganze neue Kartoffeln
gehackte Korianderblätter zum Garnieren

Für 3–4 Personen

**pikant,
wohltuend**

Das Öl in einem Topf erhitzen und die Zwiebel darin hell goldbraun braten. Die Tomaten dazugeben, dann Chilischoten, Chilipulver und Kreuzkümmel sowie Salz nach Geschmack unterrühren. 125 ml Wasser hinzufügen und alles unter Rühren garen, bis überschüssige Flüssigkeit verdampft ist.

Die Kartoffeln mit 125 ml Wasser in den Topf geben und sorgfältig rühren, bis sie ganz mit der Würzmischung überzogen sind. Die Kartoffeln zugedeckt etwa 15 – 20 Minuten garen, bis sie weich sind, aber noch nicht zerfallen.

Den Deckel abnehmen und das Ganze weitergaren, bis sich das Öl absetzt. Das Curry mit dem Koriandergrün garnieren und heiß servieren.

Anmerkung: Das Gericht kann im Voraus zubereitet und bei niedriger Temperatur auf dem Herd oder im Mikrowellengerät wieder erhitzt werden.

Khamiri roti Hefeteig-Rotis

Ein *Roti* schmeckt mit Ghee oder Butter bestrichen einfach himmlisch. Dieses Brot wird heiß direkt aus dem Backofen serviert.

Zutaten

1 TL Trockenhefe
¼ TL Zucker

500 g Weißmehl oder Vollkornmehl
1 TL Salz

Hefe und Zucker in 2 EL warmem Wasser auflösen und 15 Minuten stehen lassen, bis sich Blasen gebildet haben. Mehl und Salz in eine große Schüssel sieben. Die Hefe sowie etwa 275 ml Wasser hinzufügen und den Teig 8–10 Minuten kneten, bis er elastisch ist.

Den Teig in Stücke gleicher Größe teilen und zu Kugeln formen, dann an einem warmen Platz 30 Minuten gehen lassen. Den Backofen auf 180 °C vorheizen.

Die Teigkugeln zu etwa 23 cm großen Fladen ausrollen. Die Fladen auf ein beschichtetes Backblech legen und für 3–5 Minuten in den Backofen schieben, bis sie leicht gebräunt und etwas aufgegangen sind, dann sofort servieren.

Ergibt 5–6 Stück

Pratha Ausgebackene Rotis

Diese knusprigen *Rotis* passen praktisch zu jedem Curry. Am besten schmecken sie frisch, aber sie können auch eingefroren oder im Kühlschrank aufbewahrt werden und im Backofen (in Alufolie), im Mikrowellengerät oder in der Pfanne wieder erhitzt werden.

Zutaten

250 g Weißmehl
250 g Vollkornmehl
1¼ TL Salz
2½ TL Sonnenblumenöl
250 ml Sonnenblumenöl zum Ausbacken

Beide Mehle mit dem Salz in eine große Schüssel sieben. 350 ml Wasser und die 2½ TL Öl hinzufügen und alles zu einem elastischen Teig verarbeiten. Den Teig 30 Minuten ruhen lassen.

Den Teig in Stücke gleicher Größe teilen und zu Kugeln formen. Die Kugeln zu 20 cm großen Fladen ausrollen. 250 ml Öl in einer großen Pfanne erhitzen und die Fladen bei mittlerer Hitze auf jeder Seite etwa 2 Minuten ausbacken, bis sie goldbraun sind. Auf Küchenpapier abtropfen lassen und heiß servieren.

Ergibt 4–5 Stück

Aloo bukhara chatney Pflaumen-Chutney

Für dieses Chutney verwendet man in Pakistan getrocknete runde violette oder schwarze Pflaumen, bei denen es sich um eine andere Sorte handelt als bei derjenigen, aus der Backpflaumen hergestellt werden. Aufgrund des hohen Zuckeranteils hält sich das Chutney im Kühlschrank 2–3 Monate.

Zutaten
750 g Zucker
500 g Trockenpflaumen, 30 Minuten eingeweicht und abgetropft
1 kleine Prise Salz
1 kleine Prise rotes Chilipulver
¼ TL schwarze Pfefferkörner, zerstoßen
1 große Prise Kreuzkümmelsamen
5 g Kürbiskerne (Chaar magaz, S. 129)

Ergibt 1,1 kg

Den Zucker mit 300 ml Wasser in einem großen Topf zum Kochen bringen, dabei rühren, damit er sich auflöst. Die Pflaumen hinzufügen und bei mittlerer Hitze 20 Minuten garen.

Salz, Chilipulver, Pfeffer und Kreuzkümmel hineinrühren, dann die Kürbiskerne untermischen. Das Chutney vor dem Servieren abkühlen lassen.

Lasan achar Eingelegter Knoblauch

Dieser Knoblauch hält sich an einem kühlen Ort 2–3 Monate, im Kühlschrank bis zu 6 Monate.

Zutaten
125 ml Branntweinessig
40 g Salz
15 g rotes Chilipulver
10 g gemahlene Kurkuma
½ TL Schwarzkümmelsamen

25 g Fenchelsamen
15 g Bockshornkleesamen
500 g Knoblauchzehen, geschält
500 ml Senföl (S. 25)

Ergibt 1 kg

Den Essig mit dem Salz und allen Gewürzen in einem großen Glas vermischen. Die Knoblauchzehen hinzufügen und 15 Tage an einem kühlen Platz durchziehen lassen.

Das Senföl dazugeben und die Knoblauchzehen noch einmal 5–10 Tage stehen lassen, bis sie etwas weich geworden sind und ihren durchdringenden Geruch verloren haben.

Saib chatney Apfel-Chutney

Dieses Chutney hält sich in einem luftdicht verschlossenen Behälter im Kühlschrank bis zu 2 Monate.

Zutaten
500 g grüne Äpfel
frisch gepresster Zitronensaft
300 g Zucker
1 Prise Salz
1 kleine Prise rotes Chilipulver
¼ TL schwarze Pfefferkörner, zerstoßen
5 g Kürbiskerne (Chaar magaz, S. 129)

Die Äpfel schälen und nach Entfernen des Kerngehäuses in Scheiben schneiden. Die Scheiben in eine Schüssel mit Zitronenwasser legen, damit sie sich nicht verfärben.

Den Zucker mit 150 ml Wasser in einem großen Topf zum Kochen bringen, dabei rühren, damit er sich auflöst. Die abgetropften Apfelscheiben hinzufügen und bei mittlerer Hitze etwa 15 Minuten garen, bis sie weich sind.

Salz, Chilipulver, Pfeffer und Kürbiskerne untermischen. Das Chutney vor dem Servieren abkühlen lassen.

Ergibt 600 g

Aam ka acar Eingelegte Mango

Verwenden Sie für dieses Rezept absolut unreife grüne Mangos. In kühlerem Klima muss die Einlegezeit eventuell verlängert werden – man kann sie ohne weiteres verdoppeln. Dieses Pickle bewahrt man an einem kühlen Platz oder im Kühlschrank auf.

Zutaten
500 g kleine unreife Mangos
125 ml Branntweinessig
40 g Salz
15 g rotes Chilipulver
10 g gemahlene Kurkuma
½ TL Schwarzkümmelsamen
25 g Fenchelsamen
15 g Bockshornkleesamen
500 ml Senföl (S. 25)

Ergibt 1 kg

Die ungeschälten Mangos längs vierteln, die Steine nicht entfernen.

Essig, Salz und alle Gewürze in einem großen Glas vermischen. Die Mangos dazugeben und durchrühren, dann für 10 – 15 Tage an einen kühlen Platz stellen, bis sie etwas weich geworden sind.

Das Senföl hinzufügen und die Mangos noch einmal 5 – 10 Tage stehen lassen.

Dhania chatney Koriander-Chutney

Dieses Chutney wird sofort serviert, da es schnell seine frischgrüne Farbe verliert.

Zutaten
140 g Koriandergrün
2 EL gehackte grüne Chilischoten
1 TL rotes Chilipulver
Salz

Ergibt 350 g

Das Koriandergrün mit den Chilischoten in einer Küchenmaschine oder im Mixer zu einer feinen Paste verarbeiten. Falls nötig etwas Wasser hinzufügen.

Chilipulver und Salz nach Geschmack unterrühren und das Chutney sofort servieren.

Podina raita Minze-Raita

Raita ist eine erfrischende Joghurt-Kaltspeise. Da Minze duftet, wunderbar aromatisch schmeckt und dem Joghurt eine großartige grüne Farbe verleiht, ist dies das beliebteste aller *Raitas*. Es hebt den Geschmack der Speisen, zu denen es gegessen wird, und reinigt zwischen einzelnen Bissen den Gaumen.

Zutaten
225 g griechischer Joghurt
Salz nach Geschmack
4 EL fein gehackte Minzeblätter
1 TL fein gehackte grüne Chilischote

Für 4–5 Personen

Den Joghurt in einer Schüssel sorgfältig glatt rühren, dann Salz, gehackte Minze und Chilischote gut untermischen. Vor dem Servieren mindestens 30 Minuten kalt stellen.

Piyaz raita Zwiebel-Raita

Mit seinem kräftigen Zwiebelgeschmack passt dieses *Raita* gut zu Currys aus Gemüsen und Hülsenfrüchten. Zudem harmoniert es mit Reisgerichten.

Zutaten
225 g griechischer Joghurt
4 EL fein gehackte Zwiebel, gut ausgedrückt
½ TL Chiliflocken
Salz

Für 4–5 Personen

Den Joghurt in einer Schüssel sorgfältig glatt rühren, dann Zwiebel, Chiliflocken sowie Salz nach Geschmack gut untermischen. Vor dem Servieren mindestens 30 Minuten kalt stellen.

Kheera raita Gurken-Raita

Gurken-Raita ist während der Sommermonate sehr beliebt, da es angenehm kühlend wirkt. Man serviert es zu Gemüse- und Bohnen-Currys, aber es schmeckt auch nur mit einem frischen Salat.

Zutaten
225 g griechischer Joghurt
4 EL geraspelte Gurke, gut ausgedrückt
½ TL rotes Chilipulver
Salz

Den Joghurt in einer Schüssel sorgfältig glatt rühren, dann Gurke, Chilipulver sowie Salz nach Geschmack gut untermischen. Vor dem Servieren mindestens 30 Minuten kalt stellen.

Für 4–5 Personen

Zeera raita Kreuzkümmel-Raita

Dieses *Raita* wird gern während der Wintermonate zubereitet, wenn frische Kräuter und Gemüse knapp sind. Es hat einen mild würzigen Geschmack und passt ausgezeichnet zu Currys aus Fleisch, Fisch oder Meeresfrüchten, aber auch zu allen Reisgerichten.

Zutaten
225 g griechischer Joghurt
½ TL Salz
½ TL Kreuzkümmelsamen

Den Joghurt in einer Schüssel sorgfältig glatt rühren, dann Salz und Kreuzkümmel untermischen. Vor dem Servieren mindestens 30 Minuten kalt stellen.

Für 4–5 Personen

SÜDOSTASIEN

MYANMAR & (INSELN) (INSELN)

< Reis-Terrassen-
felder an der
Grenze zu China

In Südostasien essen fast alle Menschen Reis, die meisten zwei- oder sogar dreimal täglich. Dazu gibt es das beste Fleisch, den besten Fisch und die besten Gemüse, die man sich leisten kann. Diese Ernährung ist nicht nur ausgewogen, sie besticht auch durch kontrastierende Konsistenzen und Aromen und nicht zuletzt durch aromatische Kräuter und Gewürze. Zu manchen Gerichten gehören Saucen, die dafür sorgen, dass die Aromen der anderen Zutaten verschmelzen, und die die Speisen befeuchten. Die Menschen in Südostasien ernähren sich seit hunderten von Jahren auf diese Weise, aber erst seit etwa 200 Jahren werden diese Gerichte als »Currys« bezeichnet.

Wie viel Sauce macht ein Gericht zu einem Curry? Das ist schwer zu sagen. Die Sauce eines Currys kann dünn, aber auch dick sein. Manch ein Gericht enthält mehr Sauce als feste Zutaten, bei anderen muss man die Sauce fast suchen. In extremen Fällen wäre es richtiger, von einer Currysuppe zu sprechen, wie etwa bei der birmanischen Hühner-Nudel-Suppe *Ohno kaukswe* (S. 172) oder bei *Gulé kambing*, einem Lammeintopf aus Java (S. 194). *Gulé*, in Indonesien und Malaysia meist *Gulai* geschrieben, ist ein Oberbegriff für Eintöpfe mit reichlich Sauce, bei denen es sich schlicht um Currys handelt. Das malaysische Gericht *Gulai kepala* (S. 184) heißt über-setzt Fischkopf-Curry. In Singapur gilt es als typisches Landesgericht.

In den fünf Staaten, deren Küche in diesem Kapitel vorgestellt wird – Myanmar (Birma), Malaysia, Singapur, Philippinen und Indonesien – befinden sich die Aromazutaten, die einem Curry Würze verleihen, gewöhnlich in einer Paste. Früher hat man diese Paste täglich frisch zube-reitet. Aber da dies viel Arbeit ist, greifen die Hausfrauen heute häufig zu handelsüblichen Currypulvern (philippinische Currys sind meist mit Currypulver gewürzt). Dabei gibt es zahlreiche Sorten, etwa Currypulver für Rindfleisch, Lamm oder Ziege, für Fisch, für Gemüse und für bekannte Gerichte wie *Vindaloo*, die auf Märkten angeboten werden. Mischungen für Fleisch enthalten meist mehr und intensivere Gewürze und zusätzlichen Knoblauch, um den Geruch und Geschmack des Fleisches etwas zu über-decken. Die Namen der Currypulver weisen gewöhnlich auf eine Verbin-dung mit Indien hin. Das Gleiche gilt natürlich auch für das Wort »Curry« und selbst für seine tamilische Ursprungsform *Kari* oder *Karé*. Die Tamilen verstanden darunter entweder Pfeffer oder eine Mischung aus Wasser und scharfen Gewürzen.

Natürlich ist bei Currys auch die Farbe wichtig – Kurkuma macht sie gelb, rote Chilischoten lassen sie rot werden. Zusammen verleihen diese beiden Zutaten der Sauce eine appetitliche rötlich-orange Farbe. Eine cremige Konsistenz erhalten Currys durch Kokosmilch, die man in diesem Teil der

Welt so verwendet, wie Köche im Westen Milchprodukte verwenden. Kokoscreme ist mit Sahne vergleichbar, Kokosmilch mit Milch.

Auf den Philippinen werden Currys vor allem in Mindanao und anderen südlichen Landesteilen gegessen. Hier sind sich die Menschen mit ihren malaysischen und indonesischen Nachbarn darin einig, dass ein Curry Sauce enthalten und wie diese zubereitet werden sollte. Die Einkaufsliste ist recht kurz und weist nur geringfügige regionale Unterschiede auf. Aromazutaten wie Zitronengras, Galgant, Curryblätter und Kaffir-Limettenblätter dürfen ebenso wenig fehlen wie die drei universellen Grundzutaten: Schalotten oder Zwiebeln, Ingwer und Knoblauch. Überdies muss ein Curry mit intensiven Gewürzen wie Koriander, Muskatnuss, Kreuzkümmel, Kardamom, Pfeffer und natürlich Chilischoten gewürzt sein.

Einzigartig für die Philippinen ist der *Adobo*, ein saurer Eintopf aus Schweinefleisch, Rindfleisch oder Huhn. Sauer wird er durch die Zugabe von Essig, denn die Essigherstellung hat auf den Philippinen eine lange Tradition. Je nachdem, welcher Essig verwendet wird, bekommt der *Adobo* einen anderen Geschmack. Palmzucker und Palmzuckeressig machen ihn süßer als andere Essige. Die verstorbene Autorin Doreen Fernandez hat nachgewiesen, dass derartige Gerichte auf den Philippinen schon lange vor der Ankunft der Spanier beliebt waren, und dass eines von ihnen, der *Adobo sa gata*, damals (wie auch heute) mit Kokosmilch zubereitet wurde. Man kann also ohne weiteres sagen, dass *Adobos* die Currys der Philippinen sind.

Adobo ist die philippinische Abwandlung des Wortes *Adobado*, wie die spanischen Konquistadoren einen mexikanischen Eintopf nannten, den sie besonders mochten. Die Spanier brachten den *Adobado* nach Manila und auf die Inseln, so wie die Briten – möglicherweise – das »Curry« in ihre Kolonien in Südostasien brachten.

Sri Owen

Erdnüsse rösten >
Das Braten in heißem Öl
verstärkt ihren nussigen
Geschmack.

Die Aromen Myanmars & Südostasiens (Inseln)

1. Lichtnüsse
2. Kaffir-Limetten
3. Apfelauberginen
4. grüne Mango
5. grüne Chilischoten
6. rote Chilischoten
7. Galgant
8. Kurkuma
9. Garnelenpaste
10. getrocknete Garnelen
11. Zitronengras
12. Erdnusskerne mit Haut
13. blanchierte Erdnusskerne
14. Erdnüsse in der Schale
15. Asam gelugor
16. Tamarindenfrüchte

Die Grundzutaten

Die Hauptzutaten, die man in Myanmar, Malaysia, Singapur, Indonesien und auf den Philippinen für Currypasten und Curry-Gewürzmischungen verwendet, verleihen der Küche dieser Region ihren charakteristischen Geschmack. Diese Zutaten sind heute im Westen meist ebenso erhältlich wie die hier vorgestellten Obst- und Gemüsesorten, Nüsse, Garnelenpaste und Fischsauce.

Zitronengras

Diese Aromazutat bringt man als Erstes mit der südostasiatischen Küche in Verbindung. Entweder gibt man in Currysaucen ganze Stücke Zitronengras, die man vor dem Servieren wieder herausnimmt, oder man entfernt die harten äußeren Schichten des Zitronengrases (sie können in einer Sauce mitgekocht werden), schneidet den inneren Teil in Scheiben und zerreibt diese mit anderen Zutaten zu einer Currypaste.

Galgant

Dieser rötliche Wurzelstock erinnert an Ingwer, ist aber nicht so scharf und hat einen bitteren Geschmack. Da Galgant sehr hart ist, können große Stücke die Messer der Küchenmaschine beschädigen, weshalb er zunächst geschält und gewürfelt werden muss, wenn man ihn für eine Currypaste verwendet. Oder man fügt dem Curry während des Garens ein 2 cm langes Stück Galgant hinzu, das vor dem Servieren aber wieder entfernt werden muss – sonst kann man sich einen Zahn ausbeißen.

Kurkuma

In ganz Südostasien verwendet man sowohl rote als auch weiße Kurkumaarten. Der Wurzelstock muss vor der Verwendung geschält und gehackt werden. Sollten Sie keine frische Kurkuma bekommen, verwenden Sie statt dessen gemahlene Kurkuma – bei einem für vier Personen zubereiteten Curry benötigen Sie ½–1 TL Pulver. In Südostasien gibt man auch Kurkumablätter in Currys; in Europa werden sie allerdings kaum angeboten.

Kaffir-Limette

Die Blätter erkennt man an ihrem unverwechselbaren Duft. Sie sind essbar, doch da sie selbst nach langer Garzeit noch recht hart sind, werden sie vor dem Servieren am besten entfernt. Auch die Schale der Kaffir-Limette findet in Gerichten Verwendung und lässt sie appetitlich duften. Verlangt ein Rezept nach Limettensaft (meist als Ersatz für Tamarindenwasser), handelt es sich um den Saft der normalen Limette, da Kaffir-Limetten wenig Saft enthalten.

Chilischoten

Chilischoten wurden erst im 16. Jahrhundert aus Mittelamerika in Südostasien eingeführt. Es gibt viele Sorten mit sehr unterschiedlicher Schärfe, generell gilt jedoch: Je größer die Schote, desto milder der Geschmack. Für südostasiatische Currys werden alle Arten von Chilischoten verwendet, von großen, langen roten Schoten, die nicht allzu scharf sind, bis hin zu winzigen Birdeye- oder Bird-Chilischoten, bei denen es sich um die schärfsten Sorten handelt.

Tamarinde

Tamarinde besitzt eine andere Art Säure als Zitrusfrüchte. In der südostasiatischen Küche gibt sie Speisen Aromatiefe und gleicht Süße aus. Sofern erhältlich, können für Currysaucen frische Tamarindenschoten verwendet werden: Man bricht die Schale auf und löst das Fruchtfleisch heraus. Verbreiteter ist Tamarindenmark, das in Blöcken angeboten wird. Aus ihm stellt man Tamarindenwasser her, indem man das Mark in Wasser einweicht oder köcheln lässt und dann durch ein Sieb streicht (siehe S. 322).

Frische rote Chilischote >

Asam gelugor

Bei diesem Säuerungsmittel handelt es sich um die in Scheiben geschnittenen Früchte der Guttiferenart *Garcinia atroviridis*. Man spült 2 Scheiben unter fließend kaltem Wasser ab und gibt sie in die kochende Currysauce; sie saugen sich voll und geben ihren sauren Saft ab. Vor dem Servieren werden sie entfernt. Da *Asam gelugor* im Westen kaum angeboten wird, können Sie als Ersatz Tamarindenwasser verwenden (2 EL Tamarindenwasser entsprechen einer Scheibe *Asam gelugor*).

Getrocknete Garnelen

Auf diese Zutat könnte man in Myanmar nicht verzichten. Getrocknete Garnelen sind die Hauptzutat für das Relish *Balachaung* (S. 170). Meist kommen sie in gekochter oder gebratener Form in den Handel. Vor Verwendung weicht man sie 10 Minuten in heißem Wasser ein. Nach dem Abtropfen werden sie gehackt, im Mörser zerrieben oder in der Küchenmaschine zerkleinert.

Garnelenpaste

Eine weitere wichtige Zutat in der Küche dieser Region ist Garnelenpaste, die in Indonesien *Terasi* oder *Trassie*, in Malaysia *Balachan* oder *Blachen* heißt. In Myanmar gibt es eine eigene Fischpaste, man verwendet aber auch Garnelenpaste. Sie riecht stark und ist extrem salzig, weshalb sie sparsam verwendet werden sollte. In Deutschland erhält man sie im Glas oder in kleinen Döschen.

Fischsauce

Eine weitere salzige, stark riechende Würzzutat ist die Fischsauce, die in ganz Südostasien verwendet wird. In Myanmar, auf den Philippinen und in Vietnam werden verschiedene Fischsaucen hergestellt, am leichtesten bekommt man aber thailändische Fischsauce (*Nam pla*).

Kokosnüsse

Kokosöl ist in Indonesien und Malaysia das traditionelle Bratfett, und Kokosmilch und Kokoscreme (S. 213) werden in der ganzen Region für Currys verwendet. Ferner gibt es *Kerisik*, das aus geraspelter Kokosnuss besteht, die gebraten und zu einer öligen braunen Paste verarbeitet wird. *Kerisik* wird für das malaysische Rindfleisch-*Rendang* (S. 177) verwendet.

MYANMAR & SÜDOSTASIEN (INSELN)

Auberginen

In der südostasiatischen Küche werden Auberginen in allen Farben, Größen und Formen verwendet. Eine beliebte Sorte ist die Apfelaubergine, die etwas größer als ein Golfball ist. Auch sie gibt es in verschiedenen Formen, typischerweise ist sie aber rund oder eiförmig. Sie kann violett, leuchtend gelb oder weiß sein oder verschiedene Grünschattierungen haben, aber auch mehrfarbig, etwa grün-weiß sein. Als Ersatz können Sie sehr kleine violette Auberginen nehmen.

Okraschoten

Obwohl man dieses Gemüse häufiger in der indischen Küche findet, wird es auch in Südostasien gern gegessen. Besonders beliebt ist es für das in Singapur zubereitete Fischkopf-Curry (S. 184).

Mangos

Mangos werden in Indien seit mehreren tausend Jahren kultiviert und heute fast in ganz Süd- und Ostasien angebaut. Es gibt mehr als 40 Sorten. Grüne, unreife Mangos werden als Säuerungsmittel in südostasiatische Currys gegeben. Die für die Rezepte in diesem Kapitel verwendete thailändische Sorte ist etwas größer als die indische, und ihre Säure wird durch eine leichte Süße ausgeglichen.

Lichtnüsse

Lichtnüsse ähneln im Aussehen Macadamianüssen. In Indonesien werden sie *Kemiri* genannt, in Malaysia heißen sie *Buah Keras*. In beiden Ländern werden sie für zahlreiche Gerichte verwendet, ebenso in der Nonya-Küche Singapurs. Lichtnüsse werden stets zerstoßen oder gemahlen, bevor man sie mit anderen Zutaten mischt und zu einer Currypaste verarbeitet. Man darf Lichtnüsse nur gegart essen, da sie roh leicht giftig sind. Im Westen sind sie leider nicht erhältlich, aber Macadamianüsse oder abgezogene Mandeln sind ein guter Ersatz.

Erdnüsse

Sie werden in ganz Südostasien verwendet, da sie preiswert, sättigend und nahrhaft sind. Man bekommt sie mit Schale oder bereits geschält und geröstet. Ihre dünne, papierartige Haut kann rosa bis rot sein, der blanchierte Nusskern ist gelblich-weiß. Erdnusssauce (S. 171) ist ein wunderbarer Dip. Damit die Erdnüsse ihr nussiges Aroma voll entfalten, röstet man sie unter ständigem Rühren 6–8 Minuten ohne Öl im Wok oder frittiert sie 4 Minuten in heißem Öl. Dann lässt man sie auf Küchenpapier abtropfen und abkühlen, ehe man sie fein mahlt.

Reis

Reis ist in ganz Südostasien ein Grundnahrungsmittel, ein Symbol für gutes Leben und die Basis jeder Mahlzeit. Als Beilage zu Currys wird Reis am besten gekocht oder gedämpft. Malaysier und Indonesier lieben gepressten Reis (S.166). Ohne Salz und Gewürze gegarter Reis nimmt die Aromen eines Currys auf, gleicht sie aus und lässt sie verschmelzen. Perfekte Ergebnisse erzielt man mit einem elektrischen Reiskocher. Auf konventionelle Weise gart man weißen Langkornreis wie Basmati- oder Thai Jasminreis in einem schweren, am besten beschichteten Topf. Man misst den Reis mit einer Tasse ab und misst dann die gleiche Menge Wasser in derselben Tasse ab. Dann wäscht man den Reis, wobei man zwei- oder dreimal das Wasser erneuert, gibt ihn mit dem abgemessenen Wasser in den Topf, bringt das Ganze zum Kochen, rührt mit einem Holzlöffel um und lässt den Reis ohne Deckel köcheln, bis er das gesamte Wasser aufgenommen hat. Dann rührt man noch einmal um, reduziert auf schwache Hitze und setzt den Deckel fest auf, wobei man ein sauberes Küchenhandtuch darunterlegt, damit kein Dampf entweichen kann; den Reis etwa 10 Minuten stehen lassen und servieren.

Lontong Gepresster Reis

Lontong wird immer kalt gegessen. In Indonesien, Singapur und Malaysia gart man ihn in einem zusammengerollten Bananenblatt oder in einem aus Kokosblättern geflochtenen Behälter. Dann heißt er *Ketupat*, Geschmack und Konsistenz sind aber gleich. Beim Garen werden die Reiskörner, während sie Wasser aufnehmen, zu einem weichen, aber trotzdem festen Kuchen zusammengedrückt. In den meisten Teilen der Welt bekommt man Reis heute in Kochbeuteln, die es überflüssig machen, ein Behältnis zu rollen oder zu flechten. Achten Sie jedoch darauf, dass es sich nicht um vorgegarten Reis handelt, weil dann die Methode nicht funktioniert. Kaufen Sie Langkornreis, vorzugsweise Basmati-Reis. Achten Sie auch darauf, dass die Beutel die richtige Größe haben. Sie sollten zu etwa einem Drittel mit ungegartem Reis gefüllt sein. Falls die Beutel zu groß sind, nähen Sie von Hand oder mit der Nähmaschine eine Naht, damit sie kleiner werden.

Zutaten
2 Kochbeutel mit Langkornreis

Schritt 1
Einen großen Topf zu zwei Dritteln mit kaltem Wasser füllen und das Wasser erhitzen, bis es sanft kocht. Die Beutel hineinlegen und den Reis 1 ¼ Stunden kochen, zwischendurch falls nötig sehr heißes Wasser nachfüllen, damit der Reis immer bedeckt bleibt.

Schritt 2
Das Wasser abgießen und die Beutel aus dem Topf nehmen. Sie sehen jetzt wie kleine weiße Kissen aus. Den Reis abkühlen lassen und über Nacht (oder bis zu 3 Tage) in den Kühlschrank legen.

Schritt 3
Zum Servieren die Beutel aufschneiden und abziehen. Den Lontong in Stücke schneiden und diese in einer Schüssel anrichten.

Für 4–8 Personen

Schritt 1

Schritt 2

Schritt 3 >

Würziges Tamarinden-Relish

Dieses Relish eignet sich als Dip für Crudités (Rohkost) oder gegartes Gemüse oder wird anstelle des Chutneys serviert, das man normalerweise zu einem Curry reichen würde. Überdies kann man 1–2 EL davon während des Garens in jedes Curry rühren und es als Ersatz für Tamarindenwasser benutzen.

Zutaten
2 EL Erdnussöl
4 Schalotten, fein gehackt
2 TL sehr fein gehackter oder geriebener
   frischer Ingwer
½ TL Chilipulver oder 1 große rote Chilischote,
   entkernt und fein gehackt
2 Knoblauchzehen, zerdrückt
1 TL brauner Zucker
1 TL gemahlener Koriander
1 TL grobes Meersalz
250 ml dickes Tamarindenwasser (S. 322)

Schritt 1
Das Öl in einem Wok oder Topf erhitzen. Die Schalotten darin 2 Minuten unter Rühren braten, damit sie weich werden.

Schritt 2
Ingwer, Chilipulver oder Chilischote und Knoblauch hinzufügen und 2 Minuten unter Rühren braten. Zucker, Koriander und Salz untermischen und bei schwacher Hitze weiterrühren, bis die Mischung ziemlich klebrig geworden ist.

Schritt 3
Das Tamarindenwasser hinzufügen und unter häufigem Rühren 5 Minuten köcheln lassen. Abschmecken und falls nötig nachsalzen. Das Relish unter Rühren weiter köcheln lassen, bis es ziemlich dick geworden ist.

Schritt 4
Das Relish abkühlen lassen, dann in ein Glas mit fest schließendem Deckel füllen und bis zum Gebrauch in den Kühlschrank stellen.

Ergibt etwa 250 ml

Balachaung Garnelen-Relish

Dies ist ein scharfes birmanisches Relish aus getrockneten Garnelen, viel Knoblauch und Chilischoten. Nach der Zubereitung kann es in einem luftdicht verschlossenen Glas bis zu 1 Monat im Kühlschrank aufbewahrt werden. Es lohnt sich in jedem Fall, eine größere Menge herstellen. Unter anderem wird das Relish für das Hähnchen-Curry mit Limetten und Tomaten auf Seite 176 verwendet.

Zutaten

225 g getrocknete Garnelen, 10 Minuten in
   heißem Wasser eingeweicht, dann abgetropft
3 EL Erdnussöl
4 Schalotten, fein gehackt
4 Knoblauchzehen, in dünne Scheiben
   geschnitten
2 TL geröstetes Sesamöl
2–4 rote Chilischoten, entkernt und fein
   gehackt, oder ½–1 TL Chilipulver
2 TL fein gehackter frischer Ingwer
½ TL gemahlene Kurkuma
½ TL Salz (oder Salz nach Geschmack)
Saft von 1 Limette oder Zitrone

Die Garnelen mit einem scharfen Messer fein hacken, dann im Mörser zerreiben oder in einer Küchenmaschine zu einer Paste verarbeiten und beiseite stellen.

Das Erdnussöl in einem Wok oder Topf erhitzen. Schalotten und Knoblauch darin 2–3 Minuten braten, bis sie leicht gebräunt sind. Mit einem Schaumlöffel herausnehmen und beiseite stellen.

Das Sesamöl in den Wok oder Topf geben und erhitzen. Chilischoten oder Chilipulver, Ingwer, Kurkuma und Salz hinzufügen und 2 Minuten unter ständigem Rühren braten.

Die Garnelenpaste dazugeben und 1 Minute unter Rühren braten. 2 EL heißes Wasser und Limetten- oder Zitronensaft hinzufügen und rühren, bis die Flüssigkeit aufgenommen ist. Gebratene Schalotten und Knoblauch untermischen.

Das Relish sollte feucht, nicht trocken sein. Das Relish abschmecken und falls nötig noch etwas nachsalzen. Das Relish nach dem Abkühlen in ein luftdicht verschließbares Glas füllen. Kalt servieren.

Ergibt etwa 250 ml

Sambal kacang Erdnusssauce

Diese Sauce wird auf den Philippinen für *Karé-karé* (S. 198) verwendet und ist in Malaysia, Singapur und Indonesien als Beilage zu allen Arten von *Satays* ungemein beliebt. Sie eignet sich ausgezeichnet als Dip für Crudités (Rohkost, in Indonesien *Lalab* genannt) und als Sauce für *Gado-gado*. Bei Letzterem handelt es sich um verschiedene Salate aus gegarten Gemüsen, die in Indonesien und Malaysia zu den Nationalgerichten gehören.

Zutaten
120 ml Pflanzenöl
225 g ungeröstete Erdnusskerne
2 Knoblauchzehen, gehackt
4 Schalotten, gehackt
½ TL Garnelenpaste (nach Belieben)
Salz nach Geschmack
½ TL Chilipulver
½ TL brauner Zucker
1 EL dunkle Sojasauce
2 EL Tamarindenwasser (S. 322) oder frisch
   gepresster Zitronensaft nach Geschmack

Das Öl in einem Wok oder großen, flachen Topf erhitzen und die Erdnüsse bei mittlerer Temperatur unter häufigem Rühren etwa 4 Minuten braten. Die Erdnüsse mit einem Schaumlöffel in einen mit Küchenpapier ausgelegten Durchschlag heben und abkühlen lassen, dann im Mixer oder in einer Kaffeemühle zu einem feinen Pulver vermahlen. Herausnehmen und beiseite stellen. Das Öl bis auf 1 EL aus dem Wok gießen.

Knoblauch, Schalotten, Garnelenpaste (sofern verwendet) und etwas Salz im Mixer zu einer glatten Paste verarbeiten.

Das Öl im Wok wieder erhitzen. Knoblauch-Schalotten-Paste hinzufügen und 1 Minute braten. Chilipulver, Zucker, Sojasauce und 600 ml Wasser dazugeben und zum Kochen bringen. Die gemahlenen Erdnüsse unterrühren. Die Sauce unter gelegentlichem Rühren 8–10 Minuten köcheln lassen, bis sie die gewünschte Dicke hat, abschmecken und falls gewünscht Tamarindenwasser oder Zitronensaft und Salz hinzufügen.

Die Sauce kann in einem luftdicht verschlossenen Glas bis zu einer Woche im Kühlschrank aufbewahrt beziehungsweise bis zu 2 Monate eingefroren werden. Eingefrorene Sauce vor dem Erhitzen vollständig auftauen. Sollte die Sauce zu dick geworden sein, beim Erhitzen etwas Wasser dazugeben, bis sie die richtige Konsistenz hat.

Ergibt etwa 500 ml

Ohno kaukswe Birmanische Hühner-Nudel-Suppe

In Myanmar isst man dieses leckere Gericht gern zum Frühstück. Dicke Kokosmilch und Kichererbsenmehl machen es besonders nahrhaft. Meine Freundin, die mir dieses Rezept gab, sagt, dass man anstelle von Reis-Fadennudeln auch Reis-Bandnudeln verwenden kann. Als Vorspeise für 6–8 Personen verwendet man nur 60 g Nudeln.

Zutaten

175 g Reis-Fadennudeln
2 Hühnerbrustfilets ohne Haut, in
   mundgerechte Stücke geschnitten
1 EL Fischsauce
1 kleine Zwiebel, gehackt
2 Knoblauchzehen, gehackt
1 TL gehackter frischer Ingwer
1 TL gehackte frische Kurkuma
   oder ½ TL gemahlene Kurkuma
1 große rote Chilischote, entkernt, gehackt
300 ml dicke Kokosmilch (S. 213)
2 EL Erdnussöl
1,2 l Hühnerfond
3–4 EL Kichererbsenmehl, mit 120 ml kaltem
   Wasser verrührt

Zum Garnieren

hart gekochte Eier, in Viertel oder Scheiben geschnitten
1 rote Zwiebel, in dünne Scheiben
   geschnitten und einige Minuten in
   kaltes Wasser gelegt, dann abgetropft
Zitronenscheiben
frittierte Schalotten (S. 211)
Chiliflocken
gehackte Korianderblätter

Die Nudeln 2–3 Minuten in kochendem Wasser garen, abtropfen lassen und unter flie-ßend kaltem Wasser abschrecken. In einem Durchschlag beiseite stellen. Die Nudeln kurz vor dem Servieren im Durchschlag mit kochendem Wasser übergießen und gut abtropfen lassen. Das Fleisch mit der Fischsauce einreiben und beiseite stellen.

Zwiebel, Knoblauch, Ingwer, Kurkuma und Chilischote mit 3 EL Kokosmilch oder Hüh-nerfond in der Küchenmaschine oder im Mixer zu einer Paste verarbeiten.

Die Paste in einem Topf in dem Erdnussöl bei mittlerer Hitze 2–3 Minuten unter ständigem Rühren braten. Das Fleisch dazugeben und 2–3 Minuten unter Rühren braten. Die Hälfte des Fonds hinzufügen und zum Kochen bringen. Das Fleisch darin 8–10 Minuten garen.

Den restlichen Fond in einem zweiten Topf zum Kochen bringen. Das verrührte Kicher-erbsenmehl unterrühren, dabei darauf achten, dass keine Klumpen entstehen. Den angedickten Fond durch ein Sieb in den Topf mit dem Fleisch gießen und gut durch-rühren. Wenn die Suppe zu kochen beginnt, die verbliebene Kokosmilch dazugeben. Abschmecken und falls nötig noch Salz oder Fischsauce hinzufügen. Die Suppe wieder erhitzen, bis sie leise kocht.

Bitten Sie Ihre Gäste, sich heiße Nudeln zu nehmen, und schöpfen Sie dann die Suppe in ihre Teller. Auch Garnitur sollte sich jeder selbst nehmen.

Für 4 Personen

cremig, nahrhaft

Wet thar hin lay Schweinefleisch-Curry mit Mango

Dies ist ein wirklich köstliches Curry. Meine birmanische Freundin Kyu Kyu riet mir, ich sollte besser ein »goldenes Schweinefleisch-Curry« (*Wet thani*) mit Bambussprossen zubereiten, aber wenn ich Mango vorziehen würde, wären die getrockneten oder eingelegten Früchte besser. Es war für mich daher eine Herausforderung, eine neue Variante zu erfinden. Ich beschloss, eine frische grüne Mango zu nehmen, um die Sauce säuerlich zu machen, aber auch Bambussprossen, da sie wunderbar zu Schweinefleisch passen.

Zutaten

675 g Schweinefilet oder Schweinekotelett ohne Knochen, in 2,5 cm große Medaillons geschnitten

2 EL Fischsauce

2 TL frisch gepresster Limettensaft

5 EL Erdnussöl

6 Schalotten, in dünne Scheiben geschnitten

1 kleine unreife thailändische oder indische grüne Mango (115–175 g), geschält und in schmale Streifen geschnitten

1 EL dickes Tamarindenwasser (S. 322)

Salz und Pfeffer

200 g in Scheiben geschnittene Bambussprossen aus der Dose, abgetropft und abgespült

Paste

4 Knoblauchzehen, fein gehackt

½ TL Garnelenpaste

2 TL geriebener frischer Ingwer

2 große rote Chilischoten, entkernt und fein gehackt

Die Fleischmedaillons in einer Mischung aus Fischsauce und Limettensaft 20 Minuten marinieren.

In der Zwischenzeit aus Knoblauch, Garnelenpaste, Ingwer und Chilischoten im Mörser eine glatte Paste herstellen.

Das Öl in einem Wok oder einer Pfanne erhitzen und die Hälfte der Medaillons bei mittlerer Temperatur 3 Minuten unter häufigem Rühren braten, dann mit einem Schaumlöffel auf Küchenpapier heben. Mit den übrigen Medaillons ebenso verfahren. Das Fleisch beiseite stellen.

Falls nötig noch 1 EL Öl in die Pfanne geben. Das Öl bei mittlerer Temperatur erhitzen und die Schalotten darin 2 Minuten unter Rühren braten. Auf schwache Hitze reduzieren. Die Paste hinzufügen und 2–3 Minuten unter Rühren braten. 300 ml heißes Wasser hineinrühren und die Zutaten zum Kochen bringen. Mango und Tamarindenwasser dazugeben. Alles etwa 10 Minuten köcheln lassen, bis die Sauce um die Hälfte eingekocht ist. Abschmecken und falls nötig noch Salz und frisch gemahlenen Pfeffer hinzufügen.

Das Fleisch zusammen mit den Bambussprossen wieder in den Wok geben, umrühren und das Curry weitere 3–5 Minuten garen, bis es sehr heiß ist, dann sofort mit Reis oder Nudeln servieren.

Für 4 Personen

würzig, säuerlich

Kyet thar hin Hähnchen-Curry mit Limetten und Tomaten

Dieses Curry ist in der ganzen Region sehr beliebt, vielleicht deshalb, weil es nicht mit Kokosmilch oder Joghurt, sondern mit Tomaten zubereitet wird, obwohl es ein echt birmanisches Curry ist. Wenn Sie im Sommer viele wirklich reife Tomaten im Garten haben, verwenden Sie diese. Ebenso wunderbar wird das Curry aber mit guten gehackten Eiertomaten aus der Dose.

Zutaten

2 EL Erdnussöl
2 Zwiebeln, fein gehackt
2 Knoblauchzehen, fein gehackt
1 TL gemahlene Kurkuma
1 EL gemahlener Koriander
2 Zimtstangen
4 Nelken
1 Stängel Zitronengras, in 2 Stücke geschnitten
4 Kaffir-Limettenblätter
2 Hühnerbrustfilets, halbiert

8 Hühnerschenkel, entbeint
450 g reife Tomaten, gehäutet und gehackt, oder 400 g Tomatenstückchen aus der Dose, abgetropft
Saft von 2–3 Limetten
3 EL Balachaung (S. 170)
½ TL Cayennepfeffer (nach Belieben)
1 EL Fischsauce
1 EL geröstetes Sesamöl
Salz (falls nötig)

Den Backofen auf 160 °C vorheizen.

Das Erdnussöl in einem großen Topf bei hoher Temperatur erhitzen. Zwiebeln und Knoblauch darin unter Rühren 2–3 Minuten braten. Kurkuma, Koriander, Zimtstangen, Nelken, Zitronengras, Limettenblätter und Fleisch hinzufügen und 6–8 Minuten unter Rühren braten, bis das Fleisch leicht gebräunt ist.

Tomaten, Limettensaft, Balachaung, Cayennepfeffer (sofern verwendet) und Fischsauce hinzufügen und sorgfältig unterrühren. Den Topfinhalt zugedeckt 3 Minuten köcheln lassen. 4 EL heißes Wasser und das Sesamöl in den Topf rühren. Alles noch einmal zugedeckt bei mittlerer Hitze 20 Minuten garen.

Das Fleisch mit einem Schaumlöffel in ein ofenfestes Gefäß heben und im Backofen weitere 20–25 Minuten garen.

In der Zwischenzeit die Sauce 4–6 Minuten weitergaren oder bis sie dick und ölig geworden ist. Etwas Öl abschöpfen und weggießen, gleichzeitig Limettenblätter, Zimtstangen und Zitronengras herausnehmen. Die Sauce abschmecken und falls nötig salzen.

Das Fleisch aus dem Backofen nehmen und die Sauce darübergießen. Das Gericht heiß mit gekochtem Reis servieren.

Für 4–6 Personen

duftend, zitronig, würzig

Rendang daging Rindfleisch-Rendang

Für diesen Eintopf wird Rindfleisch 2–3 Stunden in Kokosmilch geköchelt. Dabei verkocht die meiste Flüssigkeit, und es entsteht eine dicke, aromareiche und würzige Sauce, in der das Fleisch nicht mehr kocht, sondern brät. Schließlich wird die gesamte Sauce vom Fleisch aufgenommen, das dann feucht, sehr dunkel und sehr weich ist. In Malaysia verwendet man dafür meist Rindfleisch oder Huhn, die anderen Zutaten können variieren. In manchen Gegenden gibt man Tamarindenwasser dazu, in anderen Gewürze wie Zimt, Kreuzkümmel und Kardamom. Mein Lieblingsrezept ist das meiner Großmutter aus Westsumatra. Das nachfolgende Rezept stammt aus Trengganu. Es ist mit dem meiner Großmutter beinahe identisch, enthält aber *Kerisik*, das man bei uns normalerweise nicht in *Rendang* gibt. Da *Kerisik* im Westen nicht erhältlich ist, kann man ersatzweise 1 Tasse geriebene Kokosnuss in einer Pfanne ohne Öl bei geringer Hitze bräunen und dann zu einer feinen Paste zerreiben oder stampfen.

Zutaten

1,35 kg Rindfleisch, vorzugsweise Rinder-brust, in 2 cm große Würfel geschnitten

2 l dicke Kokosmilch, aus 2 Kokosnüssen hergestellt (S. 213)

8 Schalotten oder 2 Zwiebeln, fein gehackt

1 cm Galgant

3 Kaffir-Limettenblätter

1 TL Salz

1 Stängel Zitronengras, quer halbiert

1 Kurkumablatt (nach Belieben)

4 EL Kerisik (S. 163) oder 1 Tasse geriebene Kokosnuss (siehe oben)

Paste

6 Knoblauchzehen, gehackt

6 große rote Chilischoten, entkernt und gehackt

1 EL gehackter frischer Ingwer

2 TL gehackte frische Kurkuma oder 1 TL gemahlene Kurkuma

Für die Paste Knoblauch, Chilischoten, Ingwer und Kurkuma im Mixer oder einer Küchenmaschine zu einer glatten Masse verarbeiten.

Das Fleisch in einen großen Topf legen. Kokosmilch, Schalotten oder Zwiebeln, Galgant, Limettenblätter, Salz und Zitronengras hinzufügen und alles bei mittlerer Hitze zum Kochen bringen. Umrühren und 1½–2 Minuten köcheln lassen, dabei ab und zu umrühren. Abschmecken und falls nötig nachsalzen.

Wenn die Mischung dick geworden ist, das Fleisch weiter unter ständigem Rühren langsam garen. Kurkumablatt (sofern verwendet) und Kerisik oder geröstete Kokos-nusspaste hinzufügen. Das Fleisch wird nun braun und sehr weich. Den Topfinhalt noch etwa 20 Minuten unter Rühren weitergaren.

Galgant, Zitronengras und die Blätter herausnehmen und das Rendang heiß mit Reis servieren. In vielen Teilen Malaysias isst man zu Rendang gepressten Reis (S. 166).

Für 8–10 Personen

fleischreich, nahrhaft, würzig

Daging masak merah Rotes Rindfleisch-Curry

Dieses Curry findet man in zahlreichen Varianten auf den Speisekarten vieler malaysischer Restaurants. Meine stammt aus Pontianak auf Borneo, einer Stadt in der Provinz Kalimantan Barat nahe der malaysischen Grenze. Ich verwende allerdings anstelle der 40 roten Chilischoten des Originals nur 4 Stück.

Zutaten

2 TL gehackter frischer Ingwer

2 TL gehackte frische Kurkuma oder
   1 TL gemahlene Kurkuma

½ TL grobes Meersalz

500–600 g Rumpsteak oder Sirloinsteak,
   in Stücke geschnitten (pro Person
   2 Stück)

3 EL Erdnussöl

3 EL dickes Tamarindenwasser (S. 322)

6 reife rote Tomaten, gehäutet und
   gehackt, oder 400 g Tomatenstückchen
   aus der Dose, abgetropft

300 ml Kokoscreme (S. 213), Sahne oder
   (meine Wahl) Naturjoghurt

je 1 Handvoll Minze- und Korianderblätter, grob gehackt

Rote Paste

3 Schalotten, gehackt

6–8 Knoblauchzehen, gehackt

4 große rote Chilischoten, entkernt, gehackt

1 rote Paprikaschote, entkernt und gehackt
   (nach Belieben)

4 EL Tomatenmark

4 Lichtnüsse oder Macadamianüsse,
   grob gehackt und leicht geröstet (nach
   Belieben)

2 EL Erdnussöl

Zum Garnieren

4 EL frittierte Schalotten (S. 211)

60 g ungesalzene Cashewkerne, in etwas
   Öl gebräunt

60 g Sultaninen, kurz in etwas Öl gebraten

Ingwer, Kurkuma und Meersalz im Mörser zu einer Paste zerkleinern. Das Fleisch rundum mit der Paste einreiben und für mindestens 30 Minuten beiseite stellen.

Für die rote Paste alle Zutaten mit 3 EL Wasser glatt pürieren. Die Paste in einen großen Topf geben und bei mittlerer Hitze 6–8 Minuten unter häufigem Rühren köcheln lassen. Von der Kochstelle nehmen und beiseite stellen.

Das Öl in einer Pfanne erhitzen und die Fleischstücke darin portionsweise auf jeder Seite 2 Minuten braten, dann beiseite stellen.

Die Paste erneut unter sorgfältigem Rühren 2 Minuten erhitzen. 120 ml heißes Wasser sowie das Tamarindenwasser hinzufügen und zum Kochen bringen. Das Fleisch dazugeben, umrühren und alles zugedeckt bei mittlerer Hitze weitere 6–8 Minuten garen.

Die Tomaten untermischen und 3 Minuten garen. Kokoscreme, Sahne oder Joghurt dazugeben und die Sauce einige Minuten kräftig einkochen lassen, dabei das Fleisch mehrmals drehen. 1 Minute vor Ende der Garzeit Minze und Koriander hinzufügen.

Das Curry heiß mit frittierten Schalotten, Cashewnüssen und Sultaninen bestreut servieren.

Für 2–4 Personen

**würzig,
pikant**

Laksa lemak Laksa mit Garnelen und Tofu

In der ursprünglichen Bedeutung sind *Laksa* dünne Reisnudeln, heute versteht man darunter aber eine Suppe aus Kokosmilch, beliebigen Nudeln, Huhn, Fisch, Garnelen, Jakobsmuscheln und mehr. *Lemak* bedeutet wörtlich übersetzt »fett«, sollte hier aber als nahrhaft, üppig und köstlich verstanden werden. Als Vorspeise ist die Suppe ausreichend für 8 Personen.

Zutaten

1 Stück chinesischer Tofu (400–450 g)
2–3 EL Erdnussöl
16 ungegarte Riesengarnelen, geschält,
    Köpfe und Därme entfernt
1 TL Salz
1,2 l Hühnerfond oder Gemüsebrühe
300 ml dicke Kokosmilch (S. 213)
225–350 g Reis-Fadennudeln, 5 Minuten
    zugedeckt in heißem Wasser eingeweicht,
    dann abgetropft
115–175 g Bohnenkeimlinge
2 hart gekochte Eier, geviertelt

Paste

1–2 große rote Chilischoten, gehackt
2 Schalotten, gehackt
1 Knoblauchzehe, gehackt
2 Lichtnüsse, gehackt, oder 1 EL gemahlene Mandeln
1 TL gehackter frischer Ingwer
1 TL gehackter Galgant
1 TL gemahlener Koriander
1 TL Meersalz
2 EL Tamarindenwasser (S. 322)
2 EL Erdnussöl

Zum Garnieren

2 EL gehackte Frühlingszwiebeln
1 Handvoll glatte Petersilie, gehackt
2 EL frittierte Schalotten (S. 211)

Zuerst die Zutaten für die Paste im Mixer glatt pürieren. Die Paste in einem kleinen Topf bei mittlerer Hitze 4 Minuten unter Rühren garen, dann beiseite stellen.

Den Tofu vorsichtig (er bricht leicht) in acht Stücke schneiden. Das Öl in einer beschichteten Pfanne erhitzen und die Tofustücke darin braten, bis sie ganz leicht gebräunt sind, dabei mehrmals drehen. Auf Küchenpapier abtropfen lassen und beiseite stellen.

Die Garnelen mit dem Salz einreiben und beiseite stellen. Fond oder Brühe in einem großen Topf zum Kochen bringen, die Paste hineinrühren und 2 Minuten kochen lassen. Die Garnelen dazugeben und 2 Minuten garen, dann mit einem Schaumlöffel in eine Schüssel heben und beiseite stellen.

Die Kokosmilch in den Topf gießen. Die Mischung wieder zum Kochen bringen und 4–5 Minuten köcheln lassen. Währenddessen Nudeln, Garnelen und Tofu auf Portionsschalen verteilen, dann Bohnenkeimlinge und hart gekochte Eier.

Die Suppe abschmecken, noch einmal leicht zum Kochen bringen und in die Schalen schöpfen. Das Gericht mit Frühlingszwiebeln, Petersilie und frittierten Schalotten garnieren und sofort servieren.

Für 4 Personen

**nahrhaft,
würzig**

Kari kepiting pedas Krebs-Curry

Dies ist meine Version eines bekannten Gerichts aus Singapur. Gewöhnlich werden für dieses Rezept lebende Krebse empfohlen, man kann aber auch ungegarte tiefgefrorene Krebsscheren verwenden. Falls Sie einen lebenden Krebs nehmen möchten, sollte er wenigstens 2 kg schwer sein, um genügend Fleisch zu liefern. Da man das Gericht am besten mit den Fingern isst, sind Fingerschalen erforderlich.

Zutaten

3–4 kg ungegarte tiefgefrorene Krebsscheren, im Kühlschrank aufgetaut (dies kann bis zu 36 Stunden dauern)
600 ml Hühnerfond oder heißes Wasser
120 ml Erdnussöl

Currypaste

6 Schalotten, gehackt
4 Knoblauchzehen, gehackt
1 EL gehackte frische Kurkuma oder 1 TL gemahlene Kurkuma
2–4 rote Birdeye-Chilischoten, gehackt (S. 162)
6 große getrocknete rote Chilischoten, 5 Minuten in heißem Wasser eingeweicht, abgetropft und gehackt
2 EL gelbe Bohnenpaste
1 TL Salz
1 TL Zucker
1 EL Erdnussöl

Ingwer-Tomaten-Sauce

6 große rote Chilischoten, entkernt und schräg in dünne Scheiben geschnitten
5 TL geriebener frischer Ingwer
450 g reife Tomaten, gehäutet und gehackt, oder 400 g Tomatenstückchen aus der Dose, abgetropft
1 TL Salz
1 TL Paprikapulver (nach Belieben)
2 EL Weinessig oder Apfelessig

Zur Fertigstellung

2 Eigelb, verquirlt
1 EL helle Sojasauce
4 Frühlingszwiebeln, in schmale Ringe geschnitten

Für die Currypaste alle Zutaten im Mixer glatt pürieren. Die Paste in einen Topf geben und 5–8 Minuten köcheln lassen, dabei häufig mit einem Holzlöffel umrühren. Von der Kochstelle nehmen und abkühlen lassen.

Alle Zutaten für die Sauce in einer Glasschüssel vermischen und beiseite stellen.

Die Krebsscheren sorgfältig unter fließend kaltem Wasser waschen und auf Küchenpapier abtrocknen lassen, dann mit einem Holzhammer anknacken.

Die Currypaste in einen großen Topf geben. Den Hühnerfond oder das heiße Wasser zugießen und zum Kochen bringen.

In der Zwischenzeit in einem Wok 2 EL Öl erhitzen und die Krebsscheren portionsweise 3 Minuten unter Rühren braten. Falls nötig zwischendurch mehr Öl in den Wok geben. Gebratene Scheren auf Küchenpapier abtropfen lassen.

Für 4 Personen

scharf, nahrhaft

Wenn alle Scheren gebraten sind, die Currysauce in den Topf rühren und die Temperatur heraufschalten. Die Krebsscheren hinzufügen und rühren, um sie mit Sauce zu überziehen. Die Scheren mit einem Schaumlöffel auf eine vorgewärmte Platte heben, dabei etwas Sauce im Topf lassen.

Die Eigelbe und die Sojasauce zu der Ingwer-Tomaten-Sauce geben und sorgfältig untermischen. Die Mischung in die Currysauce gießen und den Topfinhalt bei schwacher Hitze ununterbrochen rühren, bis er heiß und etwas eingedickt ist, dabei darauf achten, dass die Eigelbe nicht stocken.

Die Currysauce über die Krebsscheren geben, das Gericht mit den in Ringe geschnittenen Frühlingszwiebeln bestreuen und sofort servieren. Dazu Baguette zum Auftunken der Sauce reichen. Ich mag dieses Curry mit gekochtem Weißreis oder gepresstem Reis (S. 166).

Gulai kepala ikan Fischkopf-Curry

Bei meinem ersten Besuch in Kuala Lumpur und Singapur vor vielen Jahren wurde mir gesagt, dass man, wenn man einen Fisch ganz serviert, dem am meisten geschätzten Gast den Kopf geben muss. Er oder sie muss dann große Freude darüber zum Ausdruck bringen und sich geziemend für die Ehre bedanken. An dem Kopf befindet sich praktisch kein Fleisch, doch Bäckchen und Augen gelten als Delikatesse. Bereitete ich ein solches Gastmahl zu, so würde ich dafür sorgen, dass der Kopf samt Hals und Schultern abgetrennt wird – falls man sagen kann, dass ein Fisch so etwas besitzt. Meine singapurische Freundin Joachin, die mir dieses Rezept gab, sagt, dass das Beste an diesem Gericht die Sauce ist, die sowohl den Fisch als auch das Gemüse – meist Okraschoten und Auberginen – durchdringt. In Westsumatra pflegte meine Großmutter, *Pakis* (Farnspitzen) in ihr Fisch-Curry zu geben. Sollten Sie kein Fisch-Currypulver bekommen, verwenden Sie eine Mischung aus 1 EL gemahlenem Koriander, 2 TL gemahlenem Kreuzkümmel, 1 TL gemahlener Kurkuma, 1 TL Paprikapulver, 1 TL gemahlenen Fenchelsamen, ½ TL frisch gemahlenem schwarzem Pfeffer und ¼ TL Chilipulver.

Zutaten

Saft von ½ Limette (2–3 TL)
1 Prise gemahlene Kurkuma
1 Prise Chilipulver
1 TL grobes Meersalz
4 ganze Forellen, insgesamt 1–1,25 kg
2 EL Erdnussöl
1 TL Kreuzkümmelsamen
1 TL Fenchelsamen
1 TL schwarze Senfkörner
4–6 Curryblätter oder Kaffir-Limettenblätter
2 große rote Chilischoten, entkernt und
   schräg in Scheiben geschnitten
8 kleine Okraschoten
8 Apfelauberginen oder sehr kleine violette
   Auberginen, halbiert
6 reife Tomaten, gehäutet und gehackt

Currysauce
6 Knoblauchzehen, gehackt
1 EL gehackter frischer Ingwer
3 EL Erdnussöl
6 Schalotten, in dünne Scheiben
   geschnitten
3 EL Fisch-Currypulver
3–4 EL dickes Tamarindenwasser (S. 322)
250 ml Kokosmilch (S. 213)
250 ml Kokoscreme (S. 213)
Salz und Pfeffer

Für 4 Personen

süßsauer

Limettensaft, Kurkuma, Chilipulver und grobes Salz vermischen. Die Fische innen und außen mit der Mischung einreiben und bis zum Garen in einer großen, mit Klarsichtfolie abgedeckten Schüssel in den Kühlschrank stellen.

Den Backofen auf 180 °C vorheizen. Die Fische dicht nebeneinander in einen Bräter legen.

Für die Currysauce Knoblauch und Ingwer im Mörser zu einer Paste zerreiben. Das Öl in einem Wok oder großen flachen Topf erhitzen und die Schalotten unter häufigem Rühren darin braten, bis sie weich sind. Die Knoblauch-Ingwer-Paste hineinrühren, dann das Currypulver dazugeben. Tamarindenwasser und Kokosmilch untermischen. Die Mischung zum Kochen bringen und 15 Minuten köcheln lassen. Die Kokoscreme dazugeben und die Sauce noch einmal 10 Minuten köcheln lassen, dann salzen und pfeffern. (Die Sauce kann auch im Voraus zubereitet und im Kühlschrank aufbewahrt werden. In diesem Fall nimmt man sie, sobald man den Backofen einschaltet, heraus und erhitzt sie 5 Minuten in einem Topf, ehe sie über den Fisch gegossen wird.)

Die Hälfte der Sauce über die Fische im Bräter gießen und diesen für 25 Minuten in den Backofen schieben. Nach 15 Minuten Garzeit mit der Zubereitung der Gemüse beginnen. Das Öl in einem sauberen Topf erhitzen. Kreuzkümmel, Fenchelsamen und Senfkörner hineingeben und rühren, bis sie zu platzen beginnen. Curryblätter und Chilischoten hinzufügen. Die Zutaten noch etwa 1 Minute rühren, dann 120 ml heißes Wasser sowie ½ TL Salz dazugeben. Den Topfinhalt zum Kochen bringen. Okras und Auberginen hinzufügen und zugedeckt 4 Minuten garen. Die Tomaten dazugeben und ohne Deckel 2 Minuten garen. Das Gemüse abschmecken und falls nötig nachsalzen.

Die restliche Currysauce zu dem Gemüse geben und behutsam unterheben. Den Topfinhalt bei starker Hitze noch einmal 2–3 Minuten garen.

Bei den Fischen einen Gartest machen. Wenn sie gar sind, den Bräter aus dem Backofen nehmen, das Gemüse auf den Fischen verteilen und das Gericht servieren. Dazu gekochten Reis oder kalten gepressten Reis (S. 166) reichen.

Ikan masak kuah belimbing Süßsaures Fisch-Curry

Belimbing ist das malaysche Wort für Sternfrucht oder Karambole, die heute auch im Westen leicht erhältlich ist. Das traditionelle Säuerungsmittel für dieses Fisch-Curry ist aber die *Belimbi*, die viel saurer ist als die Karambole. Falls Sie sie bekommen können, verwenden Sie 10–12 der kleinen Früchte, die Sie in dünne Scheiben schneiden. Eine mögliche Alternative sind 115 g in dünne Scheiben geschnittene unreife Mango. Ich habe für dieses Rezept *Asam gelugor* (S. 163) genommen. Mein Fisch der Wahl ist frischer Heilbutt, man kann aber auch Steinbuttfilet oder ganze kleine Forellen verwenden.

Zutaten

½ TL Meersalz
1 Prise gemahlene Kurkuma
1 TL frisch gepresster Limettensaft
frisch gemahlener schwarzer Pfeffer
4 Heilbuttsteaks (je 175–250 g)
600 ml Kokoscreme (S. 213)
2 Scheiben Asam gelugor oder 115 g unreife
　Mango, in dünne Scheibchen geschnitten
1 Stängel Zitronengras, quer halbiert

Paste

6 Schalotten, gehackt
4–6 große rote Chilischoten, entkernt
　und gehackt
2 TL gehackte frische Kurkuma oder
　½ TL gemahlene Kurkuma
1 TL grobes Meersalz
2 EL Erdnussöl

Meersalz, Kurkuma, Limettensaft und etwas Pfeffer vermischen und den Fisch mit der Mischung einreiben. Die Fischsteaks in einer Glasschüssel für etwa 10 Minuten an einen kühlen Platz stellen.

Die Zutaten für die Paste mit 2 EL Wasser in der Küchenmaschine oder im Mixer glatt pürieren.

In einem Topf, der groß genug für den Fisch ist, 3 EL Kokoscreme bei mittlerer Temperatur erhitzen, bis sich das Öl oben absetzt. Die Paste hinzufügen und 2–3 Minuten unter Rühren garen. Asam gelugor oder die Mangoscheiben zufügen, dann das Zitronengras dazugeben. Die Hälfte der restlichen Kokoscreme in den Topf gießen, zum Kochen bringen und etwa 8 Minuten garen, bis sie um die Hälfte reduziert ist.

Die verbliebene Kokoscreme in den Topf geben und zum Kochen bringen, dann die Fischsteaks hineinlegen und je nach Dicke 4–6 Minuten garen.

Den Topf von der Kochstelle nehmen und die Sauce abschmecken. Asam gelugor (falls verwendet) und Zitronengras entfernen. Den Deckel auflegen und den Fisch noch 1–2 Minuten in der Sauce ruhen lassen, dann mit Reis oder Nudeln und einem gemischten grünen Salat servieren.

Für 4 Personen

süßsauer

Kelia itik Enten-Curry

Dies ist ein Gericht aus Westsumatra. Auf Java heißt Ente *Bebek*, ich verwende hier aber die in Sumatra übliche Bezeichnung *Itik*, wie Ente auch in Malaysia heißt. Dort gibt es eine Variante des Gerichts mit dem Namen *Gulai itik*. Die meisten Südostasiaten finden, dass Ente sehr stark riecht, und garen sie daher mit reichlich Knoblauch. Oder sie nehmen stattdessen ein Hähnchen, das einfach in Stücke gehackt mitsamt Haut und Knochen in den Topf wandert. Da ich Ente ohne Knochen bevorzuge, verwende ich Entenbrustfilet. Dieses Gericht lässt sich auch gut einfrieren. Achten Sie dabei aber darauf, dass das Fleisch mit Sauce bedeckt ist. Zum Servieren tauen Sie das Gericht bei Zimmertemperatur 2–3 Stunden auf und erhitzen es dann in einem Wok oder Topf, bis die Sauce heiß und dick ist.

Zutaten

1,2 l dicke Kokosmilch, hergestellt aus
  2 frischen Kokosnüssen (S. 213), oder
  3 Dosen Kokosmilch (je 400 ml)
8–10 Knoblauchzehen, gehackt
4–6 große rote Chilischoten, entkernt und
  gehackt
1 EL gehackter frischer Ingwer
1 EL gehackte frische Kurkuma
2 TL gehackter Galgant
6 Schalotten oder 2 Zwiebeln, fein gehackt
3 Kaffir-Limettenblätter
1 Stängel Zitronengras, halbiert
4 Entenbrustfilets, Haut und Fett entfernt,
  jedes Filet in 2 oder 3 Stücke geschnitten
1 TL grobes Meersalz

Dosen-Kokosmilch in einem großen Topf langsam etwa 5 Minuten erhitzen, bis dicke und dünne Bestandteile gut vermischt sind. Von der Kochstelle nehmen.

Knoblauch, Chilischoten, Ingwer, Kurkuma und Galgant mit 4 EL Kokosmilch im Mixer glatt pürieren. Die Paste mit den Schalotten zu der Kokosmilch im Topf geben. Kaffir-Limettenblätter, Zitronengras, Entenbrust und Salz hinzufügen.

Den Topfinhalt zum Kochen bringen und nach einmaligem Umrühren bei mittlerer Hitze ohne Rühren mindestens 45 Minuten köcheln lassen. Danach ist die Kokosmilch recht dick und ölig. Nun häufig rühren, bis die Sauce sehr dick geworden ist. Abschmecken und falls nötig nachsalzen, dann heiß mit Reis als Beilage servieren.

Für 4 Personen

nahrhaft, würzig, mit Knoblauchgeschmack

Bebek bumbu bali Entenbrust mit balinesischen Gewürzen

Dieses Rezept ist eine Abwandlung eines bekannten traditionellen Entengerichts, das *Bebek betutu* heißt. Es gibt drei Gründe, weshalb ich glaube, es in ein Currybuch aufnehmen zu können. Erstens wird dafür traditionell eine Ente lange in einer Sauce gegart – auch wenn diese stark eindickt, weil die Ente in ein Bananenblatt gewickelt ist und einen großen Teil der Sauce aufnimmt. Zweitens enthält die Würzpaste, oder *Bumbu*, eine lange Liste von Zutaten, die bei einem indischen Curry keineswegs deplatziert wären. Und drittens ist dieses Gericht, wie viele traditionelle Gerichte, vom Aussterben bedroht. Ich hoffe, dass meine moderne Version zu seinem Überleben beiträgt. Die Entenbrust sollte zum Marinieren mindestens 4 Stunden, besser aber über Nacht in den Kühlschrank gestellt werden. Paste und Gewürzmischung werden am besten einen Tag im Voraus zubereitet.

Zutaten

450 ml dicke Kokosmilch (S. 213), Hühnerfond oder Wasser
6–8 Entenbrüste mit Haut
450 g Spinatblätter, in schmale Streifen geschnitten

Paste

6 Schalotten oder 2 Zwiebeln, gehackt
4 Knoblauchzehen, gehackt
4–6 große rote Chilischoten, entkernt und gehackt, oder 1 TL Chilipulver
3 Lichtnüsse oder Macadamianüsse, gehackt, oder 2 EL Mandelblättchen
1 EL Koriandersamen
1 TL Kreuzkümmelsamen
2 TL gehackte frische Kurkuma oder 1 TL gemahlene Kurkuma
1 Msp Garnelenpaste (nach Belieben)
3 EL frisch gepresster Limettensaft
1 TL grobes Meersalz

Gewürzmischung

3 Nelken
2 grüne Kardamomkapseln (S. 260)
2,5 cm Zimtstange
1 Prise geriebene Muskatnuss
1 Prise frisch gemahlener schwarzer Pfeffer
1 cm Galgant
1 Stängel Zitronengras, quer halbiert

Für 6–8 Personen

aromatisch, pikant

Die Zutaten für die Paste mit 4 EL Wasser in der Küchemaschine oder im Mixer glatt pürieren. Die Paste in einen Topf geben.

Die Zutaten für die Gewürzmischung vermengen und sorgfältig in die Paste rühren. Den Topfinhalt bei mittlerer Temperatur zum Kochen bringen und 2 Minuten rühren.

Etwa 4 EL Kokosmilch hinzufügen und alles unter häufigem Rühren weitere 5–8 Minuten garen, dann in einer großen Glasschüssel beiseite stellen und vollkommen abkühlen lassen.

Haut und Fett jeder Entenbrust zweimal tief einschneiden, nicht jedoch das Fleisch. Die Entenbrüste in die kalte Würzmischung legen und darin wenden, bis sie rundum überzogen sind. Das Fleisch für mindestens vier Stunden, besser aber über Nacht in den Kühlschrank stellen.

Zum Garen der Entenbrust gibt es zwei Möglichkeiten. Zum langsamen Garen den Backofen auf 160 °C vorheizen. Die Entenbrüste mit der Hälfte der Würzmischung lose in zwei Lagen Bananenblatt oder Alufolie wickeln, dabei darauf achten, dass das Päckchen an den Rändern fest geschlossen ist. 30 Minuten im Backofen garen, dann die Hitze auf 75 °C reduzieren und die Entenbrust weitere 1½–2 Stunden garen.

Oder zum kurzen Garen den Backofen auf 200 °C vorheizen. Die Entenbrüste aus der Würzmischung nehmen und mit einem Messer oder einer Gabel die Würzmischung vollständig von der Haut entfernen. Die Entenbrüste mit der Hautseite nach oben auf einem Rost in einen Bräter legen und für 25–30 Minuten in den Backofen schieben.

In der Zwischenzeit Zitronengras, Kardamomkapseln, Zimtstange und Galgant aus der Würzmischung nehmen. 2–4 EL oder die gesamte verbliebene Würzmischung (je nachdem, wie kräftig die Sauce werden soll) in einen Topf geben. Die übrige Kokosmilch, Fond oder Wasser hinzufügen, zum Kochen bringen und 10 Minuten köcheln lassen.

Den Spinat dazugeben und 4–5 Minuten garen. Die Sauce abschmecken und bis zur Verwendung beiseite stellen, dann nochmals erhitzen.

Bei langsam gegarter Entenbrust das Öl von der Garflüssigkeit abschöpfen und die Garflüssigkeit in die Spinatsauce rühren. Jede Entenbrust schräg in mehrere Scheiben schneiden. Heiß mit der Sauce servieren, dazu Reis, Kartoffeln oder Nudeln reichen.

Gulai bagar Hammel-Curry

In Westsumatra wird dieses Curry mit einer Ziegenkeule oder Ziegenschulter samt Knochen zubereitet. Ich verwende aber lieber entbeintes Hammelfleisch.

Zutaten

1,4 kg entbeinte Hammelschulter
Salz und Pfeffer
6 EL frische Kokosraspeln oder Kokosraspeln aus der Tüte
1 EL Koriandersamen
4–6 Lichtnüsse, fein gehackt, oder 85 g Mandelblättchen
3 EL Erdnussöl
8 Schalotten oder 3 mittelgroße Zwiebeln, in dünne Scheiben geschnitten
2 TL fein gehackter frischer Ingwer
4 große rote Chilischoten, entkernt und fein gehackt, oder 1 TL Chilipulver
4 Knoblauchzehen, zerdrückt

1 TL gemahlene Kurkuma
1 Zimtstange
3 grüne Kardamomkapseln (S. 260)
2 Nelken
½ TL gemahlener Kreuzkümmel
1 Prise geriebene Muskatnuss
300 ml Kokosmilch (S. 213)
300 ml Kokoscreme (S. 213)
2 EL Tamarindenwasser (S. 322)
1 Stängel Zitronengras, in 3 Stücke geschnitten
2 Kaffir-Limettenblätter
2 große Auberginen, in große Stücke geschnitten

Den Backofen auf 220 °C vorheizen. Das Fleisch mit Salz und Pfeffer einreiben, auf einem Rost in einen Bräter legen und 20 Minuten im Backofen braten. Den Backofen ausschalten, das Fleisch aber nicht herausnehmen.

Die Kokosraspeln in einer Pfanne 6 Minuten unter ständigem Rühren bräunen. Koriandersamen und Lichtnüsse oder Mandeln hinzufügen und 2 Minuten rühren. Alles auf einem Teller abkühlen lassen, dann im Mixer zu Pulver vermahlen und beiseite stellen.

Das Öl in einem großen Topf erhitzen. Schalotten, Ingwer, Chili und Knoblauch darin 3–4 Minuten unter Rühren braten. Kurkuma, Zimt, Kardamom, Nelken, Kreuzkümmel, Muskatnuss sowie Kokos-Lichtnuss-Mischung hinzufügen und 2 Minuten weiterrühren. Die Kokosmilch dazugießen und zum Kochen bringen. Alles 30 Minuten köcheln lassen. Das Fleisch in den Topf legen und zugedeckt 30 Minuten köcheln lassen.

Dann Kokoscreme, Tamarindenwasser, Zitronengras und Limettenblätter in den Topf geben und das Ganze weitere 10–15 Minuten bei mittlerer Temperatur ohne Deckel köcheln lassen, dabei das Fleisch etwa alle 5 Minuten wenden. Abschmecken und falls nötig nachsalzen.

Das Fleisch herausnehmen und 10–15 Minuten ruhen lassen. Zimtstange, Kardamom, Zitronengras und Limettenblätter aus der Sauce nehmen. Die Auberginen hineingeben und bei starker Hitze 8 Minuten garen. Sollte die Sauce zu dick werden und am Topfboden ansetzen, etwas heißes Wasser hinzufügen.

Das Fleisch in dicke Scheiben schneiden, mit den Auberginen auf vorgewärmten Tellern anrichten und mit der Sauce übergießen, dann mit reichlich Reis servieren.

Für 4–6 Personen

nahrhaft, würzig

Bananenblätter als Teller für Reis in Bali >

INDONESIEN

Udang asam pedas Scharfsaures Garnelen-Curry

Dies ist eines von vielen in ganz Indonesien beliebten Garnelen-Currys. Es gibt scharfsaure Garnelen, *Sambal goreng* mit Garnelen, Garnelen-Curry mit Kartoffeln und viele andere Gerichte, die mit Kokosmilch und Tamarinde gegart werden. Die Chilischoten machen dieses Curry scharf, Sie können aber auch weniger Chilischoten nehmen. Die Säure entsteht hier durch Tamarinde und Tomaten. Zucker muss nicht hinein, da das Gericht reichlich Zwiebeln enthält und Tamarinde auch süß ist. Garnelen und Sauce können im Voraus zubereitet werden. Vor dem Servieren erhitzt man die Sauce wieder und fügt dann für die letzten 2–3 Minuten die Garnelen hinzu.

Zutaten

12–16 ungegarte Riesengarnelen oder Tigergarnelen, geschält und die Därme entfernt, die Schwanzfächer belassen
1 TL grobes Meersalz
½ TL gemahlene Kurkuma
½ TL Chilipulver
3 EL Erdnussöl

Sauce

3 EL Erdnussöl
3 große rote Zwiebeln, gehackt
4 Knoblauchzehen, in dünne Scheiben geschnitten
1 EL fein gehackter frischer Ingwer

2–6 große grüne Chilischoten, entkernt und schräg in dünne Scheiben geschnitten
1 TL gemahlener Koriander
6–8 große reife Tomaten, gehäutet und gehackt
3–4 EL Tamarindenwasser (S. 322)
Salz

Zum Garnieren

gehackte Frühlingszwiebeln
frittierte Schalotten (S. 211)

Die Garnelen mit Salz, Kurkuma und Chilipulver einreiben und für 10–12 Minuten beiseite stellen. Das Öl in einer Pfanne erhitzen und die Garnelen in zwei Portionen braten, aber nicht länger als jeweils 2 Minuten. Sie sind dann noch nicht vollkommen gar. Auf Küchenpapier abtropfen lassen.

Für die Sauce das Öl in einem Wok oder einer großen Pfanne erhitzen. Die Zwiebeln darin unter häufigem Rühren 8–10 Minuten braten, bis sie weich sind und langsam Farbe annehmen. Knoblauch, Ingwer und Chilischoten hinzufügen und etwa 1 Minute unter Rühren braten, dann den Koriander dazugeben und noch einmal 1 Minute rühren. Tomaten und Tamarindenwasser untermischen und 3–4 Minuten bei schwacher Hitze unter Rühren garen. Die Sauce abschmecken.

Die Garnelen hinzufügen und etwa 2 Minuten rühren, bis sie heiß und vollkommen gar sind. Das Gericht mit Frühlingszwiebeln und Schalotten bestreuen und sofort servieren, dazu Reis, Nudeln oder Brot und Salat oder gegartes Gemüse reichen.

Für 4 Personen

aromatisch, würzig

Gulé kambing Javanisches Lamm-Curry

Dieses Gericht ist eigentlich eher eine Curry-Suppe. Während meiner Schulzeit in Zentraljava wurde es mit Ziegenfleisch zubereitet, und wir kauften es mindestens zweimal in der Woche an einem Straßenstand in der Nähe unseres Hauses. Wir aßen das Gericht als Eintopf mit etwas Reis, man kann aber auch Reisnudeln hineintun.

Zutaten

900 ml dicke Kokosmilch (S. 213)
1 EL gemahlener Koriander
3 cm Zimtstange
3 Nelken
2 Kaffir-Limettenblätter
1 cm Galgant
1 Stängel Zitronengras, quer halbiert
3 EL Tamarindenwasser (S. 322)
Salz und Pfeffer
1 kg entbeinte Lammschulter oder Lammkeule, in 2,5 cm große Würfel geschnitten

Paste

6–8 Schalotten oder 2 Zwiebeln, gehackt
4–6 große rote Chilischoten, entkernt und gehackt, oder 1 TL Chilipulver

1 Birdeye-Chilischote oder ½ TL Cayennepfeffer (nach Belieben)
4 Knoblauchzehen, gehackt
4 Lichtnüsse, gehackt, oder 2 EL gemahlene Mandeln
1 EL fein gehackter frischer Ingwer
1 EL gehackte frische Kurkuma oder 1 TL gemahlene Kurkuma
2 EL Erdnussöl
1 TL grobes Meersalz

Zum Garnieren

2 EL frittierte Schalotten (S. 211)
1 Handvoll gehackte glatte Petersilie

Zunächst alle Zutaten für die Paste mit 2 EL Wasser im Mixer oder in der Küchenmaschine glatt pürieren. Die Paste in einen Topf geben, bei mittlerer Hitze zum Kochen bringen und 4–5 Minuten unter häufigem Rühren köcheln lassen. 4 EL Kokosmilch hinzufügen und die Zutaten noch einmal etwa 4 Minuten unter Rühren köcheln lassen, bis das Öl der Kokosmilch nach oben steigt.

Koriander, Zimtstange, Nelken, Limettenblätter, Galgant, Zitronengras, Tamarindenwasser sowie Salz und Pfeffer nach Geschmack dazugeben und unter Rühren 2 Minuten garen. Die Fleischwürfel hinzufügen und die Temperatur etwas erhöhen. Mit einem Holzlöffel weiterrühren, bis das Fleisch gut mit der Würzpaste überzogen ist. 170 ml heißes Wasser einrühren und den Topfinhalt zugedeckt 5–8 Minuten garen. (Bis zu diesem Punkt kann das Curry im Voraus zubereitet und später wieder erhitzt werden.)

Für 4 Personen

aromatisch, würzig

Die Hälfte der verbliebenen Kokosmilch unterrühren, zum Kochen bringen und 10 Minuten köcheln lassen. Die restliche Kokosmilch sorgfältig untermischen. Die Sauce wieder zum Kochen bringen, umrühren und noch einmal 2 Minuten garen. Das dampfend heiße Curry mit Schalotten und Petersilie bestreuen und sofort servieren, dazu Reis oder Nudeln reichen.

Adobong manok Hähnchen-Adobo

Obwohl die Menschen auf den Philippinen einen *Adobo* nicht als Curry bezeichnen würden, hat seine Sauce doch große Ähnlichkeit mit einer Currysauce. (Beachten Sie, dass dieser *Adobo* mit Kokosmilch zubereitet wird.) Bei meiner Version wird die traditionelle Garmethode angewendet, was bedeutet, dass man zunächst das Hähnchen ganz in Essig gart. Dadurch sieht das fertige Gericht sehr ansprechend aus.

Zutaten

1 Hähnchen, 1,1–1,4 kg schwer
6–8 Knoblauchzehen, fein gehackt
250 ml Zuckerrohressig, Branntweinessig
    oder Reisessig
1–2 Kaffir-Limettenblätter oder
    Lorbeerblätter
½–1 TL grob gemahlener schwarzer Pfeffer
    oder gehackte frische rote Chilischote

1 TL Salz
2 EL Erdnussöl
½–1 TL gemahlene Kurkuma
½–1 TL Paprikapulver
150 ml Kokoscreme (S. 213)
2 EL helle Sojasauce

Das Hähnchen mit Knoblauch, Essig, 1,2 l Wasser, Limetten- oder Lorbeerblättern, schwarzem Pfeffer oder Chili und Salz in einen Topf geben und das Ganze zum Kochen bringen. Die Hitze reduzieren und das Hähnchen zugedeckt 30 Minuten köcheln lassen.

Das Hähnchen in einen Durchschlag heben. Die Temperatur wieder heraufschalten und die Garflüssigkeit kochen, bis sie auf die Hälfte der ursprünglichen Menge eingekocht ist, was 20–25 Minuten dauert.

Das Öl in einem zweiten großen Topf erhitzen. Kurkuma und Paprikapulver hineinrühren, dann etwa die Hälfte der Kokoscreme. Das Hähnchen in den Topf legen und zugedeckt 10 Minuten köcheln lassen. Den Deckel abnehmen. Reduzierte Garflüssigkeit und restliche Kokoscreme in den Topf gießen, den Topfinhalt wieder zum Kochen bringen und 15 Minuten köcheln lassen. Die Sojasauce untermischen und abschmecken.

Das Hähnchen aus dem Topf nehmen, auf ein Brett legen und etwas abkühlen lassen, während die Sauce weiterköchelt. Das Huhn entweder in vier Portionen gleicher Größe teilen oder wie ein Brathähnchen tranchieren und die Knochen wegwerfen.

Das Fleisch auf einem vorgewärmten Servierteller anrichten, mit der Sauce übergießen und heiß servieren. Dazu reicht man Reis.

Für 4–6 Personen

mild, cremig

Adobong pusit Tintenfisch-Adobo

Dies ist meine Version eines Rezeptes, das mir meine Freundin Pia Lim-Castillo aus Manila schickte. Ich serviere das Gericht gern als Vorspeise, etwa vor dem javanischen Lamm-Curry (S. 194). Möchten Sie es als Hauptgericht servieren, reichen Sie ein Gemüse-Curry und Reis, Brot oder Nudelsalat dazu.

Zutaten

600 g kleine Kalmare (12–16 cm lang), gesäubert, Arme und Flossen für die Füllung aufbewahrt

7 EL Erdnussöl

grobes Meersalz

6 Schalotten, fein gehackt

2 grüne Chilischoten, entkernt und schräg in dünne Scheiben geschnitten

3 Knoblauchzehen, gehackt

2 Kaffir-Limettenblätter oder Lorbeerblätter

6 reife Strauch- oder Eiertomaten, gehäutet, teilweise entkernt und fein gehackt

100 g altbackenes Weißbrot, nach Entfernen der Kruste in Wasser oder Milch eingeweicht, dann ausgedrückt, oder 100 g gegarter Reis

2 Eigelb, verquirlt

6 EL gehackte glatte Petersilie

90 ml Reisessig oder Weißweinessig

1 TL Zucker (falls nötig)

Arme und Flossen der Kalmare in kleine Würfel schneiden. 2 EL Öl in einem Wok oder Topf erhitzen. Arme und Flossen darin 2 Minuten unter Rühren braten, dann eine Prise Salz hinzufügen und von der Kochstelle nehmen.

In einem zweiten Topf 2 EL Öl erhitzen. Schalotten, Chili und Knoblauch darin 2–3 Minuten rühren. Limetten- oder Lorbeerblätter und Tomaten dazugeben und 2 Minuten köcheln lassen, dann etwas Salz hinzufügen und den Topf von der Kochstelle nehmen.

Die Hälfte der Mischung mit einem Schaumlöffel in eine Schüssel heben, vorhandene Flüssigkeit und Limetten- oder Lorbeerblätter im Topf belassen. Gehackte Arme und Flossen ohne das Öl in die Schüssel heben. Brot oder Reis, Eigelbe und die Hälfte der Petersilie hinzufügen und sorgfältig untermischen. Die Mischung mit einem kleinen Löffel in die Kalmare füllen und die Öffnungen mit Zahnstochern verschließen.

Die Chili-Tomaten-Sauce bei schwacher Hitze wieder auf den Herd setzen und den Essig hinzufügen. Die Sauce ohne Rühren 5 Minuten köcheln lassen. Restliche Petersilie dazugeben, falls nötig etwas Wasser, dann von der Kochstelle nehmen. Die Sauce probieren und eventuell Zucker hinzufügen.

Die restlichen 3 EL Öl in einer großen feuerfesten Kasserolle erhitzen und vorsichtig die gefüllten Kalmare hineinlegen. Die Kalmare garen, bis sie nicht mehr glasig sind, dabei jede Minute drehen. Die Sauce darübergießen und die Kalmare in der Sauce wenden. Mit aufgelegtem Deckel bei mittlerer Hitze 10–12 Minuten auf dem Herd garen oder im auf 150 °C vorgeheizten Backofen je nach Größe 30–60 Minuten.

Die Zahnstocher herausziehen und die Kalmare ganz oder in dicke Scheiben geschnitten mit der Sauce beschöpfen und servieren.

Für 4 Personen

süßsauer, pikant

Karé-Karé Geschmorter Ochsenschwanz mit Erdnusssauce

Ochsenschwanz gibt man in Südostasien gern in Suppen. In Indonesien heißt Ochsenschwanzsuppe *Sop buntut* und wird mit Reis oder Reisnudeln serviert. *Karé-Karé* ist die philippinische Version. Hier bildet der Ochsenschwanz die Grundlage für eine nahrhafte Mahlzeit, die gewöhnlich mit gegartem Gemüse und Erdnusssauce serviert wird. Ich schlage vor, das Gericht mit dem Garnelen-Relish auf S. 170 zu servieren.

Zutaten

4 EL Branntweinessig
1,5–2 kg Ochsenschwanz, von überschüssigem Fett befreit und in 6–8 cm lange Stücke geteilt
3 EL Erdnussöl
4 Schalotten, gehackt
1 Knoblauchknolle, gehackt (oder weniger)
1 TL Garnelenpaste
1 TL grobes Meersalz
1 TL gemahlene Kurkuma

1 EL schwarzer Pfeffer
175–225 g Spargelbohnen, in 10 cm lange Stücke geschnitten, oder Prinzessbohnen
175–225 g Weißkohl oder Chinakohl, in breite Streifen geschnitten
175–225 g Möhren, in dünne Scheiben geschnitten
300 ml Sambal kacang (S. 171)

Den Essig in eine Schüssel mit Wasser gießen. Das Fleisch darin waschen, dann in einem Durchschlag abtropfen lassen und mit Küchenpapier trockentupfen. Die Stücke in einem großen Topf mit kaltem Wasser bedeckt zum Kochen bringen und 5 Minuten kochen lassen, dann abtropfen lassen.

In einem zweiten Topf das Öl bei mittlerer Temperatur erhitzen und die Schalotten darin unter häufigem Rühren braten, bis sie Farbe annehmen. Den Ochsenschwanz hinzufügen und einige Minuten rühren.

Knoblauch, Garnelenpaste und Salz im Mörser zerreiben, dann mit Kurkuma und Pfeffer in den Topf geben. Gut umrühren und so viel Wasser hinzufügen, dass das Fleisch gerade bedeckt ist. Den Topfinhalt zum Kochen bringen, dann die Hitze etwas reduzieren und den Deckel auflegen. Die Zutaten 2–2½ Stunden köcheln lassen, bis das Fleisch weich und die Sauce recht dick ist, dabei etwa jede halbe Stunde Schaum abschöpfen und noch etwas heißes Wasser hinzufügen, falls nicht mehr genügend Garflüssigkeit vorhanden ist.

Den Ochsenschwanz in eine ofenfeste Servierform heben und im Backofen warm stellen. Die Garflüssigkeit im Topf bei hoher Temperatur zum Kochen bringen und ohne Deckel etwa 5–10 Minuten kochen lassen, bis sie um die Hälfte reduziert ist.

Gleichzeitig das Gemüse in kochendem Wasser 3–4 Minuten garen, bis es weich ist; abtropfen lassen. Das Gemüse auf dem Ochsenschwanz anrichten und warm stellen.

Das Sambal kacang in die reduzierte Garflüssigkeit rühren. Falls die Sauce zu dick ist, 125 ml heißes Wasser hinzufügen. Die Sauce sehr heiß werden lassen und über das Gemüse geben. Das Gericht sofort mit Reis servieren.

Für 4–6 Personen

nussig, nahrhaft, mit Knoblauchgeschmack

THAILAND

< Fischmarkt
in Bangkok

Die thailändische Küche ist eine der großartigsten Küchen der Welt mit wunderbaren Traditionen, raffinierten Zubereitungsmethoden, großer regionaler Vielfalt und einer riesigen Auswahl an Zutaten. Thailand hat eine lange Geschichte, die bis in die Zeit zurückgeht, als die Thais in die Ebenen des alten Siam kamen. Während der folgenden tausend Jahre entwickelte sich eine bemerkenswerte Küche mit einem komplexen Repertoire, die die hoch entwickelte Kultur der Menschen widerspiegelt.

Obwohl Thailand relativ klein ist, gibt es dort viele verschiedene Kochrichtungen – fürstliche und ländliche Küche, Straßenküche und die jeweiligen Küchen der vier Hauptregionen. Die Küche des thailändischen Hofes ist exquisit, heute aber praktisch nicht mehr existent. Sie entzückt durch ungewöhnliche Kombinationen von Konsistenzen und Düften, etwa mit einem roten Curry aus Rindfleischstreifen und Orangenblüten, zu dem als Beilage salzigsüße Muscheln gereicht werden. Bäuerliche Gerichte andererseits sind kräftig gewürzt und werden auf schlichte Weise zubereitet. Zu den verbreitetsten Currys gehört hier vielleicht ein Curry aus Garnelenpaste, Schalotten, Chilischoten, Fisch und regionalem Gemüse der Saison. Alle Currys werden mit Reis gereicht.

Reis ist für die Thais und ihre Küche schlichtweg unverzichtbar. Für seinen Anbau mussten undurchdringliche, nur von Tieren bewohnte Wälder riesigen Reisfeldern weichen, um die Ernährung einer wachsenden Bevölkerung sicherzustellen. Wie wichtig der Reis ist, wird am Esstisch sichtbar. Am häufigsten wird er einfach ohne irgendein Gewürz gekocht oder gedämpft, doch manche Köche unterstreichen seinen natürlichen Duft durch Hinzufügen von Pandanusblättern. Gewöhnlich kommen mit dem Reis verschiedene Gerichte auf den Tisch, aber sie werden lediglich als Beilagen zum Reis betrachtet.

Currys sind vielleicht die bekanntesten Gerichte der Thai-Küche, und viele haben schon einmal ein rotes oder grünes Curry aus den zentralen Ebenen gegessen. Aber die reiche Tradition sorgt dafür, dass es in Thailand zahlreiche Curry-Variationen gibt. Jedes Dorf, jeder Haushalt und jede Region hat eine eigene bevorzugte Art von Curry. Ein Curry kann mit Kokoscreme, mit Fond und selbst mit Wasser zubereitet und die Paste gebraten, gegrillt, gedämpft oder einfach in Flüssigkeit aufgelöst werden. Fast alle Currys sind mit Fischsauce gewürzt, manchen wird auch Palmzucker, Tamarinde und natürlich Chili hinzugefügt, was aus einem herkömmlichen Gericht ein unvergessliches Gericht macht. Was die Thai-Küche so wunderbar macht, ist das Zusammenspiel von Konsistenzen und Würzzutaten, die bei jedem Gericht und jeder Mahlzeit für ein Gleichgewicht von süß, sauer, salzig und scharf sorgen.

Auf jedem Markt werden fertig zubereitete Speisen angeboten, und manche der Straßenstände haben sich auf Currys spezialisiert. Einige bieten fertige Currypasten an, von denen man im Westen nur träumen kann. Andere verkaufen bis zu 20 verschiedene Currygerichte. Natürlich gibt es dort die nationalen Leibspeisen wie grüne und rote Currys, aber auch ungewöhnlichere regionale Currys.

Die thailändische Küche teilt sich in vier regionale Hauptküchen mit zahlreichen Variationen innerhalb jeder Region. Der Norden des Landes ist gebirgig und dunstig und hat einen sanfteren Kochstil, der das vergleichsweise milde Klima widerzuspiegeln scheint. Hier kocht man bevorzugt Süßwasserfische, Schweinefleisch, Wildgemüse und Pilze aus den Wäldern. Ein beliebtes Gericht ist Schweinefleisch-Curry mit Ingwer, eingelegtem Knoblauch und Kardamom.

Der Nordosten ist die ärmste und abgelegenste Region Thailands. Hier ist die Küche extrem würzig und bedient sich vieler fermentierter oder konservierter Produkte, vor allem fermentiertem Fisch in all seinen Formen. Ein typisches Gericht ist Schweinefleisch-Senfkohl-Curry. In beiden nördlichen Regionen bevorzugt man Klebreis. Kokoscreme wird wenig verwendet, weil es in manchen Jahreszeiten so kalt wird, dass Kokospalmen nur schlecht gedeihen.

Die zentralen Ebenen bilden das Kernland, das die Nation politisch und ökonomisch beherrscht. In seiner Mitte liegt Bangkok. Die dortige Küche ist Nicht-Thais am vertrautesten und bietet beispielsweise grünes Hähnchen-Curry oder rote Currys in vielen Variationen. Der Süden des Landes windet sich um den Golf von Thailand, und so sind die Hauptzutaten der regionalen Küche Fisch und Meeresfrüchte. Currys duften hier nach Kurkuma, Kokosnuss und Chilischoten.

Thailändische Rezepte sind über Generationen hinweg verfeinert worden und immer harmonischer und ausgewogener geworden. Dieses Kapitel enthält nur eine kleine Auswahl aus dem riesigen Repertoire thailändischer Currys, aber es spiegelt die Vielfalt, Komplexität und Feinheit dieser wundervollen Küche wider.

David Thompson

Currypaste zubereiten >
Die Paste wird in getrennter
Kokoscreme geköchelt, bis
sie duftet.

Die Aromen Thailands

1. Thai-Basilikum
2. Tulsi (Heiliges Basilikum)
3. getrocknete Lorbeerblätter
4. Kurkuma
5. Galgant
6. Kaffir-Limette
7. Kaffir-Limettenblätter
8. Fingerwurz (Krachai)
9. Korianderstängel mit Wurzel
10. Zitronengras
11. Knoblauch
12. frische grüne Bird- oder Birdeye-Chilischoten
13. getrocknete rote Thai-Chilischoten
14. getrocknete große rote Chilischoten
15. Chinesischer Zimt
16. weißer Siam-Kardamom
17. Sternanis
18. Palmzucker
19. Koriandersamen
20. Kreuzkümmelsamen
21. Garnelenpaste
22. Tamarinde
23. Apfelauberginen
24. Kokospalmenherzen
25. lange grüne Aubergine
26. Erbsenauberginen
27. frische grüne Pfefferkörner

Die Grundzutaten

Auf Thailands Märkten werden an langen Standreihen verlockende Produkte angeboten. Hier folgt eine kurze Beschreibung der Zutaten, die sich in den meisten Currypasten finden, gefolgt von einigen Würzzutaten, die man hinzufügt, um ein Gleichgewicht zwischen scharfen, süßen, salzigen und sauren Aromen herzustellen, ferner Gemüse, Kräuter sowie Aromazutaten, die man zum Garnieren nimmt.

Currypaste

Salz

Salz dient als »Schleifmittel«, um andere Zutaten im Mörser leichter zerreiben zu können, zudem als Würze und als Konservierungsmittel, damit die Paste länger haltbar bleibt.

Chilischoten

Getrocknete große rote Chilischoten sind fruchtig und scharf und kommen meist in rote Currys. Frische große (rote oder grüne) Chilischoten werden nur selten für Currypaste verwendet. Verlangt ein Rezept große Chilischoten, entfernt man am besten Samen und Scheidewände, da sie besonders scharf sind. Getrocknete Chilischoten legt man dann in leicht gesalzenes Wasser, wodurch sie weich und noch milder werden. Auf diese Weise kann man für die Currypaste mehr Chilischoten verwenden und ihr einen ausgeprägteren Chiligeschmack verleihen. Wird in einem Rezept nach kleinen, frischen oder getrockneten Chilischoten verlangt, entfernt man Samen und Scheidewände meist nicht. Frisch werden am häufigsten die sehr scharfen grünen Bird- oder Birdeye-Chilischoten verwendet.

Galgant

Am besten nimmt man etwas älteren Galgant, der kräftiger schmeckt als junger. Er verleiht der Paste Pfeffrigkeit, doch zu viel Galgant lässt sie bitter werden. Vor dem Zerreiben muss der Wurzelstock sorgfältig geschält und fein gewürfelt werden.

Zitronengras

Verleiht der Paste einen blumigen Duft. Man entfernt die äußeren Blätter, das obere Drittel und die Wurzel, den Rest schneidet man in dünne Scheiben, aber erst kurz vor der Verwendung, da der Duft rasch verfliegt. Zu viel Zitronengras macht die Paste ölig und bitter, zu wenig gibt ihr einen metallischen Nachgeschmack.

< Kaffir-Limette

Fingerwurz (Krachai) >

Kaffir-Limette

Von ihr sollte nur die grüne Außenschale verwendet werden (der weiße Teil der Schale ist furchtbar bitter), und zwar immer frisch abgerieben, da sich ihr Duft rasch verflüchtigt. Frische Kaffir-Limette ist natürlich am besten, eine tiefgefrorene Frucht aber ebenso brauchbar. In letzterem Fall reibt man die Schale der noch gefrorenen Frucht ab, denn wenn sie aufgetaut ist, ist sie zu weich dazu. Zu viel Limettenschale macht die Currypaste seifig und leicht bitter. Getrocknete Limettenschale ist nicht empfehlenswert, da hier die ätherischen Öle eingetrocknet sind.

Korianderwurzel

Korianderwurzel verleiht einem Curry Tiefe. Bevor man sie zum Kochen verwendet, säubert man die Wurzel gut, dann entfernt man Faserwurzeln am Ende und den größten Teil des grünen Stängels. Anschließend schält man die Wurzel, legt sie in Wasser, um eventuell noch vorhandenen Schmutz zu lösen, und hackt sie dann fein, bevor sie mit den anderen Zutaten zerrieben wird.

Rote Kurkuma

Frische rote Kurkuma wird vor allem in Südthailand in Currys gegeben, aber auch in grüne Currypaste, deren Farbe sie belebt. Als Ersatz kann getrocknete, gemahlene Kurkuma dienen, aber Vorsicht: zu viel schmeckt bitter. Bei getrockneter Kurkuma verwendet man ein Drittel der Menge der geschälten frischen Wurzel.

Fingerwurz

Der auch Chinesischer Ingwer (*Krachai*) genannte Wurzelstock hat die Form eines Stiftes und besitzt eine erdige Schärfe. Er ist in thailändischen Lebensmittelgeschäften erhältlich; man muss ihn vor der Verwendung schälen und putzen.

Rote Schalotten

Kleine rote Schalotten gehören zu den in der Thai-Küche am häufigsten verwendeten Zutaten und geben Currypasten Substanz und Schärfe. Als Ersatz können Zwiebeln dienen, aber da sie viel schärfer sind, reduziert man die Menge etwas.

Knoblauch

Thailändischer Knoblauch hat kleinere Zehen und ist süßer und milder als westlicher Knoblauch, der aber als Ersatz dienen kann. Knoblauch ist wichtiger Bestandteil einer Currypaste. Man sollte, sofern vorhanden, den grünen Keim entfernen, da er einen leicht bitteren Nachgeschmack verleihen kann.

Garnelenpaste

Thailändische Garnelenpaste (*Gapi*) ist die Seele der Thai-Küche. Dafür werden kleine Garnelen mit Salz fermentiert. Leider sind manche handelsüblichen Sorten sehr salzig und sauer. Man sollte die Paste behutsam verwenden. Zu viel dominiert ein Curry, nimmt man zu wenig, fehlt ihm die Tiefe.

Gewürze

Thailändische Currypaste enthält meist wenig Gewürze. Am häufigsten werden weiße Pfefferkörner und die Samen von Langem Koriander und Kreuzkümmel verwendet, gelegentlich auch chinesischer Zimt, weißer Siam-Kardamom und Sternanis. Getrocknete Gewürze sollten stets geröstet und dann erst gemahlen werden (S. 322).

Aromazutaten

Zucker

Palmzucker wie weißer Zucker waren stets Teil der Thai-Küche. Weißer Zucker verleiht Gerichten eine schlichte, saubere Süße. Er wird in Currys gegeben, die gekocht oder in Öl gebraten werden. Palmzucker hat einen volleren Geschmack. Meist verwendet man ihn für Currys, bei denen die Paste in getrennter Kokoscreme gegart wird.

Tamarinde

Tamarindenwasser ist das in Thailand am häufigsten verwendete Säuerungsmittel für Currys. Am besten wird es frisch zubereitet (siehe S. 322). Vorsicht, nach Hinzufügen von Tamarindenwasser kann ein Curry leicht anbrennen.

Fischsauce

Für dieses südostasiatische Grundnahrungsmittel werden Fische mit Salz in Wasser fermentiert. Fischsauce (*Nam pla*) sollte als letzte Zutat hinzugefügt werden, da sie sehr intensiv schmeckt und es sich schwer korrigieren lässt, wenn man zu viel verwendet.

Garnituren

Kokospalmenherzen

Hierbei handelt es sich um die knackigen, nussig schmeckenden Triebe der Kokospalme, die nur recht kurz gegart werden. Im Westen sind sie meist nur im Glas erhältlich. Als Ersatz kann man das Fleisch einer jungen grünen Kokosnuss verwenden.

Thai-Lorbeerblätter

Diese getrockneten würzigen Blätter kommen nur in Mussaman-Currys, wo sie den Geschmack von Kardamom und Ernüssen unterstreichen. Normale Lorbeerblätter sind ein sehr guter Ersatz.

Thai-Basilikum

Thai-Basilikum sieht europäischem Basilikum ähnlich, hat aber einen ausgeprägten Anisgeschmack. Seine Blätter werden erst kurz vor dem Servieren in das Curry gegeben. Er wird vor allem für rote und grüne Currys verwendet.

Tulsi (Heiliges Basilikum)

Die violett überlaufenen Blätter des Heiligen Basilikums haben frisch eine überraschend gewürznelkenähnliche Intensität. Da sich dieser Geschmack aber rasch verliert, fügt man sie erst kurz vor dem Servieren hinzu. Heute ist Tulsi meist den Dschungel-Currys vorbehalten.

Auberginen

In der Thai-Küche finden sich viele verschiedene Auberginen, am häufigsten Erbsenauberginen, Apfelauberginen und lange grüne Sorten. Die kleinen Erbsenauberginen wachsen in Büscheln und sollten vom Stiel gezupft werden, ehe man sie wäscht und zum Kochen verwendet. Sie verleihen Currys einen

Erbsenauberginen >

angenehm bitteren Geschmack. Die Apfelaubergine wird vor allem wegen ihrer Konsistenz benutzt. Man schneidet sie erst kurz vor Verwendung in Scheiben, da ihr Fleisch andernfalls unansehnliche schwarze Flecken bekommt. Um dies zu verhindern, legen manche Köche die Scheiben in Salzwasser, dabei kann das Fleisch aber zu viel Salz aufnehmen. Lange grüne Auberginen müssen weich gekocht werden, damit sie schmecken, und haben dann eine seidige Konsistenz.

Pfefferkörner

Pfeffer ist in dieser Region heimisch und war dort vor der Einführung des Chilis im 16. Jahrhundert das wichtigste Gewürz. Thais verwenden grünen, weißen und schwarzen Pfeffer. Bei grünem Pfeffer handelt es sich um frische Beeren, die gewaschen und entstielt werden. Für weißen Pfeffer werden die Beeren eingeweicht, dann wird die Haut entfernt und der Kern getrocknet. Für schwarze Pfefferkörner wird die Haut belassen, die sich beim Trocknen schwarz färbt. Grüner Pfeffer wird vor allem als Garnitur für Dschungel-Currys, aber kaum für Currypasten verwendet, getrocknete Pfefferkörner sind dagegen ein wichtiges Gewürz, das in fast jede Curry-

paste kommt. Weißer Pfeffer wird hauptsächlich in den zentralen Ebenen benutzt, schwarzer Pfeffer im Süden und für Currys mit muslimischem Ursprung.

Kaffir-Limettenblätter

Die aromatischen Blätter kommen meist als Garnitur auf ein Curry. Ihr Duft hilft, bittere Aromen zu überdecken. Wenn man sie etwas zerdrückt, geben sie ihren Duft besser ab. Tiefgefrorene Blätter duften wenig, getrocknete gar nicht.

Frittierte Schalotten

Sie sind eine wichtige Garnitur in der Thai-Küche. Man kann sie fertig kaufen, frisch zubereitet schmecken sie aber weitaus besser. Schalotten längs in sehr dünne Scheiben schneiden und unter Rühren in heißem Öl frittieren. Dabei verlieren sie ihren zwiebelartigen Geschmack und duften nach Nüssen. Sobald sie goldbraun sind, lässt man sie auf Küchenpapier abtropfen. In einem luftdichten Behälter halten sie sich 2 Tage.

Kokosmilch und Kokoscreme

Frische Kokoscreme schmeckt so unvergleichlich, dass es die Mühe der Herstellung rechtfertigt. Kokosmilch wie Kokoscreme werden am besten binnen weniger Stunden verbraucht. Man kann sie 1–2 Tage im Kühlschrank aufbewahren, dann werden sie jedoch hart. Um das zu verhindern, kann man eine gequetschte Chili hinzufügen.

Schritt 1

Mit dem Rücken eines Hackmessers oder einem leichten Hammer rundum auf die Nuss schlagen, um sie zu öffnen. Das Fleisch herauslösen oder erst in Stücke schneiden, damit es sich leichter löst. Die braune Innenhaut entfernen. Das Fleisch hacken und in der Küchenmaschine mit der gleichen Menge heißem Wasser pürieren.

Schritt 2

Die Mischung in ein Stück Musselin oder ein sauberes Küchenhandtuch gießen, das über einer Schüssel (nicht aus Metall) liegt. Den Musselin zusammennehmen und das Fleisch auspressen, damit die Flüssigkeit herausläuft. Verlangt ein Rezept **dicke Kokosmilch**, die Flüssigkeit sofort verwenden, ehe sie sich trennt (siehe unten).

Schritt 2

Schritt 3

Für **Kokoscreme** die Milch mindestens 20 Minuten stehen lassen. Die Creme ist die dickere, undurchsichtige Flüssigkeit, die sich absetzt und auf einer dünneren Flüssigkeit schwimmt, die in den Rezepten dieses Buches als **Kokosmilch** bezeichnet wird. Die Crememenge ist immer gleich, unabhängig davon, wie viel Wasser beim Pürieren der Kokosnuss hinzugefügt wird. Eine gute Kokosnuss ergibt etwa 250 ml Kokoscreme. Oft wird das Auspressen wiederholt, aber diese zweite Pressung ergibt mehr Kokosmilch als Kokoscreme.

Schritt 3

»Getrennte« Kokoscreme

Für Currys, die in Kokoscreme gebraten werden, nimmt man oft getrennte Kokoscreme. Dazu Kokoscreme köcheln, bis das meiste Wasser verdampft ist. Die Creme trennt sich in dünnes Öl und Milchfeststoffe. Danach hält sie sich mehrere Wochen. Man kann das getrennte Öl zum Frittieren und die Feststoffe für Desserts verwenden.

< Schritt 1

Thai-Currys zubereiten

Geng, das thailändische Wort für Curry, bezeichnet im weitesten Sinn eine mit einer Paste gewürzte Flüssigkeit, wobei es sich dabei sowohl um Suppe als auch um ein Schmorgericht handeln kann. Wenn die Paste jedoch würzig ist, kommt der Begriff unserem Verständnis des Wortes Curry näher. In seiner schlichtesten Form kann ein Curry also einfach eine Paste aus Chilischoten, roten Schalotten und Garnelenpaste sein, die in köchelndem, gewürztem Fond oder Wasser aufgelöst wurde wie etwa bei dem sauren Curry auf S. 222. Aber es gibt auch aufwendigere Currys: Für die Paste eines Mussaman-Currys werden bis zu 20 Zutaten verwendet.

Die Zubereitung eines Thai-Currys besteht im Wesentlichen aus drei Schritten: der Herstellung der Paste, dem Garen und Würzen der Paste und dem Hinzufügen von Kräutern, Aromazutaten, Fleisch, Fisch und so weiter.

Die Currypaste zubereiten

Obwohl die Herstellung einer Currypaste im Mixer oder in der Küchenmaschine zweifellos bequemer ist, glauben Puristen, dass sie am besten wird, wenn man sie im Mörser zubereitet (S. 217). Je größer der Mörser, desto besser, da sich dann leichter und schneller eine feine Paste herstellen lässt.

Gut ist eine Paste dann, wenn die Zutaten fein püriert wurden. Dazu ist es wichtig, dass jede Zutat vollkommen zerrieben wird, ehe man die nächste hinzufügt. Gewöhnlich zerkleinert man die härtesten, fasrigsten Zutaten zuerst und weichere zuletzt.

Alle Zutaten müssen im Voraus vorbereitet werden, was in den meisten Fällen bedeutet, dass sie gewaschen, geschält und gehackt werden müssen, ehe sie in den Mörser kommen. Je feiner eine Zutat gehackt wird, desto rascher lässt sie sich zu einem Brei zerreiben.

Die Paste garen

Es gibt zwei Methoden, die Paste zu garen. Die einfachste und älteste besteht darin, die Paste in einer köchelnden gewürzten Flüssigkeit aufzulösen. Bei der Flüssigkeit kann es sich um Wasser, Fond oder, wie im Süden Thailands, um Kokosmilch handeln. Anschließend wird das »gekochte Curry« gewürzt, meist mit Fischsauce und Tamarindenwasser. Mitunter gibt man zum Ausgleichen der Säure auch eine Prise weißen Zucker hinzu.

Die Alternative ist das Braten der Paste. Abhängig von der Art des Currys und der Region wird sie entweder in Öl (bei älteren Rezepten in ausgelassenem Schweinefett) oder in getrennter Kokoscreme (S. 213) gebraten. Wird Öl verwendet, brät man die Paste nur ein oder zwei Minuten bei hoher Temperatur, bis sie stark aromatisch duftet. In Öl gebratene Pasten werden meist mit Fischsauce, selten auch mit Zucker aromatisiert, dann fügt man ihnen Fond hinzu. Diese Mischung ist die Grundlage für »Dschungel-Currys« und viele andere Currys aus dem Norden und Nordosten des Landes, wo Kokosnüsse weniger gebräuchlich sind.

Die bekannteren Currys basieren auf Kokosnuss. Hier wird die Paste in Kokoscreme gebraten, die man zunächst so lange köchelt, bis sich das Öl abzusetzen beginnt. Das

Braten der Paste kann bei mittlerer Hitze bis zu 5 Minuten dauern, wobei sie regelmäßig gerührt werden muss. Während die Paste gart, entfaltet sich ihr Aroma. Je länger die Garzeit, desto besser verschmelzen die Aromen der verschiedenen Zutaten.

Würzzutaten

Würzzutaten verwandeln die Currypaste, und genau dieser Prozess macht die Thai-Küche so typisch. In ihr geht es darum, eine Balance zwischen scharfen, süßen, salzigen und sauren Aromen zu erreichen. Die meisten Currys sind salzig, einige auch süß, viele sind zudem sauer und ein paar vereinigen in sich alle diese Eigenschaften. Kluge Köche würzen ihre Currys in diesem Stadium noch nicht vollständig, weil ihnen dadurch die Möglichkeit genommen wird, sie unmittelbar vor dem Servieren endgültig abzuschmecken. Nach dem Würzen wird dem Curry Fond oder Kokosmilch hinzugefügt. Dann köchelt man es einige Minuten, damit sich alle Zutaten verbinden können.

Weitere Zutaten

Im dritten Stadium kommen alle weiteren Zutaten hinzu, die nach westlichem Verständnis das Curry ausmachen, aber für einen Thai nur einen Teil eines komplexen Gerichtes darstellen. Bei einem gekochten Curry werden meist nur in mundgerechte Stücke geschnittene Meeresfrüchte oder Fisch hinzugefügt und rasch gegart. Gemüse, frische Kräuter und andere aromareiche Zutaten werden in der Reihenfolge ihrer Garzeit dazugegeben.

Für ein gebratenes Curry wird das Fleisch in sehr kleine Stücke geschnitten, um sicherzustellen, dass selbst zähes Fleisch weich wird. Dann werden die Aromazutaten hinzugefügt, darunter meist Kaffir-Limettenblätter, frische Chilischoten und Kräuter wie Tulsi, Thai-Basilikum oder Zitronenbasilikum. Anschließend lässt man das Curry etwa eine Minute ruhen, damit die Aromen verschmelzen können. Dann wird es noch einmal abgeschmeckt und falls nötig nachgewürzt, ehe es auf den Tisch kommt.

Die Zubereitung eines Thai-Currys ist ein komplizierter Vorgang, bei dem die Aromen fein abgestimmt und die Gewürze zart ausbalanciert werden. Er ist so hoch entwickelt wie die thailändische Kultur selbst.

Kreung geng geng gwio warn Grüne Currypaste

Einige Pastenrezepte für die Currys in diesem Kapitel ergeben mehr Paste, als für das jeweilige Rezept erforderlich ist, einfach deshalb, weil man eine bestimmte Menge an Zutaten braucht, um sie richtig im Mixer oder im Mörser pürieren zu können. Übrig bleibende Paste hält sich aber im Kühlschrank bis zu 2 Wochen. Füllen Sie sie in einen luftdicht verschließbaren Behälter und drücken Sie Klarsichtfolie auf die Paste, bevor Sie den Deckel aufsetzen.

Zutaten

1 gehäufter EL Birdeye-Chilischoten

1–2 lange grüne Chilischoten, entkernt

1 Prise Salz

1 schwach gehäufter EL gehackter Galgant

2½ EL gehacktes Zitronengras

1 TL gehackte Kaffir-Limettenzesten

2 TL gehackte Korianderwurzel

2 TL gehackte frische rote (oder gelbe) Kurkuma

1 schwach gehäufter EL gehackte Finger-wurz (S. 209)

2½ EL gehackte rote Schalotten

2½ EL gehackter Knoblauch

1 TL thailändische Garnelenpaste

1 TL weiße Pfefferkörner

1 TL geröstete Koriandersamen

einige Blättchen Muskatblüte, geröstet (nach Belieben)

Schritt 1

Die frischen Zutaten, beginnend mit den härtesten und trockensten (immer die Chilis), nacheinander in den Mörser geben und zerreiben. (Bei Rezepten, für die getrocknete Chilis verwendet werden, weicht man diese oft zuerst ein. Obwohl sie dann nicht mehr die härtesten und trockensten sind, werden sie zuerst zerrieben.) Die einzelnen Zutaten in der Reihenfolge der Zutatenliste verwenden und erst vollkommen zerkleinern, bevor die nächste Zutat hinzukommt.

Schritt 2

Pfefferkörner, Koriandersamen und, sofern verwendet, Muskatblüte mahlen und sieben, damit das Pulver wirklich fein ist. Mit den restlichen Zutaten im Mörser vermischen.

Schritt 2

Wenn Sie den Mixer benutzen

Alle Zutaten auf einmal hineingeben und mit etwas Wasser pürieren, zwischendurch das Gerät immer wieder ausschalten und die Mischung von den Becherwänden abstreichen. Nicht zu lange pürieren, 3–4 Minuten sind genug.

< Schritt 1

Kao suay Gedämpfter Jasminreis

Die meisten asiatischen Köche benutzen heute elektrische Reiskocher, in denen der Reis praktisch immer perfekt gelingt. Füllen Sie den Reiskocher aber nicht zu mehr als einem Drittel. Wenn Sie mehr Reis hineingeben, gart er ungleichmäßig. Unten finden Sie die traditionelle Garmethode für Reis.

Zutaten
Jasminreis
Wasser
1 Pandanusblatt (nach Belieben, S. 343)

Den Reis in kaltem Wasser waschen und die Finger durch die Reiskörner ziehen, um Spelzen, überschüssige Stärke und Staub zu entfernen. Die Reiskörner behutsam gegeneinanderreiben. Den Reis abtropfen lassen. Diesen Arbeitsschritt zwei- oder dreimal wiederholen, bis das Wasser klar ist. Das Waschen verhindert, dass der Reis klebrig wird.

Den Reis in einen schweren Topf geben. Bei kleinen Mengen sollte der Topf eher hoch als breit sein, bei größeren Mengen eher breit als hoch. Den Reis mit kaltem Wasser bedecken. Traditionell gibt man so viel Wasser dazu, dass es etwa so hoch über dem Reis steht, wie das Glied eines Zeigefingers lang ist. Verblüffenderweise hat dieses Glied bei fast allen Menschen die gleiche Länge! Weniger traditionell bereitet man für vier Personen 2 ½ Tassen Reis mit 3 ½ Tassen Wasser zu. Dieser Reis wird nicht gesalzen, da die Beilagen genug gewürzt sind.

Einen fest schließenden Deckel auflegen und den Topfinhalt rasch zum Kochen bringen, dann auf ganz schwache Hitze reduzieren und den Reis 10–15 Minuten garen, aber nicht umrühren, da dadurch die Körner beschädigt werden und der Reis klebrig wird.

Den Topf von der Kochstelle nehmen und etwa 10 Minuten stehen lassen – zugedeckt bleibt er etwa 30 Minuten warm. Manchmal gibt man nach dem Garen ein Pandanusblatt hinzu, das den Reis noch stärker duften lässt.

Sollte die Oberfläche des Reises am Ende der Garzeit trocken sein, etwas warmes Wasser daraufspritzen und ein Stück Bananenblatt oder Pergamentpapier darauflegen. Den Topf noch einmal bei schwacher Hitze einige Minuten auf den Herd stellen. Danach sollte er auch an der Oberfläche gegart und feucht sein.

Geng guwa pla dtaeng Fisch-Curry mit Kokosmilch und Kurkuma

Die meisten Currys aus Thailands Süden werden mit reichlich Kokoscreme zubereitet, und dieses Curry sollte scharf, salzig und ein wenig säuerlich sein. Wichtig ist, dass sich die Kokoscreme nicht absetzt, sondern mit der Paste eine Emulsion bildet. Anstelle von Schnapper kann man auch anderen Fisch und fast alle Meeresfrüchte verwenden. Ich halte Krebs für eine besonders reizvolle Alternative. Dazu reicht man Gurkenscheiben, Minzestängel und Koriandergrün, gegrillte Garnelen und Reis.

Zutaten

500 ml Kokosmilch (S. 213)
250 ml leichter Hühnerfond oder Wasser
2 Stängel Zitronengras, gequetscht
Zucker
4 EL Tamarindenwasser (S. 322)
4 EL Fischsauce (oder Fischsauce nach Geschmack)
200 g Filet vom Red Snapper oder 1 ganzer Red Snapper (400 g), ausgenommen und geschuppt
1 Handvoll zerzupfte Betelblätter (S. 342, nach Belieben)
120 ml Kokoscreme (S. 213)
5 Kaffir-Limettenblätter, in schmale Streifen geschnitten

Currypaste

6 getrocknete lange rote Chilischoten, eingeweicht und gehackt
3–4 getrocknete kleine rote Chilischoten
1 Prise Salz
einige Birdeye-Chilischoten
50 g gehacktes Zitronengras
4 EL gehackte rote Schalotten
2 ½ EL gehackter Knoblauch
1 schwach gehäufter EL gehackte frische rote (oder gelbe) Kurkuma (S. 209)
1 schwach gehäufter EL thailändische Garnelenpaste

Zuerst die Currypaste zubereiten (S. 217).

Kokosmilch und Fond oder Wasser in einem Topf vermischen und nach Hinzufügen des Zitronengrases zum Kochen bringen. Etwas Zucker, Tamarindenwasser und Fischsauce sowie 4 EL Currypaste dazugeben. 1 Minute köcheln lassen, dann den Fisch und, sofern verwendet, die Betelblätter hinzufügen; weiterköcheln lassen, bis der Fisch gar ist.

Das Gericht abschmecken und die Kokoscreme hineinrühren, dann mit den Limettenblättern bestreuen und servieren.

Für 4 Personen

salzig, sauer

Geng som plaa ling maa Saures Curry mit Glattbutt

Dies ist vielleicht das verbreitetste Thai-Curry überhaupt und es ist extrem wandlungsfähig. Man kann dafür fast alle Fische und Meeresfrüchte verwenden und viele andere
Gemüse hinzufügen wie Wasserspinat, Cha-om-Gras oder Frühlingszwiebeln. Traditionell wird es mit eingelegtem Ingwer, gepökeltem Rindfleisch, gedämpften Eiern und
natürlich Reis serviert.

Zutaten

500 ml leichter Hühnerfond oder Wasser
1 Prise Salz
250 g Filet von Glattbutt, Steinbutt, Seebarsch,
  Barramundi oder Merlan, in hübsche Rauten
  geschnitten (Reste aufbewahren)
1 Bund Choi sum (S. 342) oder anderes
  asiatisches Grüngemüse, in 3 cm lange
  Stücke geschnitten
2½–4 EL Tamarindenwasser (S. 322)
1 Prise weißer Zucker (nach Belieben)
2½ EL Fischsauce (oder mehr nach Belieben)
1 Prise Chilipulver (nach Belieben)
einige frittierte oder geröstete getrocknete,
  kleine oder lange rote Chilischoten (nach
  Belieben)

Saure Currypaste

3–4 getrocknete lange rote Chilischoten,
  eingeweicht und gehackt
2–3 getrocknete kleine rote Chilischoten
  (nach Belieben)
1–2 Birdeye-Chilischoten (nach Belieben)
1 Prise Salz
4 EL gehackte rote Schalotten
2 TL gehackte Korianderwurzel
1 schwach gehäufter EL thailändische
  Garnelenpaste

Zuerst die Currypaste zubereiten (S. 217).

Den Hühnerfond oder das Wasser mit dem Salz bei mittlerer Temperatur zum Kochen
bringen, dann auf schwache Hitze herunterschalten. Einen Teil der Fischreste in den
Topf geben und 5 Minuten pochieren. Mit einem Schaumlöffel herausheben. Gut
abtropfen und abkühlen lassen, dann im Mörser zu einer feinen Paste zerreiben. Die
Garflüssigkeit aufbewahren.

In einer Schüssel 1 gehäuften EL der Fischpaste mit 2½ EL Currypaste vermischen.

Die Garflüssigkeit durch ein Sieb gießen, wieder in den Topf geben und zum Kochen
bringen, dann den Choi sum hinzufügen. Auf schwache Hitze reduzieren und einige
Minuten köcheln lassen, bis der Kohl relativ weich ist. Mit Tamarindenwasser, Zucker
und Fischsauce abschmecken.

Die Pastenmischung unterrühren, auf starke Hitze hochschalten und alles etwa
1 Minute kochen lassen, dann die rautenförmigen Fischstücke dazugeben. Die
Temperatur herunterschalten und den Fisch 5–6 Minuten pochieren, bis er gar ist.

Chilipulver und frittierte Chilischoten hinzufügen. Das Gericht noch einmal abschmecken und servieren.

Für 4 Personen

**dünn, salzig,
sauer, scharf**

Krua gling neua Rindfleisch-Curry aus dem Süden

Dies ist wahrscheinlich das schärfste Curry, das es gibt – zumindest in Thailand. Es kommt aus der Region um die alte Stadt Nakhon Si Thammarat im Süden des Landes. Man kann für das Rezept auch Schweine- oder Hühnerfleisch verwenden, am beliebtesten ist jedoch Rindfleisch. Wenn das Fleisch nicht ganz mager ist, wird es beim Garen nicht zu trocken. Dennoch ist dieses Curry nicht fettig. Ein Teller mit rohem Gemüse und Kräutern ist eine willkommene kühlende Beilage für dieses scharfe Curry. In Thailand werden heimische Produkte wie Mangosprossen und Cashewnusskeimlinge dazu gegessen, zum Besänftigen westlicher Gaumen sind beispielsweise Salatgurken eine näher liegende Wahl.

Zutaten

300 g Rinderbrust oder Hochrippe
   mit etwas Fett
1 Prise Salz
500 ml leichter Hühnerfond
   oder Wasser
4 EL Pflanzenöl
1 ½–2 ½ EL Fischsauce
Palmzucker nach Geschmack
5 Kaffir-Limettenblätter, in Streifen
   geschnitten

Currypaste

35 g getrocknete kleine rote Chilischoten
20 Birdeye-Chilischoten
1 Prise Salz
60 g in Scheiben geschnittenes Zitronengras
2 ½ EL gehackter Galgant
2 TL gehackte Kaffir-Limettenzesten
90 g geschälte rote Schalotten
90 g geschälte Knoblauchzehen
1 TL gehackte frische rote (oder gelbe)
   Kurkuma
1 schwach gehäufter EL gemischte weiße
   und schwarze Pfefferkörner, gemahlen
1 schwach gehäufter EL thailändische
   Garnelenpaste

Zuerst die Currypaste herstellen (S. 217).

Das Fleisch in etwa 5 mm große Stücke schneiden, zusammen mit dem Salz in den Fond oder das Wasser geben, zum Kochen bringen und köcheln lassen, bis es gar ist. Das Fleisch abtropfen lassen, den Fond aufbewahren.

Das Öl in einer Pfanne erhitzen und die Currypaste darin etwa 5 Minuten braten, bis sie aromatisch duftet. Das Fleisch hinzufügen und noch einmal 10–15 Minuten garen, bis es ziemlich trocken ist. Während des Bratens kann das Curry mit etwas Fond befeuchtet werden, zum Schluss darf aber keine Flüssigkeit mehr vorhanden sein.

Das Gericht mit Fischsauce und etwas Palmzucker abschmecken, dann mit den Limettenblättern bestreuen und servieren.

Für 4 Personen

trocken, sehr scharf, salzig

Bpuu pat pong garee Pfannengerührter Krebs

Obwohl es sich bei diesem Gericht streng genommen nicht um ein Curry handelt, wird es in ganz Thailand gegessen, und da man es mit Currypulver zubereitet, hielt ich die Aufnahme in dieses Buch für gerechtfertigt. Die meisten Thai-Köche würden dafür fertiges Currypulver verwenden, und tatsächlich ist dies einer der wenigen Fälle, in denen gekauftes Pulver die bessere Wahl ist. An Straßenständen und am Strand bekommt man das Gericht nicht nur mit Krebs, sondern auch mit Garnelen, Kalmar und Seebarsch zubereitet. Dazu reicht man Reis und vielleicht gegrillten Fisch oder pfannengerührten chinesischen Brokkoli mit Austernsauce.

Zutaten

1 Krebs (etwa 1 kg)
1 Ei, leicht verquirlt
2 Knoblauchzehen, geschält
die gleiche Menge geschälter frischer Ingwer
1 Prise Salz
400 ml getrennte Kokoscreme (S. 213)
4 EL Currypulver
4 TL Fischsauce
1 winzige Prise Zucker

4 TL Reisessig
125 ml Kokoscreme (S.213)
125 ml Kokosmilch (S. 213)
1 kleiner Bund chinesischer Sellerie (etwa 30 g), geputzt und in 2 cm große Stücke geschnitten
½ kleine weiße Zwiebel, in Scheiben geschnitten
1 Handvoll gehackte Korianderblätter

Den Krebs mit dem Kopf voran in kräftig gesalzenes, sprudelnd kochendes Wasser geben. Nach einigen Sekunden ist er tot. Den Krebs herausheben und säubern, indem er aus der Schale ausgelöst wird, Corail und gelbliches Fleisch herausgeschabt und aufbewahrt wird, dann Schwanz und graue Kiemen entfernt werden. Den Krebs waschen und in acht Stücke teilen, die Scheren anknacken. Gelbliches Fleisch und Corail mit dem verquirlten Ei vermischen.

Knoblauch, Ingwer und Salz im Mörser zu einer groben Paste zerreiben. Einen Wok erhitzen und die getrennte Kokoscreme hineingeben. Wenn sie brutzelt, die Paste hinzufügen.

Sobald die Pastenmischung Farbe annimmt, die Krebsstücke dazugeben und einige Augenblicke bei mittlerer Hitze braten. Das Currypulver darüberstreuen und die Zutaten unter ständigem Rühren noch einige Augenblicke weitergaren. Wenn sie aromatisch duften, Fischsauce, Zucker und Essig hinzufügen.

Ungetrennte Kokoscreme und Kokosmilch sorgfältig unterrühren. Den Deckel auflegen und den Krebs köcheln lassen, bis er gar ist, dabei regelmäßig umrühren, damit die Stücke gleichmäßig garen.

Den Deckel abnehmen, die Temperatur heraufschalten und die Eimischung unterrühren. Weiterrühren, bis das Ei gestockt ist.

Das Gericht abschmecken. Sellerie und Zwiebelscheiben untermischen, das Gericht mit dem Koriander bestreuen und servieren.

Für 4 Personen

aromatisch, nahrhaft, salzig

Geng lao ubon rachtani Schweinefleisch-Curry mit Senfkohl

Dieses Curry kommt aus dem Nordosten des Landes. Die dominanten Aromen steuern *Pla raa* (fermentierter Fisch), pfeffriger Senfkohl, Schweinefleisch und Dill bei. Dill ist in dieser Region recht gebräuchlich und wird *Pak chii lao* (laotische Petersilie) genannt. Das Curry kann, je nach den Vorlieben des Kochs, sehr scharf, aber auch mild sein. Gewöhnlich ist es aber höllisch scharf. Der Nordosten ist eine arme Gegend, und die meisten Speisen sind stark gewürzt, weil die Mahlzeiten hauptsächlich aus Reis und sehr wenig Curry bestehen. Zum Schweinefleisch gibt es zahlreiche Alternativen. Ideal sind nahrhafte Süßwasserfische wie Karpfen oder Aal. Eine weitere Möglichkeit ist Ente oder Huhn – beide hackt man mit Knochen und Innereien in Stücke. Anstelle von selbst zubereiteter fermentierter Fischsauce (rechte Seite) kann man auch normale Fischsauce verwenden. Dann aber geht viel von dem Charakter dieses Currys verloren und es ist nicht mehr von Currys aus den zentralen Ebenen zu unterscheiden.

Zutaten

2 ½ EL Schweineschmalz oder Öl, bei der
   Verwendung von Schweinebauch weniger
150 g Schweinebauch oder Schweinerippe
   ohne Knochen, in Scheiben geschnitten
500 ml leichter Hühnerfond oder Wasser
5 EL Nam pla raa (rechte Seite)
100 g verlesene Erbsenauberginen
200 g Senfkohl, in Streifen geschnitten
20 g Dill, grob gehackt

Currypaste

10–15 getrocknete rote Chilischoten,
   eingeweicht und gehackt
einige kleine getrocknete rote
   Chilischoten
½ TL Salz
1 schwach gehäufter EL gehackter
   Galgant
1 schwach gehäufter EL gehacktes
   Zitronengras
1 schwach gehäufter EL gehackte rote
   Schalotten
1 schwach gehäufter EL gehackter
   Knoblauch

Zuerst die Currypaste zubereiten (S. 217).

Schmalz oder Öl in einem schweren Topf oder Wok erhitzen. 2 ½ EL Currypaste hinzufügen und garen, bis sie aromatisch duftet. Das Fleisch dazugeben und bei mittlerer Temperatur einige Minuten garen, bis die Paste eine tiefere Färbung annimmt. Falls nötig etwas Fond oder Wasser zugießen, damit die Paste nicht ansetzt und anbrennt.

Nam plaa raa und den restlichen Fond oder das restliche Wasser dazugeben und das Fleisch sanft köcheln lassen, bis es weich ist. Falls das Curry während des Garens zu trocken wird, weiteren Fond oder Wasser hinzufügen.

Auberginen und Senfkohl dazugeben und den Topfinhalt noch einmal etwa 10 Minuten köcheln lassen, bis das Gemüse gar ist. Zum Schluss den Dill untermischen.

Das Curry abschmecken und servieren.

Für 4 Personen

**scharf,
salzig,
aromatisch**

Nam pla raa Fermentierte Fischsauce

Zutaten

3 Stängel Zitronengras
5 rote Schalotten
3 Korianderwurzeln oder 1 Handvoll
   Korianderstängel
200 g fermentierter Fisch (Pla raa)
1 ganze Kaffir-Limette oder mehrere
   Kaffir-Limettenblätter
10 Scheiben Galgant

Zitronengras, Schalotten und Korianderwurzeln quetschen. Mit allen anderen Zutaten in einem Topf vermischen und mit 500 ml Wasser bedecken. Die Mischung zum Kochen bringen und mindestens 10 Minuten köcheln lassen, bis sich der Fisch vollkommen aufgelöst hat.

Die Sauce durch ein Sieb gießen und abkühlen lassen. In einem luftdicht verschlossenen Behälter hält sie sich im Kühlschrank praktisch unbegrenzt.

Ergibt etwa 500 ml

Geng bpaa gai Dschungel-Curry mit Hähnchen und Gemüse

Ein Dschungel-Curry ist ein rustikales Curry, das sich einfach zubereiten lässt und kräftig schmeckt. Kokosmilch wird dafür nie verwendet, stattdessen bildet eine rote oder grüne Currypaste die Basis. Das Gericht gibt es in vielen Varianten. Dazu kann man eingelegte rote Schalotten und getrockneten Fisch oder getrocknete Garnelen servieren.

Zutaten

200 g entbeinte Hühnerschenkel oder Hühnerbrust, gehäutet (nach Belieben)
2 Apfelauberginen
1 ½ EL Pflanzenöl
2 ½ EL Fischsauce
250–300 ml leichter Hühnerfond
2 gehäufte EL verlesene Erbsenauberginen
2 gehäufte EL in 2 cm große Stücke geschnittene Spargelbohnen (S. 343)
3 Maiskölbchen, in Stücke geschnitten
ein wenig in Scheiben geschnittene gegarte Bambussprossen (nach Belieben)
3 Stück Fingerwurz, in feine Streifen geschnitten (S.209)
1 lange grüne Chilischote, schräg in dünne Scheiben geschnitten
2 Kaffir-Limettenblätter, zerzupft
1 Handvoll Tulsi-Blätter (S. 210)
3 Stiele frische grüne Pfefferkörner

Rote Currypaste

10 getrocknete rote Chilischoten, entkernt, eingeweicht und gehackt
3–4 getrocknete kleine rote Chilischoten, eingeweicht und gehackt
einige Birdeye-Chilischoten (nach Belieben)
1 große Prise Salz
2 TL gehackter Galgant
2 ½ EL gehacktes Zitronengras
1 schwach gehäufter EL gehackte Fingerwurz (S. 209)
1 TL gehackte Korianderwurzel
1 TL gehackte Kaffir-Limettenzesten
2 ½ EL gehackte rote Schalotten
2 ½ EL gehackte Knoblauchzehen
1 TL thailändische Garnelenpaste

Knoblauch-Chili-Paste

2 Knoblauchzehen, geschält
1 Prise Salz
3 Stück Fingerwurz (S. 209)
3–5 Birdeye-Chilischoten

Für 4 Personen

scharf, salzig

Das Fleisch in etwa 2 cm große und 0,5 cm dicke Stücke schneiden. Die Auberginen in jeweils 6 Stücke schneiden und in Salzwasser legen, damit sie sich nicht verfärben.

Die Currypaste zubereiten (S. 217). Für die Knoblauch-Chili-Paste alle Zutaten im Mörser zerreiben. Das Öl in einem Wok oder schweren Topf sehr heiß werden lassen und die Knoblauch-Chili-Paste darin bei hoher Temperatur braten, bis sie goldbraun wird und beinahe verbrennt. Rasch 2 ½ EL Currypaste hinzufügen und die Pasten weiterbraten, bis sie stark aromatisch duften, dabei rühren, damit sie nicht anbrennen.

Mit der Fischsauce würzen. Den Fond dazugeben und zum Kochen bringen. Fleisch und Auberginen untermischen und etwa 1 Minute köcheln lassen, bis sie gar sind.

Sämtliche restlichen Zutaten hinzufügen und einige Momente köcheln lassen. Das Curry abschmecken und servieren.

Geng taepo Rotes Curry mit Austernpilzen und Tofu

Dies ist ein säuerliches, rustikales Curry aus der Landesmitte. Recht häufig wird bei diesem Gericht ein Stück Süßwasserfisch oder Schweinefleisch geköchelt, man kann es aber, wie hier, auch rein vegetarisch genießen. Wasserspinat ist ein in ganz Asien verbreitetes und das ganze Jahr über beliebtes Gemüse mit langen, knackigen Stängeln und lanzettähnlichen Blättern, das manchmal verheißungsvoll als Zierde des Morgens bezeichnet wird, mitunter aber auch den wenig verlockenden Namen Sumpfkohl trägt.

Zutaten

120 ml getrennte Kokoscreme (S. 213)
1 schwach gehäufter EL Palmzucker
1 Prise Salz
2 TL helle Sojasauce
etwa 2 ½ EL Tamarindenwasser (S. 322)
500 ml Kokosmilch (S. 213)
200 g Austernpilze
220 g weicher Tofu
100 g Wasserspinat, in 3 cm lange Stücke
geschnitten
7 Kaffir-Limettenblätter
2 kleine Kaffir-Limetten, halbiert und
entkernt

Rote Currypaste

5–10 große getrocknete Chilischoten,
entkernt, eingeweicht und gehackt
1 Prise Salz
4 EL gehacktes Zitronengras
6 Scheiben Galgant
2 ½ EL gehackte Fingerwurz (S. 209)
1 schwach gehäufter EL gehackte
Korianderwurzel
2 ½ EL gehackte rote Schalotten
2 ½ EL gehackter Knoblauch
1 TL geröstete Koriandersamen

Zuerst die Currypaste zubereiten (S. 217).

In einem Topf 2 ½ EL Currypaste in der getrennten Kokoscreme köcheln lassen, bis sie aromatisch duftet. Palmzucker, Salz, Sojasauce und Tamarindenwasser untermischen. Die Kokosmilch dazugeben und zum Kochen bringen, dann Austernpilze, Tofu, Wasserspinat und Limettenblätter hinzufügen.

Die Limetten auspressen und mit dem Saft in den Topf geben. Den Topfinhalt köcheln lassen, bis die Pilze und der Wasserspinat gar sind. Das Curry abschmecken und servieren.

Für 4 Personen

**sauer,
salzig,
scharf, süß**

< Ein Pandanusbaum

Geng panaeng nuea Rotes Rindfleisch-Curry mit Erdnüssen

Panaeng-Currys sind nahrhaft und dick und duften nach Erdnüssen, Kreuzkümmel und Muskatnuss. Sie sind fester Bestandteil der Thai-Küche und wurden, vermutlich im Süden des Landes, von Muslimen erfunden. Für diese Art Curry wird am häufigsten Rindfleisch verwendet, alternativ auch Hühnerfleisch und Garnelen. Eine vegetarische Variante kann mit langen grünen Auberginen zubereitet werden. Die Currypaste muss mindestens 10 Minuten garen, damit sie ihr Aroma richtig entfaltet. In manchen Gegenden Thailands isst man eine süßere Version dieses Currys, die auf westliche Gaumen sehr befremdlich wirken kann. Auch für diese Variante hier wird Zucker verwendet, aber in Maßen. Fügen Sie zunächst nur die Hälfte der angegebenen Menge hinzu, probieren Sie und falls gewünscht, geben Sie noch mehr hinzu. Zu dem Curry reicht man natürlich gedämpften Reis und vielleicht gedämpften Fisch oder Jakobsmuscheln, außerdem passen eingelegter Ingwer oder eingelegte Schalotten dazu.

Zutaten

300 g Rinderhesse oder Dünnung, vom Fett befreit
etwa 1 l Kokosmilch (S. 213) oder Fond
1 Pandanusblatt (S. 343; nach Belieben)
2–3 Thai-Lorbeerblätter (S. 210) oder Kardamomblätter (nach Belieben)
Thai-Basilikumstängel (nach Belieben)
Salz

Currypaste

6–12 getrocknete lange rote Chilischoten, entkernt, eingeweicht und gehackt
1 schwach gehäufter EL gehackter Galgant
2 ½ EL gehacktes Zitronengras
1 TL gehackte Kaffir-Limettenzesten
1 TL gehackte Korianderwurzel
2 ½ EL gehackte rote Schalotten
4 EL gehackter Knoblauch
1 TL thailändische Garnelenpaste
2 TL Koriandersamen, geröstet

1 ½ TL Kreuzkümmelsamen, geröstet
1 große Prise frisch gemahlener weißer Pfeffer
1 TL frisch geriebene Muskatnuss
2 ½ EL geröstete Erdnüsse

Curry

120 ml getrennte Kokoscreme (S. 213)
1 große Prise frisch geriebene Muskatnuss
2–3 EL Palmzucker (nach Geschmack)
3–4 EL Fischsauce (nach Geschmack)
150 ml Kokosmilch (S. 213)
Chilipulver (nach Belieben)
2 Kaffir-Limettenblätter, zerzupft
2 lange rote oder grüne Chilischoten, entkernt und schräg in dünne Scheiben geschnitten
1 große Handvoll Thai-Basilikumblätter

Für 4 Personen

nahrhaft, salzig, würzig, leicht süß

Das Fleisch in einen Topf mit kaltem Salzwasser legen und zum Kochen bringen, dann abtropfen lassen und abspülen. Kokosmilch oder Fond in einen großen Topf geben und zum Kochen bringen. Fleisch, Pandanusblatt, Lorbeerblätter und Basilikumstängel sowie Salz nach Geschmack dazugeben. Das Fleisch bei schwacher Hitze etwa 1 Stunde garen, bis es weich ist. Falls nötig noch Kokosmilch oder Fond hinzufügen. In der Zwischenzeit die Currypaste zubereiten (S. 217).

Das Fleisch aus der Garflüssigkeit nehmen und abkühlen lassen. Die Garflüssigkeit aufbewahren. Das Fleisch quer zur Faser in etwa 1,5 cm große und 0,5 cm dicke Stücke schneiden.

Für das Curry die Kokoscreme bei mittlerer Temperatur erhitzen. 4 EL Currypaste und die Muskatnuss hinzufügen und die Paste mindestens 10 Minuten garen, dabei häufig umrühren, damit sie nicht ansetzt. Den Palmzucker dazugeben und nach etwa 1 Minute die Fischsauce.

Etwas Kokosmilch unterrühren (es kann auch ein wenig von der Garflüssigkeit des Fleisches hinzugefügt werden). Immer nur wenig Kokosmilch dazugeben und mindestens 5 Minuten einkochen lassen – je länger, desto besser, da so die Paste ihr Aroma entfaltet und eine gute Trennung erfolgt, die für dieses Curry typisch ist. Möglicherweise muss etwas Chilipulver und noch eine Prise Muskatnuss hinzugefügt werden, damit das Curry würzig genug wird.

Das Fleisch dazugeben und einige Minuten köcheln lassen, dann mit den restlichen Zutaten garnieren und servieren.

Geng sapparot hoi malaeng puu Miesmuschel-Curry

Dieses Curry kommt aus Phetchburi, einer blühenden Provinz südwestlich von Bangkok. Für das traditionelle Rezept wird der Corail eines speziellen Krebses verwendet, der einen sehr festen Rogen besitzt. Leichter erhältliche Alternativen sind Garnelen, Venusmuscheln, Schweinefleisch, Huhn oder, wie hier, Miesmuscheln. Manche Köche nehmen die Muscheln aus der Schale und garen sie direkt im Curry. Dazu reicht man gedämpften Reis und vielleicht gedämpfte und gesalzene Enteneier, gepökeltes Rindfleisch oder gepökeltes Schweinefleisch. Sollte die Ananas zu grün oder zu reif sein, wäscht man sie kurz in Salzwasser, um die Schärfe bzw. Süße zu mildern.

Zutaten

120 ml getrennte Kokosmilch (S. 213)
2–2 ½ EL Palmzucker (nach Geschmack)
2 ½ EL Fischsauce
2–2 ½ EL Tamarindenwasser (S. 322)
500 ml Kokosmilch (S. 213)
300 g fein gehackte Ananas
300 g Miesmuscheln, gebürstet und
    entbartet
3 Kaffir-Limettenblätter, zerzupft
1 lange rote oder grüne Chilischote
    (falls gewünscht entkernt), schräg in dünne
    Scheiben geschnitten

Currypaste

10 große getrocknete rote Chilischoten,
    eingeweicht und gehackt
3 gehäufte EL rote Birdeye-Chilischoten
1 Prise Salz
2 ½ EL gehackter Galgant
5 EL gehacktes Zitronengras
2 TL fein gehackte Kaffir-Limettenzeste
1 TL gehackte Korianderwurzel
5 EL gehackter Knoblauch
2 ½ EL gehackte rote Schalotten
1 schwach gehäufter EL thailändische
    Garnelenpaste

Zuerst die Currypaste zubereiten (S. 217).

Die getrennte Kokoscreme in einem Topf bei mittlerer Temperatur erhitzen. 4 EL Currypaste hinzufügen und braten, bis sie aromatisch nach Fisch duftet. Dies kann bis zu 10 Minuten dauern, erheblich länger als bei einem normalen roten Curry.

Palmzucker und Fischsauce (nicht zu viel, da die Muscheln auch salzig sind) dazugeben, dann das Tamarindenwasser. Die Paste nach Hinzufügen des Tamarindenwassers nur noch etwa 1 Minute garen, da sie andernfalls angebrannt schmeckt.

Die Kokosmilch untermischen, dann Ananas und Muscheln. Den Topfinhalt köcheln lassen, bis sich die Muscheln geöffnet haben, dabei regelmäßig umrühren. (Geschlossene Muscheln wegwerfen.)

Limettenblätter und Chilischote dazugeben. Das Curry abschmecken und servieren.

Für 4 Personen

**salzig,
rauchig,
süß, sauer**

Ngob pla dtaa dtiaw Gegrilltes Heilbutt-Curry

Dies ist die veredelte Variante eines einfachen Currys, wie man es auf Märkten bekommt. Die Currypaste gart man hier in reichlich Kokoscreme, damit der Fisch nicht trocken wird. Frisch geraspelte Kokosnuss verleiht dem Curry Substanz. Man kann fast jeden Fisch verwenden, ebenso alle Schaltiere. Als Beilage genügt gedämpfter Reis vollkommen, obwohl auch eine Suppe oder ein Salat gut dazu schmecken. Die Bananenblätter, in denen das Curry gegrillt wird, verleihen ihm einen angenehm bitteren Geschmack und eine hübsche Kruste.

Zutaten

1–2 große Bananenblätter
250 ml getrennte Kokoscreme (S. 213)
70 g Thai-Basilikumblätter
6–10 Kaffir-Limettenblätter, in schmale Streifen geschnitten
250 ml Kokoscreme (S. 213)
4 gehäutete Heilbuttfilets, (je 180 g)

Rote Currypaste

6–10 getrocknete rote Chilischoten, eingeweicht und gehackt
einige Birdeye-Chilischoten
1 Prise Salz
4 EL gehackter Knoblauch
5 EL gehackte rote Schalotten

4 EL gehacktes Zitronengras
1 schwach gehäufter EL Galgant
1 TL gehackte Kaffir-Limettenzesten
1 TL gehackte Korianderwurzel
1 TL thailändische Garnelenpaste
1 große Prise frisch gemahlener weißer Pfeffer
1 große Prise frisch gemahlene Muskatblüte (nach Belieben)

Kokosmischung

120 ml getrennte Kokoscreme (S. 213)
2 ½ EL Palmzucker
4 EL Fischsauce (oder nach Geschmack)
100 g frisch geraspelte Kokosnuss
120 ml Kokoscreme (S. 213)

Zuerst die Currypaste zubereiten (S. 217).

Für die Kokosmischung 5 EL Currypaste in der getrennten Kokoscreme bei mittlerer Hitze garen, bis sie aromatisch duftet. Palmzucker und Fischsauce hinzufügen. Die geraspelte Kokosnuss dazugeben und die Zutaten köcheln lassen. Soviel frische Kokoscreme und/oder Wasser dazugeben, dass die Kokosraspeln feucht bleiben. Das Wasser sorgt dafür, dass die Kokosnuss vollkommen gegart und die Mischung genügend ölig wird.

Den Topfinhalt köcheln lassen, bis das Wasser verdampft und die Mischung wirklich ölig ist. (Die Kokosmischung kann im Voraus zubereitet werden und hält sich im Kühlschrank mehrere Tage. Beim Wiedererhitzen etwas Wasser dazugeben und die Mischung solange köcheln, bis sie wieder ölig ist.)

Den harten Rand des Bananenblattes bzw. der Blätter sowie gelbe Stellen entfernen. Das Blatt in acht Stücke schneiden, vier mit etwa 14 cm Breite, vier mit etwa 20 cm

Für 4 Personen

nahrhaft, nussig, salzig, scharf

Breite. Die Stücke auf beiden Seiten säubern. Jeweils ein kleineres Stück auf ein größeres legen mit den glänzenden Seiten nach außen.

Auf eine Hälfte jedes inneren Blattstückes etwas getrennte Kokoscreme streichen, dann einige Basilikumblätter darüberstreuen. Eine Schicht Kokosmischung daraufstreichen, dann Schichten aus kleinen Mengen Thai-Basilikum, Limettenblättern und frischer Kokoscreme daraufgeben. Den Fisch daraufsetzen und die Schichten in umgekehrter Reihenfolge wiederholen.

Die andere Hälfte der inneren Blattstücke über die Füllung legen, dann die äußeren Blattstücke fest um die Füllung aufrollen. Jedes Päckchen mit mindestens 3 Zahnstochern zusammenstecken.

Die Päckchen, abhängig von der Hitze, für bis zu 30 Minuten auf den Grill legen, dabei gelegentlich wenden. Die äußeren Blätter verkohlen, die inneren Blätter werden zum Servieren benutzt.

THAILAND

Hor mok hoi shenn Curry von gedämpften Jakobsmuscheln

Miesmuscheln, Venusmuscheln, Garnelen und die meisten Fische sind gute Alternativen zu den hier verwendeten Jakobsmuscheln. Traditionell wird die Kokoscreme in einer Richtung nach und nach untergerührt, damit sie sich während des Garens nicht trennt. Ich bin nicht sicher, ob es wirklich wichtig ist, in einer Richtung zu rühren, in jedem Fall aber sollte die Creme langsam hinzugefügt werden. Zudem muss sie Zimmertemperatur haben und es muss Kokoscreme sein, denn die dünnere Kokosmilch enthält zu viel Wasser, wodurch sich die Mischung leicht trennt. Bei einigen Varianten dieses Rezepts wird anstelle des pürierten Fischs eine Mischung aus frischer Kokoscreme, Currypaste und Eiern verwendet, die behutsam gedämpft werden muss. Normalerweise gart man das Curry in Bananenblättern, manchmal auch in einer grünen Kokosnuss. Ich habe hier Schalen von Jakobsmuscheln benutzt. Für eine komplette Mahlzeit reicht man dazu Reis.

Zutaten

50 g weißfleischiges Fischfilet, etwa Steinbutt oder Seebarsch
120 ml Kokoscreme (S. 213), kühl, aber nicht kalt
1½–3 EL Fischsauce
1 Prise Zucker (nach Belieben)
1 kleines Ei
5 Kaffir-Limettenblätter, in schmale Streifen geschnitten
4 mittelgroße bis große Jakobsmuscheln ohne Corail, je in 3 Stücke geschnitten
4 Jakobsmuschelschalen, zum Säubern mehrere Minuten in stark gesalzenem Wasser gekocht
1 Handvoll Thai-Basilikumblätter
1 Noniblatt (Baiyor), in sehr schmale Streifen geschnitten (nach Belieben, S. 342)
einige schmale Streifen rote Chilischote
einige Korianderblätter

Rote Currypaste

6–8 getrocknete rote Chilischoten, eingeweicht und gehackt
1 Prise Salz
2½ EL gehackter Knoblauch
4 EL gehackte rote Schalotten
4 EL gehacktes Zitronengras
1 schwach gehäufter EL gehackter Galgant
1 TL gehackte Kaffir-Limettenzeste
1 TL gehackte Korianderwurzel
2 TL thailändische Garnelenpaste
1 große Prise frisch gemahlener weißer Pfeffer

Angedickte Kokoscreme

1 große Prise Reismehl
5 EL Kokoscreme (S. 213)
1 Prise Salz (nach Belieben)

Für 4 Personen

nahrhaft, salzig, leicht scharf

Zuerst die Currypaste zubereiten (S. 217).

Den Fisch im Mixer pürieren, dann durch ein Sieb streichen. 4 EL Currypaste mit dem Fischpüree vermischen. Die Kokoscreme nach und nach behutsam und sorgfältig in einer Richtung unterrühren. Diese »Mousse« mit Fischsauce und Zucker abschmecken und zum Schluss das Ei hineinrühren. Die Masse sollte recht klebrig, salzig und leicht scharf sein und seidig glänzen. Den Großteil der Limettenblattstreifen mit den Jakobsmuscheln in die Mousse rühren, den Rest als Garnitur beiseite legen.

Die Muschelschalen großzügig mit Basilikumblättern auslegen, dann, sofern verwendet, die Baiyor-Streifen daraufgeben. Die Mousse in die Schalen schöpfen und in einem Dämpfeinsatz bei sanfter Hitze etwa 15 Minuten garen, bis sie etwas fester geworden ist, aber nicht übergaren, da sie sich sonst trennt.

In der Zwischenzeit für die angedickte Kokoscreme das Reismehl mit 1 EL Kokoscreme verrühren. Die restliche Kokoscreme zum Kochen bringen und die Reismehlmischung unterrühren. Die Sauce, falls gewünscht, salzen und nötigenfalls durch ein feines Sieb streichen, um Klümpchen zu entfernen.

Die Sauce auf das Curry schöpfen und das Curry mit den restlichen Limettenblattstreifen, der Chilischote und den Korianderblättern garnieren und servieren.

Geng gwio warn yord maprao Grünes Kokosherzen-Curry

Grüne Currys bieten sich für viele Variationen an. In der Thai-Küche enthalten sie meist Fleisch, Geflügel oder Fisch. Aber im buddhistischen Thailand gibt es auch eine starke vegetarische Tradition. Zu bestimmten Zeiten verzichten alle Thais auf Fleisch, einmalig entweder, um eines bestimmten Ereignisses zu gedenken, oder regelmäßiger etwa einmal in der Woche oder einen ganzen Monat lang. Kokospalmenherzen sind ein ideales Gemüse für ein Curry und wunderbar knackig. Aber da man sie nur schwer bekommt, kann man als Ersatz Maiskölbchen, asiatische Auberginen oder sogar Kürbis verwenden. Achten Sie lediglich darauf, dass das Curry reichlich Thai-Basilikum enthält, um den Geschmack abzurunden, und dass am Ende der Garzeit etwas Kokosnussöl auf seiner Oberfläche schimmert.

Zutaten

5 EL getrennte Kokoscreme (S. 213)

150 g in hübsche Stücke geschnittene Kokospalmenherzen (S. 210)

4–5 Maiskölbchen, längs halbiert

2 ½ EL Fischsauce (oder Fischsauce nach Geschmack)

500 ml Kokosmilch (S. 213)

einige verlesene Erbsenauberginen (nach Belieben)

3 Kaffir-Limettenblätter, zerzupft

3 junge grüne Chilischoten, entkernt und schräg in dünne Scheiben geschnitten

1 Handvoll Thai-Basilikumblätter

Grüne Currypaste

1 gehäufter EL Birdeye-Chilischoten

1 lange grüne Chilischote, entkernt

1 Prise Salz

1 schwach gehäufter EL gehackter Galgant

2 ½ EL gehacktes Zitronengras

1 TL gehackte Kaffir-Limettenzeste

1 TL gehackte Korianderwurzel

1 TL gehackte rote (oder gelbe) Kurkuma

2 ½ EL gehackte rote Schalotten

2 EL gehackter Knoblauch

1 TL gelbe Bohnenpaste

1 große Prise fein gemahlener weißer Pfeffer

Für 4 Personen

dünn, scharf, salzig

Zuerst die Currypaste zubereiten (S. 217).

Die Kokoscreme erhitzen. 4 EL Currypaste hinzufügen und bei hoher Temperatur 5 Minuten unter regelmäßigem Rühren braten. Während dieser Zeit Palmenherzen und Maiskölbchen hinzufügen. Die Zutaten garen, bis die Paste an Rührei erinnert und gegart riecht.

Das Curry mit Fischsauce abschmecken. Die Kokosmilch dazugeben und zum Kochen bringen, dann die restlichen Zutaten hinzufügen. Das Curry noch einmal abschmecken und servieren.

Geng gwio warn gung Grünes Garnelen-Curry mit Auberginen

Dieses Curry ist recht dünn und wird meist mit würzigem gepökeltem Rindfleisch serviert. Ganz wichtige Zutaten sind Kaffir-Limettenblätter, frische lange Chilischoten und Thai-Basilikum, die dem Gericht seinen typischen Geschmack verleihen. Auberginen werden nicht immer verwendet. Mitunter gibt man Brotfrucht, Mais oder Kokospalmenherzen hinein. Die Tradition schreibt vor, dass die Garnelen zu der bratenden Currypaste gegeben werden, aber ich meine, sie können dadurch übergart werden, da sie auch in der später hinzugefügten Kokosmilch noch weiterköcheln. Ich halte es für besser, die Garnelen zusammen mit dem Gemüse in das Curry zu geben. Anstelle von Garnelen kann fast jedes beliebige Fleisch und fast jeder beliebige Fisch verwendet werden. Robustere Sorten kann man mit der Paste braten.

Zutaten

5 EL getrennte Kokoscreme (S. 213)

2 ½ EL Kreung geng geng gwio warn (Currypaste, S. 217)

1 ½–3 EL Fischsauce (nach Geschmack)

250 ml Kokosmilch (S. 213) und/oder Hühner- oder Garnelenfond

3 Apfelauberginen, entstielt und in 6 Stücke geschnitten (vorbereitete Auberginen in Salzwasser legen, damit sie sich nicht verfärben)

100 g verlesene Erbsenauberginen

8–12 gute ungegarte Riesengarnelen, gesäubert und die Därme entfernt

3–4 Kaffir-Limettenblätter, zerzupft

3 junge grüne Chilischoten, entkernt und schräg in dünne Scheiben geschnitten

1 Handvoll Thai-Basilikumblätter

1 schwach gehäufter EL in Streifen geschnittene Fingerwurz (S. 209)

Für 4 Personen

dünn, salzig, scharf

Die Kokoscreme in einem Topf erhitzen. Die Currypaste hinzufügen und bei hoher Temperatur unter regelmäßigem Rühren etwa 5 Minuten braten, bis sie aromatisch duftet. Darauf achten, dass die Paste recht ölig wird.

Die Mischung mit Fischsauce abschmecken, dann Kokosmilch und/oder Fond hinzufügen und zum Kochen bringen. Apfel- und Erbsenauberginen dazugeben und einige Minuten köcheln lassen, anschließend die Garnelen hinzufügen. Die Zutaten köcheln lassen, bis sie gar sind.

Die restlichen Zutaten dazugeben. Das Curry vor dem Servieren etwa 1 Minute ruhen lassen. Auf dem Curry sollte getrennte Kokoscreme schimmern.

Geng gari fak tong Aromatisches Kürbis-Curry

Das hier beschriebene Currypastenrezept stammt aus einem sehr alten Kochbuch, das von dem renommierten Koch Thanpuying Pliang Pasonagorn Ende des 19. Jahrhunderts geschrieben wurde. Die zarten Gewürze machen die Paste ideal für ein vegetarisches Curry. Kürbis ist lecker, aber man kann für das Curry fast jedes Wurzelgemüse nehmen. Kartoffeln, Süßkartoffeln oder Daikon-Rettich sind eine gute Alternative. Dazu serviert man Gurken-Relish (rechte Seite). Dieses lässt die Aromen der verschiedenen Gewürze zur Geltung kommen und wertet das Curry auf.

Zutaten

1 l Kokosmilch (S. 213)

1 Prise Salz

200 g geschälter Kürbis, in mundgerechte Stücke geschnitten

120 ml getrennte Kokoscreme (S. 213)

1 schwach gehäufter EL Palmzucker

4 EL helle Sojasauce

4 rote Schalotten, in Scheiben geschnitten und frittiert (S. 211)

Ajad dtaeng gwa (Gurken-Relish, rechte Seite) zum Servieren

Aromatische Currypaste

4–5 getrocknete lange rote Chilischoten, entkernt, eingeweicht und gehackt

1 große Prise Salz

2 ½ EL gehacktes Zitronengras

1 schwach gehäufter EL gehackter Galgant

1 schwach gehäufter EL gehackte rote (oder gelbe) Kurkuma

2 TL gehackte Korianderwurzel

4 EL gehackte rote Schalotten

4 EL gehackter Knoblauch

2 ½ EL geröstete, gemahlene und gesiebte Samen von Langem Koriander (S. 322)

1 schwach gehäufter EL gemahlener weißer Pfeffer

Zuerst die Currypaste zubereiten (S. 217).

Die Kokosmilch mit dem Salz in einen mittelgroßen Topf geben und zum Kochen bringen. (Ich mische gern etwas Wasser unter, damit sich die Kokosmilch beim Garen des Kürbisses nicht trennt.) Den Kürbis hinzufügen und bei mittlerer Hitze etwa 10 Minuten köcheln lassen, bis er weich ist. Abtropfen lassen und beiseite stellen, die Kokosmilch aufbewahren.

Die getrennte Kokoscreme in einem kleinen Topf erhitzen. 4 EL Currypaste hinzufügen und bei mittlerer Temperatur etwa 5 Minuten braten, bis sie recht aromatisch duftet, dabei regelmäßig umrühren, damit sie nicht anbrennt. Palmzucker und Sojasauce untermischen, dann 250 ml der zum Garen des Kürbisses verwendeten Kokosmilch hineinrühren. Den Kürbis hinzufügen und falls nötig wieder erhitzen. Das Curry noch einmal abschmecken, dann mit den frittierten Schalotten garnieren und servieren. Dazu wird das Gurken-Relish gereicht.

Für 4 Personen

salzig, aromatisch

Aromatisches Kürbis-Curry

Ajad dtaeng gwa Gurken-Relish

Dieses beliebte süßsaure Relish bildet ein Gegengewicht zu vielen fettreichen Speisen.

Zutaten

5 EL Branntweinessig
1 schwach gehäufter EL Zucker
1–2 Korianderwurzeln
1 Knolle eingelegter Knoblauch mit etwa
  1 EL Einlegeflüssigkeit (nach Belieben)
1 Prise Salz
½ kleine Salatgurke, längs geviertelt
  und in Scheiben geschnitten

1 rote Schalotte, in dünne Scheiben
  geschnitten
1 schwach gehäufter EL in schmale Streifen
  geschnittener frischer Ingwer
einige schmale Ringe von einer kleinen
  langen roten Chilischote
ein paar Korianderblätter

Essig, Zucker, 6½ EL Wasser, Korianderwurzeln, Knoblauch, Einlegeflüssigkeit nach Belieben und Salz in einem kleinen Topf zum Kochen bringen. Wenn sich der Zucker aufgelöst hat, von der Kochstelle nehmen, abkühlen lassen und durch ein Sieb gießen. Die restlichen Zutaten in einer Servierschüssel vermischen und die Essigmischung darübergießen.

Für 4 Personen

Geng gari gai Aromatisches Curry mit Hähnchen und Kartoffeln

Dieses milde Curry muslimischen Ursprungs gehört zu den beliebtesten in der Thai-Küche und seine angenehme Würze hat ihm auch im Westen viele Freunde eingebracht. Die entscheidende Eigenschaft eines Gari-Currys ist die Verwendung der Gewürze. Häufig wird eine fertige Gewürzmischung genommen, in dieses alte Rezept aber kommt eine ganz spezielle Mischung. Klassische Zutaten sind Rindfleisch oder Hähnchen und ein stärkehaltiges Wurzelgemüse. Dazu Gurken-Relish (S. 245) reichen.

Zutaten

2 Hähnchenschenkel (insgesamt etwa 500 g)
750 ml Kokosmilch (S. 213)
1 Prise Salz
3–4 fest kochende Kartoffeln, geschält und geviertelt
120 ml getrennte Kokoscreme (S. 213)
1 schwach gehäufter EL Palmzucker
2 ½ EL Fischsauce (oder Fischsauce nach Geschmack)
4 cm chinesischer Zimt, geröstet
1 Prise gemahlener weißer Pfeffer
1 Prise Chilipulver
1 großzügiger EL Kokoscreme (S. 213)
4 rote Schalotten, in Scheiben geschnitten und frittiert (S. 211)
Ajad dtaeng gwa (Gurken-Relish, S. 245) zum Servieren

Aromatische Currypaste

3–4 getrocknete rote Chilischoten, entkernt, eingeweicht und gehackt
1 Prise Salz
2 ½ EL gegrillte und gehackte rote Schalotten
2 ½ EL gegrillter, gehackter Knoblauch
1 EL gehackter Galgant
2 EL gehacktes Zitronengras
1 TL gehackte Korianderwurzel
1 TL gehackte rote (oder gelbe) Kurkuma
Samen von 3–4 thailändischen Kardamomkapseln, geröstet
1 Prise weiße Pfefferkörner, geröstet
½ TL Koriandersamen, geröstet
½ TL Kreuzkümmelsamen, geröstet
1 große Prise Fenchelsamen, geröstet
4–5 Nelken, geröstet
2 Blättchen Muskatblüte, geröstet

Zuerst die Currypaste zubereiten (S. 217).

Die Hähnchenschenkel in Ober- und Unterschenkel teilen oder in 3 Stücke schneiden, dabei Fett entfernen. Die Kokosmilch mit dem Salz erhitzen. Die Hähnchenstücke hineingeben und etwa 30 Minuten pochieren, bis sie gar sind.

Die Kartoffeln waschen und in kochendem Salzwasser nicht zu weich garen; abtropfen lassen. In der Zwischenzeit die getrennte Kokoscreme erhitzen. 5 EL Currypaste hinzufügen und mindestens 5 Minuten braten, bis sie aromatisch duftet. Palmzucker und Fischsauce untermischen. Kellenweise die zum Garen des Hähnchenfleisch verwendete Kokosmilch dazugeben, bis eine Sauce mittlerer Dicke entstanden ist. Fleisch und Kartoffeln hinzufügen, zum Schluss den gerösteten Zimt. Abschmecken, häufig verbessern je 1 Prise weißer Pfeffer und Chilipulver den Geschmack. Die Kokoscreme darüberschöpfen, das Gericht mit den frittierten Schalotten bestreuen und servieren.

Für 4 Personen

nahrhaft, salzig, leicht würzig

Geng hang lae muu Schweinefleisch-Curry

Von diesem aus Myanmar eingewanderten Curry gibt es viele Varianten. Einige sind ziemlich salzig und enthalten nur wenige Gewürze und keinen Zucker. Dieses Curry aus Chiang Mai ist jedoch schwer, würzig und mit in Sirup eingelegtem Knoblauch gesüßt. Traditionell nimmt man dafür ein fettes und ein mageres Stück Schweinefleisch.

Zutaten

200 g Schweinebauch
200 g Schweinerippe, ohne Knochen
4 EL Pflanzenöl
etwa 16 rote Schalotten, geschält
250 g frischer Ingwer, grob in Streifen geschnitten
190 g eingelegter Knoblauch, die Zehen geschält und halbiert sowie
250 ml Knoblauch-Einlegesirup
75 g geröstete Erdnüsse (nach Belieben)
1 ½–3 EL Palmzucker (nach Geschmack)
5 EL Fischsauce
5 EL Tamarindenwasser (S. 322)
Fond oder Wasser

Currypaste Chiang Mai

10 getrocknete lange rote Chilischoten, entkernt, eingeweicht und gehackt
1 große Prise Salz
1 schwach gehäufter EL gehackter Galgant
8 EL gehacktes Zitronengras
2 ½ EL gehackter frischer Ingwer
1 schwach gehäufter EL gehackte rote (oder gelbe) Kurkuma
10 ½ EL gehackte rote Schalotten
8 EL gehackter Knoblauch
1 schwach gehäufter EL Koriandersamen, geröstet
2 TL Kreuzkümmelsamen, geröstet
3 Sternanis, geröstet
2 cm chinesischer Zimt, geröstet
4 Nelken, geröstet
Samen von 4 gerösteten thailändischen Kardamomkapseln (nach Belieben)

Zuerst die Currypaste zubereiten (S. 217).

Schweinebauch und Schweinerippe in 2 cm große Würfel schneiden. Ich blanchiere das Fleisch gern, ehe es in der Currypaste gegart wird, da es so weniger intensiv schmeckt. Dazu das Fleisch mit kaltem Wasser bedecken und das Wasser zum Kochen bringen, dann das Fleisch abtropfen lassen und abspülen.

Das Öl in einer großen, tiefen Pfanne erhitzen. 120 ml Currypaste dazugeben und braten, bis sie aromatisch duftet. Das Fleisch hinzufügen und mehrere Minuten köcheln lassen, dabei regelmäßig durchrühren, damit nichts anbrennt.

Schalotten, Ingwer, Knoblauch, Knoblauchsirup und, sofern verwendet, Erdnüsse dazugeben. Palmzucker, Fischsauce und Tamarindenwasser hinzufügen. Den Pfanneninhalt mit Fond oder Wasser bedecken und zum Kochen bringen, dann nach Reduzieren der Hitze etwa 1 Stunde köcheln lassen, bis das Fleisch weich ist.

Das fertige Curry ist recht ölig, aber so soll es auch sein. Das Gericht noch einmal abschmecken: Es sollte leicht süßsauer sein und nach Ingwer und Gewürzen duften.

Für 4 Personen

salzig, aromatisch, fettreich

Geng mussaman Muslimisches Enten-Kartoffel-Curry

Dies ist ein schweres, aromareiches Curry. Meist wird es mit Rindfleisch oder Hähnchen zubereitet, aber ich finde auch Ente passend. Wie bei den meisten Currys muslimischen Ursprungs sind die Fleischstücke weitaus größer als bei Currys buddhistischer Herkunft. Ente, Kartoffeln und Zwiebeln werden frittiert, damit sie dem Curry mehr Aroma geben und beim Schmoren nicht zerfallen. Ich mariniere das Fleisch gern kurz in Sojasauce, die ihm einen schönen Mahagoniton verleiht. Das Curry wird in reichlich getrennter Kokoscreme gegart, die die kräftige Gewürzmischung milder macht. Zum Schluss gibt man Fruchtsaft dazu, meist Yuzu-Saft, man kann aber auch pürierte und durch ein Sieb gestrichene Ananas verwenden.

Zutaten

300 g Entenschenkel oder Entenbrustfilets
4 TL dunkle Sojasauce
4 Kartoffeln, geschält, in Stücke geschnitten
Pflanzenöl zum Frittieren
8 Silberzwiebeln oder rote Schalotten, geschält
4 EL Erdnusskerne
500 ml Kokosmilch (S. 213)
1 große Prise Salz
1 Stück chinesischer Zimt (2 x 3 cm), geröstet
5 grüne Kardamomkapseln (S. 260), geröstet
4 Thai-Kardamomblätter, geröstet
500 ml getrennte Kokoscreme (S. 213)
250–325 g Palmzucker (nach Geschmack)
250 ml Tamarindenwasser (S. 322)
120 ml Fischsauce (oder Fischsauce nach Geschmack)
250 ml Ananassaft

Currypaste Mussaman

8–12 getrocknete rote Chilischoten
5 EL Koriandersamen
2 ½ EL Kreuzkümmelsamen
1 schwach gehäufter EL grüne Kardamomkapseln (S. 260)
5 Nelken
2 Stück chinesischer Zimt
2 Sternanis
150 g ungeschälte Schalotten
160 g ungeschälte Knoblauchzehen, nach Bedarf weniger
60 g gehacktes Zitronengras
5 EL gehackter Galgant
1 Prise Salz

Zuerst die Currypaste zubereiten. Chilischoten und alle Gewürze einzeln im Wok rösten. Die Samen aus den Kardamomkapseln lösen und mit den anderen Gewürzen mahlen. Die gemahlenen Gewürze sieben. Die restlichen Zutaten vermischen und im Wok rösten, bis sie gebräunt sind und aromatisch duften, dabei ein wenig Wasser hinzufügen, damit sie nicht verbrennen. Etwas abkühlen lassen. Schalotten und Knoblauch schälen. Die frischen Aromazutaten im Mörser pürieren, dann die gemahlenen Gewürze untermischen.

Die Entenschenkel von überschüssigem Fett befreien, häuten und in Stücke teilen; die Entenbrust würfeln. Das Fleisch kurz in der Sojasauce marinieren.

Die Kartoffeln unter fließend kaltem Wasser waschen, um überschüssige Stärke zu entfernen. Gut abtropfen lassen und trockentupfen. Das Öl in einem großen Wok erhitzen

Für 4 Personen

salzig, süß, sauer

und die Kartoffeln darin goldgelb frittieren. Herausnehmen und abtropfen lassen. Die Zwiebeln frittieren und abtropfen lassen. Das Fleisch goldbraun frittieren und abtropfen lassen. Zum Schluss die Erdnüsse frittieren und abtropfen lassen. Die frittierten Zutaten beiseite stellen.

Die Kokosmilch mit dem Salz in einem Topf zum Kochen bringen. Fleisch, Zimt, Kardamomkapseln und –blätter und frittierte Erdnüsse hinzufügen. (Die Kokosmilch sollte das Fleisch bedecken.) Das Fleisch köcheln lassen, bis es beinahe gar ist – Brust 10 Minuten, Schenkel 30 Minuten. Die Kartoffeln dazugeben und einige Minuten später die Zwiebeln. Den Topfinhalt köcheln lassen, bis alle Zutaten gerade gar sind.

In der Zwischenzeit in einem mittelgroßen Topf die getrennte Kokoscreme erhitzen und die Currypaste (etwa 500 g) hineingeben. Die Hitze reduzieren und die Mischung mindestens 10 Minuten köcheln lassen, dabei regelmäßig rühren, damit sie nicht anbrennt. Vorsicht, sie kann spritzen und ist sehr heiß. Die Paste garen, bis sie aromatisch duftet. Sollte sie nicht ölig genug sein, etwas von der Kokosmilch abgeschöpftes Entenfett hinzufügen. Palmzucker nach Geschmack untermischen. Das Curry weiter köcheln lassen, bis sich der Zucker auflöst und die Sauce sich dunkler färbt.

Das Tamarindenwasser, etwas später die Fischsauce und schließlich behutsam die Kokosmilch, in der das Fleisch gegart wurde, unterrühren, dann die Gewürze und schließlich Kartoffeln, Zwiebeln und Fleisch. Alles noch einmal einige Minuten köcheln lassen. Den Ananassaft hineinrühren. Das Curry abschmecken und einige Minuten stehen lassen, damit sich die Aromen entfalten können, dann servieren.

(FESTLAND) SÜDOSTASIEN

< Gemüseeinkauf
in Hanoi, Vietnam

Im Guten wie im Schlechten war es das Schicksal von Kambodscha, Laos und Vietnam, dass sich hier über Jahrhunderte hinweg die Wege von Kulturen und Armeen kreuzten. Soldaten, Kunsthandwerker, Eroberer und Köche durchquerten die Region und machten ihre Geschichte nicht zuletzt zu einer Geschichte künstlerischer und kulinarischer Höchstleistungen. Während Chinas erheblicher Einfluss auf die Region mit militärischer Dominanz erklärt werden kann, war der ebenso bedeutende Einfluss Indiens niemals militärischer Natur. Es scheint, dass die Südasiaten kamen, Handel trieben und kochten, aber nie kämpften.

Das Curry hat seine Wurzeln in würzigen Speisen, die bereits in sumerischen und mesopotamischen Texten erwähnt werden. Die Gelehrten sind sich einig, dass sich der Begriff »Curry« von dem tamilischen Wort *Kari* ableitet, das für Gewürze, Saucen und Eintöpfe steht, und vermutlich eine englische Verballhornung dieses Wortes ist, die erstmals im späten 16. Jahrhundert in europäischen Quellen auftaucht.

Currys müssen nicht scharf sein, und bei den dafür verwendeten Würzmischungen kann es sich um Pulver oder Pasten oder um beides handeln. In Europa erhält man Gewürzpulvermischungen, die in erster Linie aus Kurkuma, Kreuzkümmel, Koriander und Pfeffer bestehen, in Süd- und Südostasien aber ist die Palette viel bunter – hier können außerdem Chilischoten, Senfkörner, Zimt, Nelken, Anis, Fenchel, Muskatnuss, Muskatblüte, Bockshornklee, Lorbeerblätter, Mohn und Piment enthalten sein. In Kambodscha, Laos und Vietnam gibt man mitunter auch Zitronengras, Korianderwurzel und Galgant in Currys, die ihnen einen einzigartigen Geschmack verleihen.

Über die Gewürze hinaus ist auch die Palette an anderen Zutaten für Currys riesig; sie reicht von verschiedenen Gemüsesorten und frischem Fisch über kräftig gewürztes Geflügel bis hin zu weißem, seltener auch rotem Fleisch. Das Besondere an kambodschanischen, laotischen und vietnamesischen Currys ist, dass sie im Vergleich zu ihren indischen Verwandten relativ leicht sind. Sie sind aber auch noch auf andere Art einzigartig: Sie können cremig sein wie die Schnecken in Currycreme auf S. 268, sie können flüssig sein wie die Nudelsuppe von S. 278 oder sie können pfannengerührt sein und gar keine reichhaltige Kokossauce enthalten.

Anders als im übrigen Asien ist in dieser Region häufig nicht der Reis die Grundlage der Mahlzeiten. So reicht man zu Currys gern knuspriges Baguette, mit dem man die Sauce auftunken kann – ein Relikt aus der französischen Kolonialzeit. Bezeichnenderweise wurde das südostasiatische Baguette jedoch verändert. Es ist nur halb so lang und vielleicht etwas dicker als sein französischer Cousin und wird aus einer Mischung aus Weizen- und Reismehl hergestellt, die dem Brot eine lockerere Krume gibt.

In Kambodscha, Laos und Vietnam spielen Beilagen eine wichtige Rolle. Pfannengerührte Blattgemüse bilden ein Gegengewicht zu cremigen Currys, sorgen für kontrastierende Farben und Konsistenzen und liefern zusätzliche Vitamine und Mineralstoffe. Auch eingelegte Gemüse sind als Beilage beliebt. Mild gewürzt und in einer dünnen Lake helfen sie bei der Verdauung schwerer Speisen, sind durch ihre Knackigkeit eine ideale Ergänzung zu den geschmorten, weichen Zutaten und machen mit ihren leuchtenden Farben den Esstisch bunter.

Da Kühlung in weiten Teilen von Kambodscha, Laos und Vietnam praktisch ein Fremdwort ist, geht man gewöhnlich mehrere Male am Tag auf den Markt. In asiatischen Haushalten stehen, vor Sonne geschützt und mit einem Insektennetz abgedeckt, oft den ganzen Tag lang bei Zimmertemperatur Speisen auf dem Tisch, die nur darauf warten, gegessen zu werden. Selten werden sie bis zum nächsten Tag aufbewahrt.

In Indien und anderen südostasiatischen Ländern bilden die Grundlage der Mahlzeiten oft Milchprodukte, etwa Käse, Joghurt und Joghurtgetränke wie *Lassi*, um die Schärfe sehr würziger Currys zu mildern. In Kambodscha, Laos und Vietnam findet man solche Milchprodukte relativ selten; hier verwenden die Köche oft Kokosmilch und Kokoscreme, die den gleichen Effekt haben.

Insgesamt überraschen an den südostasiatischen Currys ihre Vielfalt, ihre zahlreichen Einflüsse und ihr beachtlicher Grad an kulinarischer Raffinesse. Die regionalen Unterschiede können fein sein wie etwa in Vietnam, aber auch so groß, dass man die Currys in unterschiedliche Kategorien einteilen kann, etwa wenn man laotische und kambodschanische Currys vergleicht. Die Gerichte in diesem Kapitel sind nicht nur gut gewürzt und immer interessant, sondern decken zudem ein Spektrum ab, das von mild bis extrem scharf, von einfach bis schwierig und von bitter bis süß reicht.

Corinne Trang

Eine würzige Grundlage herstellen >
Currypaste wird mit Palmzucker und
Hackfleisch unter Rühren goldbraun
gebraten.

Die Aromen des südostasiatischen Festlandes

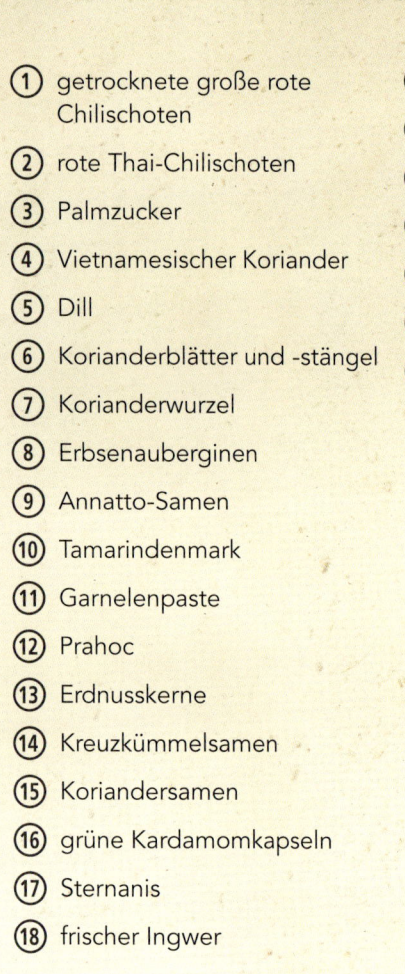

1. getrocknete große rote Chilischoten
2. rote Thai-Chilischoten
3. Palmzucker
4. Vietnamesischer Koriander
5. Dill
6. Korianderblätter und -stängel
7. Korianderwurzel
8. Erbsenauberginen
9. Annatto-Samen
10. Tamarindenmark
11. Garnelenpaste
12. Prahoc
13. Erdnusskerne
14. Kreuzkümmelsamen
15. Koriandersamen
16. grüne Kardamomkapseln
17. Sternanis
18. frischer Ingwer
19. Galgant
20. Kurkuma
21. Kaffir-Limettenblätter
22. Kaffir-Limette
23. Fingerwurz
24. Zitronengras
25. Thai-Basilikum

Die Grundzutaten

Nahrungsmittel, die früher als exotisch galten, sind uns heute durch das wachsende Interesse am Kochen, die Einführung von Internet und Onlineshopping und ein immer zunehmendes Angebot an Zutaten in Geschäften vor Ort immer vertrauter. Wo es einst nur Sojasauce gab, findet man heute Fischsauce, Tamarindenmark und frisches Zitronengras. Zudem hat sich der westliche Gaumen neu orientiert, und das so genannte Fusion Cooking verbreitet sich immer mehr. Die Aromen Südostasiens prägen diesen Trend ganz wesentlich. Mit den folgenden Zutaten können Sie zu Hause kambodschanische, laotische und vietnamesische Currys zubereiten.

Chilischoten

In Asien lernte man Chili nach den Reisen von Christoph Kolumbus im 15. Jahrhundert kennen. Die Spanier brachten mit Chili zubereitete Speisen nach Südasien, die von dort aus in andere Gegenden Asiens gelangten. Für die Currys dieser Region werden verschiedene Chilis verwendet, die von milden, süßlichen, großen roten Schoten bis hin zu Thai-Chilis und den winzigen, dünnen Bird- und Birdeye-Chilis reichen, die beide extrem scharf sind. Getrocknete große rote Chilis sind wichtiger Bestandteil von *Kroeung* (S. 264), der kambodschanischen Würzpaste.

Kaffir-Limette

Kaffir-Limetten werden wegen ihrer Fruchtschale und ihrer Blätter sehr geschätzt. Die bittere grüne Schale wird in Südostasien viel für Currypasten verwendet. Es gibt keinen wirklichen Ersatz, im Notfall kann man aber die Schale einer normalen Limette verwenden. Die duftenden Blätter schmecken intensiv nach Limette. Sie werden am besten frisch verwendet, tiefgefrorene Blätter sind aber auch gut. Vor dem Schneiden oder Hacken entfernt man die holzige Mittelrippe.

Galgant

Dieser Wurzelstock wird für Würzpasten verwendet hat einen einzigartigen Geschmack – weniger würzig als der des verwandten Ingwers, dafür zitrusartig. Galgant ist blassgelb, seine Schale ist bei jungen Rhizomen rötlich überhaucht. Am besten ist Galgant frisch oder tiefgefroren. Das Aroma von getrocknetem und gemahlenem Galgant ist weniger intensiv. Für Galgant gibt es keinen Ersatz.

Fingerwurz

In Südostasien heißt Fingerwurz oder Chinesischer Ingwer *Krachai*. Sein Rhizom sieht wie eine Knolle mit langen, schmalen Fingern oder Tentakeln aus. Er wird für Würzpasten und zum Aromatisieren von Suppen und Eintöpfen verwendet. Sein Geschmack ähnelt dem von Galgant. Er ist frisch, in Lake eingelegt oder als Pulver erhältlich, Letzteres hat oft aber wenig Geschmack.

Zitronengras

Zitronengras ist ein hohes gelbes bis hellgrünes Gras, das in der südostasiatischen Küche häufig Verwendung findet. Vor Gebrauch entfernt man, beginnend am Wurzelende, die harten äußeren Blätter. Von dem weichen Innenteil können etwa 20 cm benutzt werden. Für Würzpasten sollte Zitronengras zuerst im Mörser zerrieben werden, da das Zerkleinern der Fasern mühsam ist.

Tamarinde

Tamarinde dient als Säuerungsmittel für Speisen. Die ganze Frucht, die einer großen, braunen Bohnenhülse ähnelt, enthält ein pastenartiges Fruchtfleisch, Fasern und Samen. Am häufigsten ist Tamarindenmark im Block erhältlich; um Tamarindenwasser (S. 322) herzustellen, muss man es

Frischer Dill >

es einweichen. Dafür gibt man 4 EL Mark auf 250 ml lauwarmes Wasser. Der Tamarindenbaum ist im Osten Afrikas heimisch, wird heute aber in vielen Teilen der Welt kultiviert, auch in Asien.

Korianderwurzeln

Die Wurzeln des Korianders werden für Würzpasten verwendet, und da sie weiß sind, verfärben sie anders als Koriandergrün rote oder gelbe Currypasten nicht. Korianderwurzeln können mit kaltem Wasser bedeckt im Kühlschrank bis zu einer Woche aufbewahrt werden, man sollte das Wasser aber täglich erneuern.

Korianderblätter

Korianderblätter werden in ganz Asien frisch verwendet und haben einen blumigen, zitrusartigen Geschmack, der perfekt zu asiatischen Gerichten passt.

Thai-Basilikum

Dieses Basilikum ist dunkelgrün bis violett und schmeckt nach Lakritze. Frisch verwendet gibt es Suppen und pfannengerührten Speisen eine süße Note. Man kann es leicht selbst ziehen. Normales Basilikum ist ein schlechter Ersatz.

Vietnamesischer Koriander

Dieses Kraut hat schmale, spitze, meist blaugrüne Blätter und einen kräftigen blumigen Geschmack. Ersatz gibt es nicht. Man kann jedoch normalen Koriander verwenden, der zwar ganz anders, aber wenigstens asiatisch schmeckt.

Dill

In Laos und Vietnam wird Dill häufig verwendet, vor allem für Fisch und Meeresfrüchte. Er soll den Magen beruhigen und wird gegarten Gerichten meist frisch und in kleinen Mengen beigefügt.

Kurkuma

Kurkuma ist ein Wurzelstock mit brauner Schale und leuchtend orangegelbem Fleisch. Frische Kurkuma hat einen leicht erdigen, würzigen Geschmack. Meist ist Kurkuma in getrockneter, gemahlener Form erhältlich. Dieses Pulver verleiht Currys eine typische orangegelbe Farbe.

Annatto-Samen

Diese winzigen, rostroten, dreieckigen Samen werden zum Färben von Speisen und Stoffen verwendet. Sie sind ganz, gemahlen oder als Extrakt erhältlich.

Kardamom

Von Kardamom verwendet man entweder die ganzen grünen Kapseln oder die winzigen schwarzen Samen, die zu einem Pulver vermahlen werden. Kardamom hat einen einzigartigen Geschmack – er ist leicht bitter, aber dennoch süß. Neben grünem Kardamom gibt es auch noch ganzen schwarzen Kardamom, der milder schmeckt und größere Fruchtkapseln besitzt, von denen man aber nur die Samen verwenden kann.

Koriandersamen

Koriandersamen sind rund oder oval und etwa reiskorngroß. Sie werden ganz oder gemahlen angeboten.

Kreuzkümmelsamen

Dieses intensiv schmeckende Gewürz ist eine der wichtigsten Zutaten für asiatische Currypulver und andere Gewürzmischungen. Man röstet die Samen ohne Fett in der Pfanne und vermahlt sie dann zu einem feinen Pulver.

Sternanis

Die sternförmigen Früchte haben einen warmen, süßlichen, lakritzähnlichen Geschmack. In der asiatischen Küche finden sie vielfältige Verwendung.

Fischsauce

Fischsauce (*Nuoc mam*) wird aus einer besonderen Sardellenart hergestellt und ist in der Küche Südostasiens unverzichtbar. Zu ihrer Herstellung werden die Fische gesalzen, in Holzfässer geschichtet und drei Monate fermentiert. Dann presst man sie aus. Die gewonnene Flüssigkeit gießt man in große Fässer oder Keramikkrüge und lässt sie weitere zwölf Monate oder länger fermentieren. Die erste Pressung ist am besten und wird meist als Tischwürze verwendet. Für Fischsaucen minderer Qualität wird der Fisch noch einmal mit Salzwasser übergossen und weiter fermentiert. Diese Saucen, die ebenfalls gut schmecken, werden hauptsächlich zum Kochen oder zur Herstellung von Dips verwendet.

Prahoc

Diese einzigartige Fischpaste ist das A und O der kambodschanischen Küche. Ähnliche Fischpasten werden auch in Laos verwendet. Prahoc hat von allen in Südostasien aus fermentierten Fischen hergestellten Produkten den inten-

< Palmzucker

sivsten Geschmack. Die Paste wird aus verschiedenen zarten Süßwasserfischen hergestellt und erhält durch deren Haut eine hell- bis mittelgraue Farbe. Die beste Sauce wird aus grätenfreiem Fischfilet zubereitet, dem bei der Fermentierung auch Reis zugefügt werden kann.

Garnelenpaste

Garnelenpaste hat eine grauviolette Farbe, einen sehr salzigen Geschmack und einen intensiven Geruch. Kambodschanische Garnelenpaste, die nur in der Küstenregion Kampot hergestellt wird, ist in dieser Region die bevorzugte Würze für Currys, anderswo jedoch nur selten erhältlich. Aber in Malaysia, Indonesien und Thailand werden ausgezeichnete Varianten produziert, die als Ersatz dienen können. Bevor man Garnelenpaste in den Kühlschrank legt, wickelt man sie sorgfältig in mehrere Lagen Klarsichtfolie ein, damit sich ihr Geruch nicht auf andere Speisen überträgt.

Palmzucker

Palmzucker wird durch Kochen des Saftes der Kokospalme hergestellt.

Erbsenauberginen

Erbsenauberginen sind kaum größer als Erbsen und wachsen wie Weintrauben in Büscheln. Sie schmecken leicht bitter und sind gegart zwar weich, aber dennoch fest. Sie werden am besten frisch verarbeitet, da sie mit zunehmendem Alter immer bitterer werden. Die Früchte werden in ganz Südostasien verwendet.

Kokosnuss

Kokosmilch, Kokoscreme und Kokosöl sind in dieser Region wichtige Zutaten für Currys. Sie haben eine natürliche Süße und Schwere, die würzige Zutaten, speziell Chilis, mildern. Kokosmilch und Kokoscreme kann man selbst herstellen (S. 213).

Erdnüsse

Ungesalzene geröstete Erdnüsse werden in der asiatischen Küche häufig verwendet. Sie verleihen den Gerichten Biss und eine nussige Note und dicken sie zudem an.

Schweinefleisch

Schweinefleisch ist in Asien relativ preiswert und dient mitunter in Gemüse-, Fisch- und Meeresfrüchtegerichten zur Geschmacksverbesserung.

Schritt 1

Schritt 2

Getrocknete Chilischoten vorbereiten

Allgemein gilt, dass große, glatte Chilischoten weitaus weniger scharf als kleine, schrumpelige Schoten sind. Beide Sorten werden sowohl frisch als auch getrocknet verwendet. Getrocknete Schoten weicht man zunächst meist ein und entkernt sie eventuell, wenn man sie nicht so scharf möchte. Beim Vorbereiten von Chilis empfiehlt es sich, Gummihandschuhe zu tragen, da das in ihnen enthaltene Capsaicin Hautreizungen hervorrufen kann. Nach der Verarbeitung der Chilischoten sollte man die Hände gründlich mit Wasser und Seife waschen.

Schritt 1
Die Chilischoten in eine Schüssel mit lauwarmem Wasser legen und einen kleinen Teller darauf setzen, damit sie unter Wasser bleiben. Die Chilis stehen lassen, bis sie weich sind (dies kann, je nach Größe der Schoten, 15–30 Minuten dauern).

Schritt 2
Die Chilischoten abtropfen lassen und mit Küchenpapier trockentupfen. Die Schoten öffnen, dann Stiele, Scheidewände und Samen entfernen. (Samen und Scheidewände sind besonders scharf.)

Schritt 3
Die Chilischoten hacken, zur Herstellung einer Currypaste im Mörser zerreiben oder nach Rezeptanweisung verwenden.

Chilischoten rösten und mahlen

Getrocknete Chilischoten (milde rote Chilis oder scharfe Birdeye- oder Bird-Chilis) in einem Wok oder Topf bei mittlerer Temperatur rösten, bis sie die Farbe verändern und geröstet riechen, dabei regelmäßig durchrühren, damit sie nicht verbrennen. Abkühlen lassen, dann im Mörser, in einer sauberen Kaffeemühle oder Gewürzmühle grob oder fein mahlen. In einem luftdicht verschlossenen Behälter hält sich das Pulver an einem dunklen, kühlen Platz bis zu einem Jahr.

Schritt 3 >

Kroeung Kambodschanische Kräuterpaste

Diese Paste ähnelt in vieler Hinsicht indischen Pasten und vor allem thailändischen Currypasten, was die Behauptung Lügen straft, dass es in Kambodscha keine Curry-pasten und daher auch keine Currys gäbe. Die Paste kann gelb (durch Kurkuma), grün (durch grüne Zitronengrasblätter) und rot (durch rote Chilischoten) sein. Die sieben Hauptzutaten für *Kroeung* sind Zitronengras, Galgant, Fingerwurz, Knoblauch, Scha-lotten, Kaffir-Limettenschale und Kurkuma; aufwändigere Pasten enthalten darüber hinaus Kaffir-Limettenblätter, Korianderwurzeln und Chilis. Für eine einfache Curry-basis brät man die Paste unter Rühren mit 1 EL indischem Currypulver und 1 EL oder mehr Garnelenpaste, bis sie zwei Schattierungen dunkler geworden ist. Dann fügt man dicke Kokosmilch und/oder Fond hinzu und fährt wie bei anderen Currys mit der Zugabe von Fleisch, Geflügel, Fisch oder Meeresfrüchten und Gemüse fort.

Zutaten

1 Stängel Zitronengras, nach Entfernen der äußeren Blätter gehackt

30 g Galgant, gehackt

30 g Fingerwurz

2 große Knoblauchzehen, zerdrückt

1 große Schalotte, gehackt

abgeriebene Schale von 1 unbehandelten Kaffir-Limette

4 Kaffir-Limettenblätter (nach Belieben)

3 EL fein gehackte Korianderwurzel (nach Belieben)

30 g frische Kurkuma, gehackt, oder ½ TL gemahlene Kurkuma

Weitere Zutaten

2 Zitronengrasblätter, gehackt (für grüne Paste)

15 g frische Kurkuma oder ¼ TL gemah-lene Kurkuma (für gelbe Paste)

2–4 getrocknete große rote Chilischoten, eingeweicht, entkernt und gehackt (für rote Paste)

Traditionell wird diese Paste im Mörser zubereitet, wobei zuerst die faserreichsten Zutaten zerkleinert werden. Einfacher und schneller geht die Arbeit jedoch mit einer kleinen Küchenmaschine oder einem Mixer: die Zutaten hineingeben und esslöffel-weise Wasser hinzufügen (falls nötig, die Menge hängt vom Wassergehalt der Zutaten ab), bis eine Paste entstanden ist.

Die Paste wird am besten frisch zubereitet, hält sich in einem luftdicht verschlossenen Behälter im Kühlschrank aber 2–3 Tage.

Cari k'hom Kambodschanische rote Currypaste

Diese rote Currypaste ist eine Variante der Grundpaste *Kroeung* (S. 264) und hat mehr mit den indischen als mit den thailändischen Wurzeln der kambodschanischen Küche zu tun. Anders als *Kroeung* enthält sie getrocknete Gewürze, was auch auf indische Currypasten zutrifft. Generell verwendet man für kambodschanische Currypasten nur milde bis mittelscharfe Chilischoten.

Zutaten

2 EL Kokosöl

2 getrocknete große rote Chilischoten, eingeweicht, entkernt und grob gehackt, oder 1 EL edelsüßes oder rosenscharfes Paprikapulver

7,5 cm Zimtstange, in Stücke gebrochen

1 TL geriebene Muskatnuss

2 Sternanis

5 grüne Kardamomkapseln (S. 260)

½ Stängel Zitronengras, nach Entfernen der äußeren Blätter in Scheiben geschnitten

2 Kaffir-Limettenblätter

2 EL grob gehackte Korianderwurzel

4 große Knoblauchzehen, grob gehackt

2 mittelgroße Schalotten, grob gehackt

7,5 cm Galgant, gehackt

1 EL Garnelenpaste

½ TL gemahlene Kurkuma

Das Öl bei mittlerer Temperatur in einer Pfanne erhitzen. Chilischoten, Zimtstange, Muskatnuss, Sternanis, Kardamom, Zitronengras, Limettenblätter, Korianderwurzel, Knoblauch, Schalotten und Galgant etwa 5 Minuten unter Rühren braten, bis sie aromatisch duften und leicht geröstet sind.

Die Zutaten in den Mixer geben. Garnelenpaste und Kurkuma hinzufügen und die Zutaten glatt pürieren, dabei esslöffelweise so viel Wasser wie notwendig hinzufügen. In einem luftdicht verschlossenen Behälter hält sich die Paste im Kühlschrank bis zu 3 Tage.

Prahoc kroeung k'tih Dip mit Prahoc und Schweinefleisch

Dieser mit *Prahoc,* einer Paste aus fermentiertem Fisch, gewürzte Dip ist ein Beispiel für die einzigartigen Kombinationen verschiedener Aromen, die die kambodschanische Küche zu bieten hat. Dazu serviert man normalen Reis und knackiges rohes Gemüse, etwa Gurke, und Obst der Saison.

Zutaten
2 EL Prahoc
4 EL Kokosöl
225 g grob gehacktes Schweinefleisch
4–5 EL rotes Kroeung (S. 264)
4 EL Palmzucker oder Kristallzucker
250–350 ml dicke Kokosmilch (S. 213)
125 ml Tamarindenwasser (S. 322)
4–6 Kaffir-Limettenblätter, gequetscht
100–150 g Erbsenauberginen
Salz

Die Fischpaste mit 5 EL heißem Wasser in einer Schüssel zerdrücken und 10 Minuten stehen lassen. Durch ein Sieb in eine Schüssel streichen und die Rückstände sorgfältig auspressen. Verbliebene feste Bestandteile wegwerfen, den Extrakt beiseite stellen.

Das Kokosöl in einem Topf bei mäßig hoher Temperatur erhitzen und das Hackfleisch darin etwa 5 Minuten unter Rühren braten, bis es hell goldbraun ist, dabei mit der Gabel zerteilen. Kroeung und Zucker untermischen und etwa 1 Minute garen, bis die Paste aromatisch duftet. Kokosmilch, Tamarindenwasser, Prahoc-Extrakt und Limettenblätter hinzufügen und die Zutaten zum Kochen bringen. Auf mäßig schwache Hitze herunterschalten. Die Erbsenauberginen sowie Salz nach Geschmack in den Topf geben und das Ganze noch einmal 5 Minuten garen.

Die Limettenblätter herausnehmen, den Dip in eine Servierschüssel füllen und mit Zimmertemperatur servieren.

Für 4 Personen

nahrhaft, leicht süß, würzig

Amok chouk Gedämpfte Schnecken in Currycreme

Amok ist eine Curry-Kokosmilch-Creme, die in einem aus einem Stück Bananenblatt geformten Behälter gedämpft wird. Diese malaysische Spezialität gibt es in Varianten auch in Thailand und Kambodscha. Für viele Amok-Rezepte werden Süßwasserfische verwendet, diese köstliche Variante bereitet man jedoch mit Schnecken zu, die mit der Creme in ihrem Gehäuse gegart werden. Man kann sie als Vorspeise, als leichtes Mittagessen oder mit Gemüse und Reis als Beilage zum Abendessen servieren. Wie viele Schnecken und wie viel Creme verwendet werden, hängt von der Größe der Schnecken und ihrem Gehäuse ab. Die Creme sollte nicht aus den Gehäusen herauslaufen.

Zutaten

4–5 EL rotes Kroeung (S. 264)
500 ml dicke Kokosmilch (S. 213)
1 EL Garnelenpaste
1 EL Fischsauce
2 TL Palmzucker oder Zucker (nach Belieben)
1 großes Ei, verquirlt
abgeriebene Schale von ½ unbehandelten Kaffir-Limette
Salz
1 Stängel Zitronengras, Blätter getrennt und in 24 Stücke von je 10 cm Länge geschnitten

24–36 Schneckenschalen, sorgfältig gesäubert
24–36 gegarte Weinbergschnecken aus der Dose, abgespült und abgetropft
6 Kaffir-Limettenblätter, in sehr feine Streifen geschnitten
4 rote Thai-Chilischoten, entkernt und in sehr dünne Ringe geschnitten

In einer Schüssel Kroeung, die Hälfte der Kokosmilch, Garnelenpaste, Fischsauce und Zucker glatt rühren. Restliche Kokosmilch, Ei und abgeriebene Limettenschale sorgfältig untermischen. Falls nötig Salz hinzufügen.

Ein Stück Zitronengras zusammenfalten und so in ein Schneckengehäuse stecken, dass die beiden Enden herausstehen. Das Gehäuse zur Hälfte mit der Kokosmilchmischung füllen. Eine Schnecke in die Mitte legen und weitere Kokosmilchmischung darauf geben. Das Gehäuse mit der Öffnung nach oben in einen Dämpfeinsatz aus Bambus setzen. Mit den übrigen Zitronengras-Stücken, Schneckengehäusen, Schnecken und der Kokosmilchmischung ebenso verfahren. Je mehr sich der Dämpfeinsatz füllt, desto mehr stoßen die Gehäuse aneinander und fallen nicht mehr um. (Bei Verwendung eines Schneckentellers die Schnecken darauf setzen und den Teller in den Dämpfeinsatz stellen.)

Einen Wok zur Hälfte mit Wasser füllen und den zugedeckten Dämpfeinsatz darüber setzen (der Boden sollte das Wasser nicht berühren). Das Wasser bei hoher Temperatur zum Kochen bringen, dann auf mittlere bis schwache Hitze reduzieren und die Schnecken etwa 15 Minuten dämpfen, bis die Creme fest geworden, aber noch feucht ist.

Die Schnecken heiß mit Limettenblättern und Chilischoten garniert servieren. Zum Verzehr einfach die Zitronengrasstücke mitsamt den Schnecken herausziehen.

Für 4 Personen

aromareich, leicht süß, würzig

Kari trey Wels-Curry mit Reisnudeln

In Kambodscha liefert Fisch in der täglichen Ernährung mehr als 70 Prozent des Eiweißes. Wels, der im Tonle Sap (Großer See) bei Siem Reap und im Mekong gefangen wird, zählt schon seit langem zu den am häufigsten gegessenen Fischen. Er hat weißes Fleisch und einen milden Geschmack und nimmt daher alle Aromen einer Currysauce auf. In diesem Rezept ergänzt er knackigen Bambus und Wasserspinat. Die dünnen Reisnudeln bilden einen perfekten Hintergrund für die exotischen Aromen und kontrastierenden Konsistenzen. Werden frische Reis-Fadennudeln verwendet, taucht man diese zum Erhitzen für einige Sekunden in kochendes Wasser. Getrocknete Reis-Bandnudeln legt man in Wasser, bis sie biegsam sind, und gart sie dann 1–2 Minuten in kochendem Wasser.

Zutaten

3 EL Kokosöl
4–5 EL gelbes Kroeung (S. 264)
1 EL Garnelenpaste
1½ EL Palmzucker
175 g grob gehacktes Schweinefleisch (nach Belieben)
1 l dicke Kokosmilch (S. 213)
900 g Welsfilet, in 5 cm große Stücke geschnitten
1 Stängel Zitronengras, nach Entfernen der äußeren Blätter in Scheiben geschnitten

6 Kaffir-Limettenblätter, gequetscht
1 große Bambussprosse, halb gegart und längs in dünne Scheiben geschnitten
1 Bund Wasserspinat, quer halbiert
Fischsauce nach Geschmack
450 g frische Reis-Fadennudeln oder Reis-Bandnudeln, gegart (siehe oben)
rote Thai-Chilischoten, entkernt und in dünne Ringe geschnitten

Das Kokosöl bei mäßig hoher Temperatur in einem Topf erhitzen. Kroeung und Garnelenpaste darin unter Rühren etwa 2 Minuten braten, bis sie hell goldbraun sind und aromatisch duften, dabei die Paste mit dem Rücken eines Löffels zerteilen. Zucker und Hackfleisch dazugeben und etwa 5 Minuten unter Rühren braten, bis das Fleisch gar und leicht gebräunt ist, dabei sorgfältig zerteilen.

Für 4 Personen

süß, pikant, mild bis würzig

Auf mittlere bis schwache Hitze herunterschalten. Kokosmilch, Fisch, Zitronengras und Limettenblätter hinzufügen und 5 Minuten garen. Bambussprossenstücke und Wasserspinat dazugeben und zugedeckt 5 Minuten garen. Mit Fischsauce abschmecken.

Die Nudeln auf vier Portionsteller verteilen und das Curry in vier Schalen schöpfen. Die Chilischoten als Beilage reichen. Zum Essen einfach einige Nudeln mit Essstäbchen nehmen und in das Curry tauchen, dann Chilischoten nach Geschmack hinzufügen.

Kari mouan Hähnchen-Curry mit junger Jackfrucht

Dieses kambodschanische Hähnchen-Curry ist ein sinnlicher Genuss und wird mit der in Südostasien viel gegessenen Jackfrucht zubereitet, die einen süßen Geschmack mit einer blumigen Note hat. Die unreife Frucht hat ein weniger komplexes Aroma, wird aber gern als Gemüse in pikanten Gerichten verwendet. Bei diesem Curry ergänzt die knackige junge Jackfrucht das zarte Hähnchen und sorgt für eine wunderbare Vielfalt an Konsistenzen. Sollten Sie keine frische Jackfrucht bekommen, ist in Sirup eingelegte Jackfrucht ein guter Ersatz. Zu dem Curry reicht man Reis oder Baguette (S. 290) und pfannengerührtes Blattgemüse.

Zutaten

1 Hähnchen (etwa 1,1 kg)
3 EL Kokosöl
4–5 EL rotes Kroeung (S. 264)
1 EL Garnelenpaste
1 EL vietnamesisches Cari (S. 282) oder
    fertig gekauftes indisches Currypulver
1 ½ EL Palmzucker

1 l dicke Kokosmilch (S. 213)
1 Stängel Zitronengras, nach Entfernen der
    äußeren Blätter in Scheiben geschnitten
6 Kaffir-Limettenblätter, gequetscht
225–350 g Stücke von junger Jackfrucht
Fischsauce nach Geschmack

Die Hühnerschenkel abtrennen und am Gelenk in Ober- und Unterschenkel teilen. Die Flügel abtrennen und die Enden entfernen. Den Rumpf entlang des Brustbeins halbieren. Den Rücken abtrennen und wegwerfen oder zur Zubereitung eines Fonds aufbewahren. Jede Brusthälfte quer in zwei Stücke gleicher Größe teilen. Insgesamt sollten zehn Teile vorhanden sein.

Das Öl in einem großen Topf bei mäßig hoher Temperatur erhitzen. Die Hühnerteile mit der Hautseite nach unten hineinlegen und etwa 10 Minuten bräunen, zwischendurch wenden. Die Teile aus dem Topf heben.

Kroeung und Garnelenpaste in den Topf geben und unter Rühren etwa 2 Minuten braten, bis sie hell goldbraun sind und aromatisch duften, dabei mit einem Löffelrücken zerteilen. Cari oder indisches Currypulver und Palmzucker hinzufügen und etwa 1 Minute rühren, bis sie aromatisch duften.

Auf mäßige bis schwache Hitze reduzieren. Die Hühnerteile wieder in den Topf legen, dann Kokosmilch, Zitronengras und Limettenblätter dazugeben. Alles zugedeckt 20 Minuten garen, dann die Jackfrucht hinzufügen. Das Curry mit Fischsauce abschmecken und noch einmal 10 Minuten garen, dann heiß servieren.

Für 4 Personen

**leicht,
aromareich**

Saraman Rindfleisch-Ingwer-Curry mit Erdnüssen

Saraman wird mit reichlich Rindfleisch oder Ente zubereitet und ist nach asiatischen Standards sehr nahrhaft, weshalb man es oft nur in kleinen Mengen isst. Es ist ein klassisches geschmortes Curry und schmeckt kräftig nach Kardamom und Ingwer. Erdnüsse dicken es an. Als Beilage serviert man Reis oder Baguette (S. 290) zum Aufnehmen der Sauce, eingelegtes Gemüse (S. 283) und pfannengerührtes Blattgemüse.

Zutaten

85 g frischer Ingwer, fein gerieben
700 g Rindfleisch zum Schmoren, in 4 cm große Würfel geschnitten
2 EL Kokosöl
2 getrocknete große rote Chilischoten, eingeweicht, entkernt und halbiert
1 TL grob gehackter Galgant
4 große Knoblauchzehen, zerdrückt
1 große Schalotte, grob gehackt
1 Stängel Zitronengras, nach Entfernen der äußeren Blätter in Scheiben geschnitten
7,5 cm Zimtstange
2 Sternanis
7 grüne Kardamomkapseln (S. 260)
1 TL geriebene Muskatnuss
½ TL gemahlene Muskatblüte
1½ EL fein gehackte Korianderwurzel
¼ TL gemahlene Kurkuma
3 EL Pflanzenöl
1 EL Garnelenpaste
1 l dicke Kokosmilch (S. 213)
4 EL Palmzucker oder Zucker
4 EL Tamarindenwasser (S. 322)
2 EL Fischsauce
75 g ungesalzene geröstete Erdnusskerne
Salz
2–4 rote Thai-Chilischoten, entkernt und in Ringe geschnitten (nach Belieben)

Über einer Schüssel mit der Hand den Saft aus dem geriebenen Ingwer drücken, das trockene Fleisch wegwerfen. Das Rindfleisch in die Schüssel geben und in dem Ingwersaft wenden. Für 30 Minuten zum Marinieren beiseite stellen.

In der Zwischenzeit das Kokosöl bei mittlerer Temperatur in einem Topf erhitzen. Chilis, Galgant, Knoblauch, Schalotte und Zitronengras darin unter Rühren braten, bis sie aromatisch duften. Zimt, Sternanis, Kardamom, Muskatnuss und Muskatblüte hinzufügen und 5–7 Minuten unter Rühren braten, bis sie duften und leicht geröstet sind. In den Mixer geben, Korianderwurzel und Kurkuma hinzufügen und glatt pürieren, dabei esslöffelweise so viel Wasser wie nötig dazugeben. Die Currypaste beiseite stellen.

Das Pflanzenöl bei mäßig hoher Temperatur in einem großen Topf erhitzen und die Garnelenpaste darin 15–30 Sekunden unter Rühren garen, bis sie etwas dunkler geworden ist, dabei mit dem Löffelrücken zerteilen. Die Hälfte der Kokosmilch und die Currypaste sorgfältig unterrühren. Das Fleisch hinzufügen und unter gelegentlichem Rühren 20 Minuten garen.

Auf schwache Hitze herunterschalten. Restliche Kokosmilch, Zucker, Tamarindenwasser, Fischsauce und Erdnüsse in den Topf geben und falls nötig Salz. Zugedeckt 1½–2 Stunden köcheln lassen, bis das Fleisch weich ist. Falls das Curry zu dick wird, weitere Kokosmilch hinzufügen. Mit den Chilischoten garnieren und servieren.

Für 4 Personen

nahrhaft, cremig, nussig, mild bis würzig

Kore Laotische Currypaste

Laotische Currys sind Kreuzungen. Während die Zusammenstellung der verwendeten Kräuter auf thailändischen Currys basiert, lehnt sich die Auswahl an getrockneten Gewürzen an indische Currys an. Die Grundlage eines jeden guten laotischen Currys bilden daher die frischen Zutaten Zitronengras, Galgant, Ingwer, Kaffir-Limettenschale, Schalotten, Knoblauch, Chilischoten und Korianderwurzel und die getrockneten Gewürze Kreuzkümmel, Kurkuma und Koriandersamen. Mitunter enthält ein laotisches Curry zudem eine kleine Menge indisches Currypulver, welches das Aroma der getrockneten Gewürze vertieft.

Zutaten

1½ TL Kreuzkümmelsamen

1 EL Koriandersamen

1 Stängel Zitronengras, nach Entfernen der äußeren Blätter gehackt

30 g Galgant, gehackt

abgeriebenen Schale von 1 unbehandelten Kaffir-Limette

3 große Knoblauchzehen, zerdrückt

1 große Schalotte, gehackt

3 EL fein gehackte Korianderwurzel

30 g frische Kurkuma, gehackt, oder ½ TL gemahlene Kurkuma

30 g frischer Ingwer, gehackt, oder ½ TL gemahlener Ingwer

4 oder mehr grüne oder rote Thai-Chilischoten, entkernt

2 TL Garnelenpaste

1 EL indisches Currypulver (nach Belieben)

Eine Pfanne bei mittlerer Temperatur erhitzen. Kreuzkümmel- und Koriandersamen darin ohne Fett etwa 2 Minuten rösten, bis sie aromatisch duften.

Zitronengras, Galgant, Limettenschale, Knoblauch, Schalotte, Korianderwurzel, Kurkuma, Ingwer, Chilischoten sowie geröstete Kreuzkümmel- und Koriandersamen in den Mixer geben und glatt pürieren, dabei esslöffelweise so viel Wasser wie notwendig hinzufügen. Garnelenpaste und, sofern verwendet, Currypulver sorgfältig untermischen.

In einem luftdicht verschlossenen Behälter hält sich die Paste im Kühlschrank bis zu 3 Tage.

Kore pou gali *Pfannengerührtes Krebs-Curry*

Bei diesem pfannengerührten Curry bewirkt starke Hitze, dass die Kräuter und Gewürze ihr Aroma besser entfalten und das Gericht insgesamt einen intensiveren Geschmack erhält. *Kore pou gali* wird in Laos mit kleinen, auf Reisfeldern gezogenen Süßwasserkrebsen zubereitet, man kann aber beliebige andere kleine Krebse verwenden, sofern sie sich halbieren oder vierteln lassen, damit die Aromen des Currys mit dem Saft des Krebsfleisches verschmelzen können. Das Gericht eignet sich perfekt als Vorspeise oder leichtes Mittagessen und wird mit dampfendem Klebreis und eingelegtem Gemüse (S. 283) serviert. Wie viele laotische Gerichte kann es mit Zimmertemperatur serviert und mit den Fingern gegessen werden. Einige laotische Köche bereiten das Gericht nur mit indischem Currypulver zu, andere mit einer frischen Currypaste und wieder andere mit beidem. Ebenso leckere pfannengerührte Gerichte können mit zerlegtem Hummer, Venusmuscheln und Miesmuscheln zubereitet werden.

Zutaten
4 EL Pflanzenöl
5 EL Kore (linke Seite) oder gekaufte
    thailändische Currypaste
1 TL indisches Currypulver (nach Belieben)
8 kleine Krebse (je etwa 225 g)
2 Frühlingszwiebeln, schräg in dünne
    Scheiben geschnitten

Die Krebse mit dem Kopf voran in kräftig gesalzenes, sprudelnd kochendes Wasser geben. Nach einigen Sekunden sind die Krebse tot. Die Krebse herausheben und halbieren oder vierteln.

Das Öl bei hoher Temperatur in einem Wok erhitzen und die Kore-Currypaste etwa 5 Minuten unter Rühren braten, bis sie goldbraun ist und aromatisch duftet. Das Currypulver, sofern verwendet, sorgfältig untermischen.

Auf mittlere Hitze herunterschalten. Die Krebsteile in den Wok geben und wenden, um sie mit Currypaste zu überziehen. Den Deckel auflegen und alles 5 Minuten garen. Die Krebsteile noch einmal durchheben und dann zugedeckt weitere 5 Minuten garen.

Die Krebse auf eine Servierplatte heben, mit den Frühlingszwiebeln garnieren und servieren.

Für 4 Personen

**leicht,
scharf-würzig**

Gang keo goung Grünes Garnelen-Curry mit frischem Dill

Frischer Dill, mitunter auch laotischer Koriander genannt, wird in Laos gern für Fisch- und Meeresfrüchtespeisen verwendet, aber niemals getrocknet oder mitgegart. Vielmehr gibt man ihn in letzter Minute als Garnitur dazu. Hier belebt er ein grünes Garnelen-Curry und mildert zudem den mitunter sehr intensiven Geschmack der Kaffir-Limettenblätter. Servieren Sie dieses Curry mit Zimmertemperatur und gedämpftem Klebreis als Beilage. Formen Sie mit den Fingern eine kleine Menge Reis zu einem Bällchen, tauchen Sie dieses in das Curry und essen Sie es dann zusammen mit einer Garnele und etwas Dill.

Zutaten

3 EL Pflanzenöl

5 EL Kore (S. 274) oder fertig gekaufte thailändische Currypaste

1 EL Garnelenpaste

1 EL Palmzucker oder Zucker

500 ml dicke Kokosmilch (S. 213)

500 ml Hühnerfond oder Gemüsebrühe

4–6 Kaffir-Limettenblätter, gequetscht

Fischsauce nach Geschmack

2 große fest kochende Kartoffeln, geschält und in 2,5 cm große Stücke geschnitten

675 g ungegarte Tigergarnelen, geschält und Därme entfernt

1 Bund Dill

Das Öl bei mäßig hoher Temperatur in einem Topf erhitzen und die Currypaste darin etwa 2 Minuten unter Rühren braten, bis sie hell goldbraun ist und aromatisch duftet. Garnelenpaste und Zucker hinzufügen und unter Rühren etwa 1 Minute garen, bis sie aromatisch duftet, dabei die Paste zerteilen. Die Hitze reduzieren. Kokosmilch, Fond oder Bühe, Limettenblätter und Fischsauce nach Geschmack in den Topf geben, dann die Kartoffeln hinzufügen und zugedeckt 20 Minuten garen.

Die Garnelen sorgfältig untermischen und zugedeckt etwa 5 Minuten garen, bis sie rosa werden. Das Curry mit dem frischen Dill garnieren und heiß servieren.

Für 4 Personen

zitronig, süß

Kao soi Nudeln mit Schweinefleisch in Curryfond

Diese Nudelsuppe ist eine Spezialität der Nordprovinz Luang Namtha und ähnelt einem Gericht gleichen Namens aus dem Norden Thailands. Diese Variante kombiniert Kokosmilch mit einem leichten Fond. Die dampfende Flüssigkeit wird über rohes Gemüse gegossen und durch zarte Reisnudeln und Schweinefleisch ergänzt. Wird das Gericht mit laotischer *Kore* zubereitet, lässt man das indische Currypulver weg.

Zutaten

450 g Schweineschulter, ohne Knochen

60 g frischer Ingwer

6 Frühlingszwiebeln, 4 zerdrückt, 2 schräg in dünne Scheiben geschnitten

2 EL Fischsauce (oder nach Geschmack)

2 EL Pflanzenöl

5 EL Kore (S. 274) oder gekaufte rote thailändische Currypaste

1 EL indisches Currypulver (nach Belieben)

1 TL Garnelenpaste

1 EL Palmzucker

225 g Schweinehackfleisch

1 l dicke Kokosmilch (S. 213)

8 Kaffir-Limettenblätter, gequetscht

450 g frische Reis-Fadennudeln oder 225 g getrocknete Reis-Bandnudeln, in Wasser eingeweicht, bis sie biegsam sind

150–175 g Chinakohl, in 3 mm breite Streifen geschnitten

1 Bund Brunnenkresse, große Stiele entfernt

100 g Bohnenkeimlinge

25 g Minzeblätter, zerzupft

25 g Korianderblätter, zerzupft

1 Limette, geviertelt

In einem Topf 1,5 l Wasser zum Kochen bringen. Schweineschulter, Ingwer, zerdrückte Frühlingszwiebeln und 2 EL Fischsauce hineingeben. Die Hitze reduzieren und alles mit halb aufgelegtem Deckel etwa 1 ½ Stunden köcheln lassen, bis die Flüssigkeit um die Hälfte reduziert ist. Das Fleisch zum Abkühlen auf ein Brett heben, dann in dünne Scheiben schneiden und mit Klarsichtfolie abdecken. Den Fond beiseite stellen.

In einem zweiten Topf bei mäßig hoher Temperatur das Öl erhitzen und die Currypaste darin etwa 2 Minuten unter Rühren braten, bis sie hell goldbraun ist und aromatisch duftet. Currypulver (falls verwendet), Garnelenpaste (zerteilen) und Zucker hinzufügen und etwa 1 Minute unter Rühren braten, bis die Mischung aromatisch duftet. Das Hackfleisch dazugeben und etwa 7 Minuten rühren, bis es leicht gebräunt ist. Die Hitze reduzieren. Kokosmilch, Fond und Limettenblätter hinzufügen und mit Fischsauce abschmecken. Das Ganze zugedeckt 30 Minuten köcheln lassen.

In einem Topf Wasser zum Kochen bringen. Frische Reisnudeln, sofern sie kalt sind, 5 Sekunden in kochendem Wasser erhitzen; haben sie Zimmertemperatur, kann man darauf verzichten. Getrocknete Reisnudeln 3 Minuten garen, dann abtropfen lassen.

Die Nudeln auf vier Suppenschalen verteilen. Chinakohl, Brunnenkresse, Bohnenkeimlinge und Fleischscheiben darauf anrichten. Die Suppe zum Kochen bringen und in die Schalen schöpfen. Die Portionen mit Minze und Koriander garnieren und mit dem Saft jeweils einer Limettenspalte beträufeln, dann heiß servieren.

Für 4 Personen

würzig, nahrhaft, aromatisch

Kang soh Salat von Bambussprossen

Dieser Salat soll in den Bergen im Norden von Laos entstanden sein, die für ihre wunderbaren wilden Bambussprossen berühmt sind. Alle Bambussprossen eignen sich als Basis für pikante Salate, aber junge Wintersprossen sind besonders zart. Bambussprossen, die im Frühjahr und Sommer gezogen werden, sind meist fasriger und weniger saftig. Nehmen Sie stets eine gute Fischsauce, die die Farbe von Bernstein hat, denn sehr dunkle Saucen sind meist alt. Sollten Sie frische Bambussprossen verwenden, schälen Sie diese und garen sie zunächst 15 Minuten, um sie von den in ihnen enthaltenen Giftstoffen zu befreien. Bei Verwendung von Dosen-Bambussprossen nehmen Sie nur ganze Sprossen, die Sie abtropfen lassen und dann blanchieren, um ihnen den Konservengeschmack zu nehmen.

Zutaten

1 kleine Schalotte, halbiert
1 große Knoblauchzehe, zerdrückt
2 EL Fischsauce
2 EL frisch gepresster Limettensaft
1 rote Thai-Chilischote, entkernt und in dünne
   Scheiben geschnitten
450 g Bambussprossen, halbiert und längs in
   dünne Scheiben geschnitten
1 Frühlingszwiebel, schräg in dünne Scheiben
   geschnitten
½ Bund Koriandergrün ohne Stängel
gerösteter Sesam

Für 4 Personen

erfrischend, knackig, mild

Eine Pfanne erhitzen. Schalotte und Knoblauch darin ohne Fett bei mittlerer Temperatur etwa 2 Minuten rösten, dabei wenden, um sie von allen Seiten zu bräunen. Abkühlen lassen und fein hacken.

Fischsauce, Limettensaft, Schalotte, Knoblauch und Chilischote in einer großen Schüssel vermischen, abdecken und für 20 Minuten beiseite stellen.

Bambussprossen, Frühlingszwiebel und die meisten Korianderblätter in die Schüssel geben und das Dressing unterheben. Den Salat auf einer Servierplatte anrichten, mit den restlichen Korianderblättern und dem Sesam bestreuen und servieren.

Cari Vietnamesisches Currypulver

Im Gegensatz zu anderen südostasiatischen Ländern verwendet man in Vietnam für Currys häufiger Pulver als Pasten. Diese Mischung basiert auf traditionellem indischem Currypulver, das falls nötig als Ersatz verwendet werden kann. Frisch gemahlene Gewürze sorgen für Aromatiefe. Wenn Sie authentisch kochen möchten, bereiten Sie Ihr Currypulver am besten selbst zu. Natürlich unterscheiden sich die Mischungen von Ort zu Ort und von Koch zu Koch. Diese Variante enthält Sternanis, ein Gewürz, das man in indischem Currypulver gewöhnlich nicht findet, das aber in Vietnam sehr beliebt ist.

Zutaten

8 Curryblätter
2 Sternanis
1–2 getrocknete rote Chilischoten, entkernt
  (nach Belieben)
4 EL Koriandersamen
2 TL Kreuzkümmelsamen
½ TL Senfkörner

1 TL Bockshornkleesamen
½ TL ganze Nelken
1 TL schwarze Pfefferkörner
1 EL gemahlene Kurkuma
1 TL gemahlener Ingwer
1 TL geriebene Muskatnuss
½ TL gemahlener Zimt

Eine Pfanne bei mittlerer Temperatur erhitzen. Curryblätter, Sternanis, rote Chilischoten (sofern verwendet), Koriander, Kreuzkümmel, Senfkörner, Bockshornkleesamen, Nelken und Pfefferkörner ohne Fett darin etwa 1 Minute rösten, bis sie etwas dunkler geworden sind, dabei die Pfanne ständig schütteln, damit sie nicht anbrennen. Von der Kochstelle nehmen und abkühlen lassen.

Die Gewürze in der Gewürzmühle oder in einer sauberen Kaffeemühle zu einem feinen Pulver vermahlen. Das Pulver in ein Glas füllen, dann Kurkuma, Ingwer, Muskatnuss und Zimt hinzufügen. Das Glas verschließen und schütteln, um die Zutaten gut zu vermischen. An einem kühlen, dunklen Platz hält sich das Currypulver 3–6 Monate.

Rau chay chua Eingelegtes Gemüse

Eingelegtes Gemüse ist in Südostasien wichtiger Bestandteil des Speisezettels und gilt bei Mahlzeiten als unverzichtbare Beilage. Da man glaubt, dass es bei der Verdauung schwerer, fettreicher Speisen hilft, serviert man es zu Currys, um das Fett zu »reduzieren« und gleichzeitig den Gaumen zu erfrischen, damit man das Essen besser genießen kann.

Zutaten

450 g Freilandgurken, geschält
   (nach Belieben) und entkernt
450 g Daikon-Rettich, geschält
450 g Möhren, geschält

3 EL Meersalz
100 g feinster Zucker
350 ml weißer Reisessig

Gurken und Rettich in 5 mm dicke und 4 cm lange Stifte schneiden, die Möhren in 3 mm dicke und 4 cm lange Stifte.

Die Gemüse einzeln in drei auf Schüsseln gesetzte Siebe geben, mit je 1 EL Meersalz bestreuen, durchheben und für 1 Stunde zum Entwässern beiseite stellen.

Behutsam die Flüssigkeit aus dem Gemüse drücken und das Gemüse dann in einen großen wiederverschließbaren Folienbeutel geben.

In einer Schüssel Zucker und Essig mit dem Schneebesen schlagen, bis sich der Zucker vollkommen aufgelöst hat. Die Mischung zu dem Gemüse geben. Den Beutel verschließen, dabei die Luft herausdrücken. Das Gemüse vor dem Servieren 3 Stunden durchziehen lassen. Im Kühlschrank hält es sich 1–2 Wochen. Je länger es aufbewahrt wird, desto weicher wird es, und desto ausgeprägter ist sein Geschmack.

Für 4–8 Personen

**knackig,
süßsauer**

Salzige Limonade

Diese Limonade (*Da chanh muoi*), die aus gesalzenen Zitronen (manchmal Limetten) zubereitet wird, soll die Verdauung unterstützen und wird am Ende einer Mahlzeit getrunken, entweder mit Zimmertemperatur oder mit Eiswürfeln gekühlt. Zudem trinkt man sie tagsüber, um den Durst zu löschen und die Lebensgeister, speziell an einem warmen Tag, wieder zu wecken. Für eine Person ein Drittel einer in Salzlake eingelegten Zitrone abspülen und in eine Schüssel geben. Die Zitrone mit einer Gabel zerdrücken. 1–1 ½ EL der zerdrückten Zitrone in ein großes Glas geben, nach Belieben Eiswürfel hinzufügen und 250 ml stilles oder kohlensäurehaltiges Mineralwasser dazugießen, dann umrühren. Am besten macht man die Limonade frisch, große Mengen können jedoch einige Stunden im Voraus zubereitet und an einem kühlen Platz aufbewahrt werden.

Cari ga Hähnchen-Curry mit Süßkartoffeln und Möhren

Currys sind in Vietnam eine Spezialität des Südens, wo es ausgeprägte indische Einflüsse gibt. Während man in Kambodscha und Laos Currys mit Kräuterpasten zubereitet, fehlen diese in den vietnamesischen Varianten. Frische Kräuter wie Zitronengras und Kaffir-Limettenblätter werden aber ganz verwendet, um das Aroma zu heben. Zudem legt man in Vietnam für ein Hähnchen-Curry wie dieses das Fleisch vor dem Garen in gesüßtes Currypulver. Zu dem Curry reicht man Reis oder Baguette (S. 290).

Zutaten

- 1 Hähnchen (etwa 1,1 kg)
- 2 EL vietnamesisches Cari (S. 282) oder gekauftes indisches Currypulver
- 1 TL feinster Zucker
- 1 TL Salz
- 4 EL Pflanzenöl
- 2–3 weiße Yams oder Süßkartoffeln, geschält und in 2,5 cm große Würfel geschnitten
- 3 große Knoblauchzehen, zerdrückt
- 2 Schalotten, in Spalten geschnitten
- 1 l dicke Kokosmilch (S. 213)
- 2 TL Annatto-Extrakt (nach Belieben)
- 2 Stängel Zitronengras, nach Entfernen der äußeren Blätter gequetscht
- 2 Kaffir-Limettenblätter
- 2 EL Fischsauce
- 3 große Möhren, geschält und in 4–5 cm lange Stücke geschnitten
- Salz

Die Schenkel des Hähnchens abtrennen und am Gelenk in Ober- und Unterschenkel teilen. Die Flügel abtrennen und die Spitzen entfernen. Den Rumpf entlang des Brustbeins halbieren. Den Rücken abschneiden und wegwerfen oder für die Zubereitung von Fond aufbewahren. Jede Brust quer in zwei Stücke gleicher Größe teilen. Insgesamt sollten zehn Teile vorhanden sein.

In einer großen Schüssel 1 EL Currypulver, Zucker und Salz vermischen. Die Hähnchenteile hineinlegen und wenden, um sie rundum mit den Gewürzen zu überziehen. Für 1 Stunde beiseite stellen.

Das Öl in einem großen Topf bei mäßig hoher Temperatur erhitzen und die Yamsstücke etwa 5 Minuten rundum bräunen (sie sollten nur gebräunt, aber nicht durchgegart werden.) Zum Abtropfen mit einem Schaumlöffel auf Küchenpapier heben.

Die Hähnchenteile mit der Hautseite nach unten in den Topf legen und etwa 10 Minuten braten, dabei wenden, damit sie auf beiden Seiten gebräunt werden. Zum Abtropfen auf Küchenpapier heben.

Knoblauch und Schalotten in den Topf geben und etwa 5 Minuten unter Rühren braten, bis sie hell goldbraun sind. Restliches Currypulver, Kokosmilch, Annatto-Extrakt (sofern verwendet), Zitronengras, Limettenblätter, Fischsauce und Möhren hinzufügen. Hähnchenteile und Yamsstücke wieder in den Topf geben. Den Topfinhalt zum Kochen bringen, dann die Hitze so weit reduzieren, dass er noch köchelt. Zugedeckt etwa 20 Minuten weitergaren, bis Fleisch und Yamsstücke weich sind.

Für 4 Personen

nahrhaft, leicht würzig, duftend

VIETNAM

Cari chay Gemüse-Tofu-Curry

Tofu, vor Jahrtausenden in China erfunden, fand während der tausendjährigen Herrschaft Chinas über Vietnam (etwa 100 v. Chr. bis 940 n. Chr.) Eingang in die vietnamesische Küche. Auch heute noch spielt er dort eine wichtige Rolle, weil zum einen Fleisch teuer ist (meist ist es besonderen Anlässen und Feiertagen vorbehalten) und zum anderen das Land durch den Buddhismus eine vegetarische Tradition hat. *Cari chay* vereint in sich Tofu, Bambus und japanische Aubergine zu einem recht leichten Gericht für jede Jahreszeit. Die Kokosmilchsauce ist mit Curry gewürzt. Der in letzter Minute hinzugefügte vietnamesische Koriander verleiht dem Gericht eine florale Note. Dazu reicht man Reis oder Baguette (S. 290).

Zutaten

3 EL Pflanzenöl

2 große Knoblauchzehen, zerdrückt

1 große Schalotte, in dünne Scheiben geschnitten

1 – 1½ EL vietnamesisches Cari (S. 282) oder gekauftes indisches Currypulver

1 EL Palmzucker

1 l dicke Kokosmilch (S. 213)

Saft von 1 Limette

2 EL Fischsauce (nach Belieben)

2 TL Annatto-Extrakt (nach Belieben)

2 Stängel Zitronengras, nach Entfernen der äußeren Blätter gequetscht

2 Kaffir-Limettenblätter, gequetscht

Salz

900 g fester Tofu, in 2,5 cm große Würfel geschnitten

1 große gekochte Bambussprosse, in dünne Scheiben geschnitten

2 japanische Auberginen, längs halbiert und in 2,5 cm große Stücke geschnitten

24 Blätter von vietnamesischem Koriander oder Thai-Basilikum

Für 4 Personen

leicht, süß, zitronig

Das Öl in einem Topf bei hoher Temperatur erhitzen. Knoblauch und Schalotte darin etwa 5 Minuten unter Rühren braten, bis sie goldbraun sind. Currypulver und Palmzucker dazugeben und etwa 1 Minute rühren, bis sie aromatisch duften. Kokosmilch, Limettensaft, Fischsauce, Annatto-Extrakt, Zitronengras und Limettenblätter hinzufügen. Die Zutaten zum Kochen bringen. Auf schwache Hitze herunterschalten und die Sauce mit Salz abschmecken. Tofu, Bambussprosse und Auberginen dazugeben und zugedeckt etwa 10 – 15 Minuten köcheln lassen, bis die Auberginen weich sind.

Das Gericht mit Koriander oder Basilikum garniert servieren.

Rau muong xao Pfannengerührter Wasserspinat

Wasserspinat – vietnamesisch *Rau muong*, laotisch *Bongz* und kambodschanisch *Trakuon* – ist ein Blattgemüse, das in Südostasien häufig angebaut wird. Man schätzt ihn, weil er vielseitig, aromatisch und nahrhaft ist. Wasserspinat hat zarte, schmale, spitz zulaufende Blätter und knackige hohle Stängel. Man kann ihn ganz in Suppen geben oder in pfannengerührte Gerichte wie dieses, bei dem er mit Fischsauce, Knoblauch und einer Prise Zucker zubereitet wird. In Südostasien betrachtet man Wasserspinat als wundervolle Verkörperung der alten chinesischen Philosophie von Yin und Yang – der sich ergänzenden Gegensätze –, da er bei jedem Bissen Zartheit und Knackigkeit in sich vereint.

Zutaten
2 EL Pflanzenöl
2 große Knoblauchzehen, gehackt
450 g Wasserspinat
1 EL Fischsauce oder 1 EL fermentierter
   Tofu
1 Prise Zucker
frisch gemahlener Pfeffer nach Geschmack

Das Öl in einer Pfanne oder einem Wok bei hoher Temperatur erhitzen und den Knoblauch darin etwa 2 Minuten unter Rühren braten, bis er aromatisch duftet und leicht gebräunt ist. Wasserspinat, Fischsauce oder Tofu, Zucker und Pfeffer hinzufügen und mit aufgelegtem Deckel 5 Minuten garen.

Den Deckel abnehmen. Den Wasserspinat einige Male durchheben und heiß servieren.

Für 4 Personen

**pikant,
knackig,
zart**

**< Schwimmender
Markt im Mekong-Delta**

Banh mi Saigon-Baguette

Banh mi entstand zur Zeit der französischen Kolonialherrschaft, die von der Mitte des 18. bis zur Mitte des 19. Jahrhunderts dauerte, und wird aus einer Mischung aus Reismehl und Weizenmehl zubereitet. Es ist nur etwa halb so lang und leichter als sein französischer Cousin und mitunter eher mandel- als stangenförmig. Das Brot ist in Vietnam und Kambodscha fester Bestandteil des Speisezettels und wird häufig statt Reis oder Nudeln zu Kokos-Currys gereicht. Mit Butter bestrichen isst man es auch zum Frühstück. Längs aufgeschnitten und mit Schweinefleisch, Gemüse und Chilipaste gefüllt ist es ein beliebter Mittagssnack.

Zutaten

15 g frische Hefe
350 ml lauwarmes Wasser
140 g Reismehl

350 g weißes Brotmehl sowie Mehl zum Kneten
2 TL Salz

Die Hefe mit dem lauwarmen Wasser in eine Schüssel geben und rühren, bis sie sich aufgelöst hat.

Reismehl und Brotmehl mit dem Salz in eine große Schüssel sieben. In der Mitte eine Mulde machen und die aufgelöste Hefe hineingeben. Die Zutaten mit einem Holzlöffel sorgfältig vermischen. Der Teig sollte weich, aber nicht nass und auf keinen Fall steif sein.

Den Teig auf die bemehlte Arbeitsfläche setzen und etwa 5 Minuten kneten, bis er glatt und elastisch ist, dann zu einer Kugel formen. Den Teig in eine große gefettete Schüssel legen und mit Klarsichtfolie abgedeckt an einem warmen Platz etwa drei Stunden gehen lassen, bis er sein Volumen verdoppelt hat.

Den Teig noch einmal 2 Minuten kräftig durchkneten und wieder zu einer Kugel formen, dann in vier Stücke gleicher Größe teilen. Die Stücke mit etwa 5 cm Abstand und mit Klarsichtfolie abgedeckt noch einmal etwa zwei Stunden an einem warmen Platz gehen lassen, bis sie ihr Volumen verdoppelt haben.

Die Stücke kräftig durchkneten und zu Kugeln formen. Jede Kugel zu einem etwa 1 cm dicken Rechteck und dann zu einem mandelförmigen Laib mit sich verjüngenden Enden formen. Die Laibe mit Klarsichtfolie abgedeckt an einem warmen Platz eine weitere Stunde gehen lassen, bis sie ihr Volumen fast verdoppelt haben.

Den Backofenrost in die untere Schiene des Backofens schieben und einen Pizzastein darauf legen. Den Backofen auf 230 °C vorheizen.

Ein Backblech mit Mehl bestauben und ein oder zwei Brote darauf legen. Jeden Laib mit einem scharfen Messer dreimal schräg einritzen. Die Brote auf den heißen Stein gleiten lassen und 20–25 Minuten backen, bis sie goldbraun sind. Auf ein Kuchengitter heben und 1–2 Stunden auskühlen lassen.

Ergibt 4 Stück

CURRYS

AUS ALLER WELT

< Der karibische
Brixton Market
in London

Die wunderbare Küche Südasiens ist Tausende von Kilometern gereist und heute auf der ganzen Welt bei Curryfreunden und Gourmets gleichermaßen beliebt. Es gibt wenige klassische Küchen, die sich in Gastländern so entfalten konnten wie die indische Küche. Von südafrikanischen *Masalas* über karibische Eintöpfe und britische Currys bis hin zu japanisch inspirierten Gewürzkompositionen ist die Vielseitigkeit des Currys in all seinen Formen wahrlich beeindruckend.

Über Jahrhunderte hinweg schuf die Verschickung von Sklaven, denen später Wanderarbeiter, Wirtschaftsflüchtlinge und Geschäftsleute folgten, die Grundlage für die sich wandelnden Aromen der indischen Küche im Ausland. Vertraute Zutaten und Zubereitungsmethoden – der Duft von röstenden Kreuzkümmelsamen, ein Topf mit blubberndem Reis auf dem Feuer – waren oft die einzigen kulinarischen Verbindungen mit einem in weiter Ferne zurückgelassenen Land. Aber geschickte Köchinnen und Köche lernten bald, sich mit den Produkten ihres neuen Heimatlandes zu arrangieren, und damit gewannen sie die heimische Bevölkerung für sich und bereicherten deren nationale Küche. Selbst für Japaner sind Currys genügend wandlungsfähig, um Eingang in die heimische Küche zu finden.

Zu den Grundsätzen asiatischer Gastlichkeit gehört es, das Essen zu Hause mit Familie und Freunden zu teilen und darauf zu achten, dass stets genügend vorhanden ist. Selbst in ärmeren Haushalten wird meist eine Extraportion »für den Topf« oder als Opfergabe für die Götter zubereitet. Für unerwartete Gäste gibt man eine Handvoll gehackter Gemüse in das Hähnchen-Curry oder eine Handvoll Erbsen in den köchelnden Reis. Ob in Durban, Glasgow oder Trinidad, überall stehen die Köche auf die gleiche Weise zu ihrem kulinarischen Erbe. Rezepte sind selten ehernes Gesetz – die Zubereitung eines indischen Currys ist eine recht entspannte Sache, und jeder fühlt sich frei, Zutaten nach eigenem Gusto hinzuzufügen.

Gleichzeitig haben Spitzenköche einen neuen Weg eingeschlagen und Currys in den Adelsstand erhoben. Ihre Interpretationen sind ein Bekenntnis zur Vielseitigkeit des Currys. Lokale Produkte – jamaikanische Chilischoten, japanische Nudeln oder schottischer Lachs – finden sich ebenso auf modernen Speisekarten wie traditionelle Zutaten wie Korianderblätter, grüne Chilischoten und *Garam masala*. Die indische Küche und das Curry haben schon vor langem nationale Grenzen überwunden. Ihre weltweite Verbreitung ist eine Huldigung an Flexibilität, kulturelle Anpassungsfähigkeit und Experimentierfreudigkeit.

CURRYS AUS ALLER WELT

Von herzhaften traditionellen Speisen bis zu Cape-Malay-Currys, von feurigen indischen *Masalas* bis zu europäischen Gerichten – die moderne Küche Südafrikas ist ein Schmelztigel der Küchen der Welt. Ungeachtet der Apartheit und der mit ihr verbundenen Rassentrennung hat eine kulinarische Neugier jahrhundertelang die Köche dazu verführt, immer wieder neue Gerichte auszuprobieren. Und bis heute bereichern indische Gerichte und die muslimische Cape-Malay-Küche die südafrikanischen Mahlzeiten mit wunderbar gewürzten Köstlichkeiten, saftigen *Kebabs* und einer Vielzahl von Pickles und *Sambals*.

Vor Jahrhunderten kamen Einwanderer, Siedler und Sklaven über das Meer und brachten ihre Liebe zu den Küchenspezialitäten derjenigen Region mit, in der sich heute Indonesien und Indien befinden. Die Kap-Malaien, Nachfahren der einstigen Sklavenbevölkerung, sind geschickte Köche und kombinieren oft süße, fruchtige Zutaten mit säuerlicher Tamarinde und aromatischen Gewürzen. Ihr kulinarisches Erbe wird in der Cape-Malay-Küche mit exotischen sonnenverwöhnten Produkten wie Zitronenblättern, Fenchelsamen, Zimt und Kardamom zelebriert.

Im 19. Jahrhundert wurden indische Arbeiter nach Natal gebracht, um dort auf den Zuckerrohrfeldern zu arbeiten. Da sie nur wenig Zeit zum Kochen hatten, wurde die Zubereitung von Currys dem Tagesablauf angepasst und viele erhielten einen eintopfartigen Charakter. Indische Unternehmer etablierten einen Handel mit Gewürzen, Nahrungsmitteln und Textilen; viele ließen sich im Osten und Süden Afrikas nieder und variierten ihre Currys mit regionalen Zutaten wie Maismehl und afrikanischen Hülsenfrüchten. In Kenia erhielten indische »Currys« sogar Swahili-Namen. In Südafrika hat eine gemeinsame, durch die Apartheid entstandene Identität traditionelle Kastenunterschiede wie auch regionale und sprachliche Unterschiede etwas abgemildert. Insgesamt wurde die kulinarische und kulturelle Vielfalt gegen eine gesamtindische Küche eingetauscht, die wegen ihres typisch südafrikanischen Charakters bemerkenswert ist.

Von *Bobotie*, dem schmackhaften Hackfleischauflauf der Cape-Malay-Küche, bis zu *Bunny chow*, einem mit würzigem Curry gefüllten Brot, sind es die Gerichte für alle Tage, die die besten Aromen groß herausbringen. Die indisch inspirierte südafrikanische Küche ist niemals aufgeregt oder bizarr. Das Knistern von Curryblättern, der nussige Duft von geplatzten Senfkörnern und der süße Geruch von gerösteten Fenchelsamen liegen immer in der Luft. Die indische Küche ist in der kulinarischen Kultur Südafrikas ebenso fest verankert wie *Biltong* (luftgetrocknetes Wildfleisch) und *Boerewors* (Bauernbratwurst).

Roopa Gulati

Gewürze braten >
Curryblätter, Zimtstange und Senfkörner werden in heißem Öl geröstet.

Butter bean curry Wachsbohnen-Curry

Gemahlene *Masala*-Gewürze werden auf den Märkten im südafrikanischen Durban nach Gewicht verkauft und für fast jede Art von Curry gibt es eine andere Gewürzmischung. Zu den beliebtesten gehört das »Schwiegermutterzungen-*Masala*« mit reichlich Chilischoten. In diesem Rezept lernen Sie meine eigene Variante der Mischung kennen. Sie ist milder als viele andere *Masalas* und hat einen fast nussigen Charakter mit einer Spur erfrischend scharfer Chilischoten. Die cremige Milde der Wachsbohnen harmoniert mit den kräftigen indischen Gewürzen besonders gut.

Zutaten

3 EL Pflanzenöl
1 TL Senfkörner
2 Zweige Curryblätter (etwa 2 EL Blätter)
3–4 Bockshornkleesamen
2 Zwiebeln, gewürfelt
3 cm frischer Ingwer, fein gehackt
3 Knoblauchzehen, fein gehackt
2 grüne Chilischoten, entkernt und gehackt
4 Eiertomaten, gehäutet und gehackt
1 Möhre, geschält und in 3 cm große Stücke geschnitten
¾ TL gemahlener Koriander

1 Prise gemahlene Kurkuma
½ TL rotes Chilipulver
¾ TL gemahlener Kreuzkümmel
½ TL gemahlenes Garam masala
1 rote Paprikaschote, entkernt und in 3 cm große Stücke geschnitten
75 g grüne Bohnen, in 3 cm große Stücke geschnitten
400 g Wachsbohnen aus der Dose, abgetropft
2 EL gehackte Korianderblätter

Das Pflanzenöl in einem Karahi (indische Metallpfanne) oder Wok erhitzen. Senfkörner, Curryblätter und Bockshornkleesamen hineingeben. Nach etwa 30 Sekunden duften die Gewürze nussig.

Die Zwiebeln hinzufügen und bei schwacher Hitze etwa 10 Minuten anschwitzen. Ingwer, Knoblauch und Chilischoten unterrühren und braten, bis die Zwiebeln goldbraune Flecken haben.

Die Temperatur etwas erhöhen. Die Tomaten in den Topf geben und garen, bis die Mischung dick und dunkler geworden ist. Die Möhre hinzufügen, dann gemahlenen Koriander, Kurkuma, Chilipulver, Kreuzkümmel und Garam masala darüberstreuen. Die Zutaten 1 Minute braten. 150 ml heißes Wasser dazugießen und zugedeckt 10–15 Minuten köcheln lassen, bis die Möhren fast weich sind.

Paprikaschote und grüne Bohnen unterrühren und alles ohne Deckel etwa 10 Minuten weitergaren, bis die Gemüse weich sind.

Die Wachsbohnen sowie weitere 150 ml heißes Wasser hinzufügen und das Curry mit halb aufgelegtem Deckel noch einmal 10 Minuten garen; falls nötig zwischendurch noch etwas Wasser dazugeben.

Das Gericht mit dem gehackten Koriander garnieren und servieren, dazu gekochten Reis reichen.

Für 4 Personen

angenehm
würzig,
aromareich

Mtuzi wa samaki Kenianisches Fisch-Curry

Scharfe, dünne Currys, die mit Tamarinde und Kokosmilch zubereitet werden, sind typisch für die durch Immigranten aus Gujarat inspirierten Gerichte Ostafrikas. Die meisten Gujaratis sind Vegetarier, und dieses Curry kann statt mit Fisch auch ausschließlich mit Gemüse zubereitet werden – etwa mit grünen Bohnen, kleinen Auberginen und Möhrenstücken. Die beste Beilage ist eine ordentliche Portion Reis, die ausreicht, um die köstliche Sauce aufzunehmen.

Zutaten

Saft von 1 Limette
1 TL zerstoßene schwarze Pfefferkörner
600 g Schellfischfilet, gehäutet und in
    5 cm große Stücke geschnitten
6 EL Pflanzenöl

Würzmischung

2 getrocknete rote Chilischoten
¾ TL Koriandersamen
¾ TL Kreuzkümmelsamen
1 TL Senfkörner
1 Prise gemahlene Kurkuma

Masala

1 rote Zwiebel, fein gehackt
1 rote Paprikaschote, entkernt und in Streifen geschnitten
1 rote Chilischote, in feine Streifen geschnitten
4 Knoblauchzehen, fein gehackt
250 g Eiertomaten, gehäutet und fein gehackt
200 ml dicke Kokosmilch (S. 213)
125 ml Tamarindenwasser (S. 322, oder nach Geschmack)

Für die Würzmischung Chilischoten, Koriander, Kreuzkümmel und Senfkörner rösten, zu einem feinen Pulver vermahlen (S. 322) und mit der Kurkuma vermischen. Das Pulver beiseite stellen.

Limettensaft und zerstoßenen Pfeffer vermischen und über den Fisch gießen. Das Öl in einer tiefen Pfanne erhitzen. Den Fisch mit Küchenpapier trockentupfen und auf jeder Seite etwa 1 Minute braten, bis er leicht gebräunt, aber noch nicht ganz gar ist. Den Fisch mit einem Schaumlöffel auf einen Teller heben und mit Alufolie abgedeckt beiseite stellen.

Für die Masala die Zwiebel in die Fischpfanne geben und zugedeckt etwa 5 Minuten garen, bis sie weich ist. Sollte sie aussehen, als würde sie am Pfannenboden ansetzen, einen Spritzer Wasser dazugeben. Paprika, Chilischote und Knoblauch hinzufügen und die Zutaten ohne Deckel etwa 10 Minuten garen, bis die Zwiebel gerade Farbe anzunehmen beginnt. Die Würzmischung unterrühren und 1 Minuten kräftig braten.

Die Tomaten untermischen und zum Kochen bringen, dann 200 ml Wasser dazugießen. Das Curry etwa 15 Minuten köcheln lassen, bis es dick geworden ist.

Die Kokosmilch hinzufügen und so viel Tamarindenwasser, dass eine angenehme Säure entsteht. Die Sauce sollte nicht zu dick sein und fast die Konsistenz einer Brühe haben.

Den Fisch wieder in die Pfanne geben und 5–10 Minuten in der heißen Flüssigkeit ziehen lassen, bis er gar ist. Das Curry heiß servieren.

Für 4 Personen

suppen-
artig,
säuerlich

Krebs-Mango-Curry

Dieses köstliche Curry von den Malediven vereinigt in sich sonnengereiftes tropisches Obst, kräftige Gewürze und frische Meeresfrüchte. Wie bei vielen asiatisch inspirierten Gerichten kann man auch hier experimentieren, sobald man ein Gefühl für die Zutaten entwickelt hat – geben Sie etwa ein paar Nelken, grüne Chilischoten oder weiße Pfefferkörner dazu. In Currys mit Meeresfrüchten schmecken auch Sternfrucht, Papaya oder Ananas gut.

Zutaten

Saft von 1 Limette
1 Prise gemahlene Kurkuma
¾ TL zerstoßene schwarze Pfefferkörner
8 ungegarte Krebsscheren
1 feste, leicht unreife Mango, in 2 cm große Würfel geschnitten
1 EL Palmzucker oder Muscovado-Zucker

Masala

4 EL Pflanzenöl
¾ TL Senfkörner
2 Zweige Curryblätter (etwa 2 EL Blätter)

4 cm Zimtstange
1 große Zwiebel, in Scheiben geschnitten
2 rote Chilischoten, entkernt und gehackt
3 Knoblauchzehen, fein gehackt
2 cm frischer Ingwer, fein gehackt
½ TL gemahlener Kreuzkümmel
½ TL Chilipulver
1 TL Fenchelsamen, geröstet und gemahlen (S. 322)
4 große Eiertomaten, gehäutet und fein gehackt

Limettensaft, Kurkuma und zerstoßenen Pfeffer vermischen. Die Krebsscheren in der Mischung wenden, dann beiseite stellen.

Für die Masala das Öl in einem Wok oder Karahi erhitzen und die Senfkörner hineingeben – sie sollten fast sofort aufspringen. Curryblätter und Zimtstange hinzufügen und wenn nach etwa 30 Sekunden nichts mehr spritzt, die Zwiebelscheiben dazugeben. Die Hitze reduzieren, den Deckel auflegen und die Zwiebel etwa 5 Minuten garen, bis sie weich ist.

Chilischoten, Knoblauch und Ingwer hineinrühren und 1 Minute garen, dann Kreuzkümmel, Chilipulver und Fenchel hinzufügen. Die Zutaten vermischen und die Tomaten dazugeben. Die Masala braten, bis der Großteil der Flüssigkeit verdampft ist.

Die Krebsscheren mit dem gewürzten Limettensaft in den Topf geben. Nach einigen Sekunden die Mangowürfel hinzufügen und den Zucker darüberstreuen. Auf starke Hitze heraufschalten und alles etwa 10 Minuten braten, bis die Krebsscheren Farbe annehmen und das Fleisch weich ist. Sollte es so aussehen, als könnte die Masala am Boden ansetzen, ab und zu einen Spritzer Wasser dazugeben.

Zum Essen braucht man einen kleinen Hammer oder eine Hummerzange, um die Krebsscheren aufzubrechen – was eine recht unsaubere Sache ist, aber großen Spaß macht. Als Beilage Fladenbrot oder Reis reichen.

Für 4 Personen

säuerlich, leicht süß

Beim Krebsfang >

Kochbananen-Curry

In KwaZulu-Natal leben sehr viele Inder und folglich findet man hier zahlreiche indisch inspirierte Gerichte. Da Kochbananen preiswert und reichlich im Angebot sind, dienen sie vielen Einheimischen als Grundnahrungsmittel. Ein Curry aus Kochbananen kann als Beilage oder Imbiss gereicht werden. Dieses Rezept von meiner Schwiegermutter Ambi Pillay ist leichter als andere Rezepte, weil die Bananen erst gedämpft werden, ehe man sie mit pfeffrigen Curryblättern und Senfkörnern brät. Das Curry ist wunderbar säuerlich und besonders lecker, wenn es mit eingelegten Chilischoten und Relishes serviert wird.

Zutaten

4 Kochbananen	3 cm frischer Ingwer, fein gehackt
3 EL Pflanzenöl	2 grüne Chilischoten, entkernt und
¾ TL Senfkörner	gehackt
½ TL Kreuzkümmelsamen	1 Prise gemahlene Kurkuma
1 Zweig Curryblätter (etwa 1 EL Blätter)	2 EL gehackte Korianderblätter
1 Zwiebel, fein gehackt	frisch gepresster Zitronensaft

Die ungeschälten Kochbananen in einen auf einen Topf mit köchelndem Wasser gesetzten Dämpfeinsatz legen und etwa 10 Minuten dämpfen – sie sollten danach immer noch ziemlich fest sein.

In der Zwischenzeit die Masala zubereiten. Das Öl in einem Karahi oder Wok erhitzen und die Senfkörner hinzufügen, dann Kreuzkümmelsamen und Curryblätter. Sobald die Samen aufplatzen und brutzeln, Zwiebel, Ingwer und Chilischoten dazugeben. Auf schwache Hitze reduzieren und die Zutaten zugedeckt etwa 10 Minuten garen, bis die Zwiebel weich ist.

Sobald die Kochbananen genügend abgekühlt sind, mit einem scharfen Messer schälen und in Längsrichtung lange Streifen abhobeln. Diesen Arbeitsschritt am besten unmittelbar bevor die Kochbananen der Zwiebelmischung hinzugefügt werden durchführen, da sich ihr Fleisch sehr rasch verfärbt.

Die Kurkuma in die heiße Masala geben und sorgfältig unterrühren. Die Bananenstreifen hinzufügen und 5–7 Minuten braten, sie dabei aber beobachten – sie sollen noch Biss haben. Sollte es so aussehen, als ob sie ansetzen könnten, etwas Wasser dazugeben.

Das Curry mit dem gehackten Koriander bestreuen und mit etwas Zitronensaft abschmecken, dann servieren. Dazu reicht man gekochten Reis.

Für 4 Personen

mild gewürzt, leicht

Bunny chow Bohnen-Curry in Brot

Bunny chow begann sein Dasein als preiswerte, sättigende Mahlzeit für Arbeiter in der Stadt und ist heute der ultimative Straßensnack in Südafrika. Niemand weiß genau, wann es entstand, aber die meisten Leute glauben, dass sich sein Name von *Baniya* ableitet, einem indischen Wort für Krämer. Ein solcher Krämer war wohl auf die Idee gekommen, Bohnen-Curry in einen ausgehöhlten Brotlaib zu füllen. Neben diesem Rezept gibt es auch *Bunny chows* mit Gemüse, Huhn und Lamm. Alle sind unglaublich würzig und werden am besten abends mit reichlich kaltem Bier genossen.

Zutaten

1 großes Kastenweißbrot
4–6 EL Pflanzenöl
3 Zweige Curryblätter (etwa 3 EL Blätter)
2 Zwiebeln, gewürfelt
5 cm frischer Ingwer, geraspelt
2 TL zerstoßene getrocknete Chilischoten
1 Kartoffel (etwa 150 g), geschält und gewürfelt

400 g Tomatenstückchen aus der Dose
1 TL gemahlenes Garam masala
150 g grüne Bohnen, grob gehackt
2 Dosen Kidney-Bohnen (je 400 g)
Saft von 1 kleinen Zitrone
1 große Handvoll Korianderblätter, gehackt

Waagrecht einen 3 cm dicken Deckel vom Brot abschneiden. Den größten Teil der Krume aus dem Brot herauslösen, sodass 1 cm dicke Wände stehen bleiben. Das ausgehöhlte Brot und den Deckel beiseite stellen.

Das Öl in einem großen Topf erhitzen und die Curryblätter hineingeben. Nach etwa 10 Sekunden auf schwache Hitze reduzieren. Zwiebeln, Ingwer und Chilischoten unterrühren und zugedeckt 10–15 Minuten garen, bis die Zwiebeln sehr weich sind. Den Deckel abnehmen und die Zutaten weitergaren, bis die Zwiebeln goldbraun sind.

Die Kartoffelwürfel hinzufügen und zugedeckt etwa 10 Minuten garen, bis sie fast weich sind, dabei immer wieder umrühren, damit sie nicht am Topfboden ansetzen.

Tomaten und Garam masala dazugeben und rasch braten, bis die Tomaten dunkler werden und die Masala dick wird. Grüne Bohnen hineinrühren und 1 Minute garen. Die Kidney-Bohnen mit der Flüssigkeit hinzufügen. Gut umrühren, alles zum Kochen bringen und etwa 10 Minuten köcheln lassen, bis das Curry dick wird.

Den Backofen auf 180 °C vorheizen.

Für 4 Personen

Zitronensaft und gehackte Korianderblätter in das Curry rühren. Das ausgehöhlte Brot bis knapp unter den Rand mit dem heißen Curry füllen. Den Brotdeckel aufsetzen und gut andrücken. Das Brot in Alufolie wickeln und für 15 Minuten in den Backofen schieben.

aromareich, scharf

Das Brot in der Alufolie auf einem großen Brett servieren, bei Tisch auspacken, und die vier Ecken abbrechen und mit dem Essen beginnen – Besteck ist überflüssig!

Bobotie Würziger Hackfleischauflauf

Bobotie kam im 17. Jahrhundert mit den südostasiatischen Sklaven nach Südafrika. Er ist eine Huldigung an die Cape-Malay-Küche und die kulinarischen Einflüsse des Islams. Die Buren garten früher ihre Variante in einem ausgehöhlten Kürbis. Heute kocht man das Gericht in einem runden Topf, und viele Köche geben ihm eine persönliche Note, etwa indem sie eine Handvoll Rosinen oder getrocknete Aprikosen zufügen.

Zutaten

2 Scheiben Weißbrot, die Kruste entfernt
125 ml Milch
2 EL Pflanzenöl
50 g Butter
2 Zwiebeln, grob gehackt
2 rote Chilischoten, entkernt und gehackt
4 große Knoblauchzehen, fein gehackt
600 g Lammhackfleisch
2 ½ TL mildes Currypulver
¾ TL gemahlener Zimt
¾ TL zerstoßene schwarze Pfefferkörner
abgeriebene Schale und Saft von 1 unbehandelten Zitrone

1 EL scharfes Mango-Chutney, gehackt
1 TL Demerara-Zucker
1 EL abgezogene Mandeln, halbiert
6 Zitronenblätter oder frische Lorbeerblätter

Für die Kruste

2 große Eier
100 g Sahne
100 ml Milch
1 Prise zerstoßene schwarze Pfefferkörner
1 Prise geriebene Muskatnuss

Das Brot in große Stücke brechen, in eine kleine Schüssel geben und mit der Milch übergießen. Für 10 Minuten beiseite stellen.

In der Zwischenzeit das Öl in einer feuerfesten Kasserolle erhitzen, dann die Butter hinzufügen. Zwiebeln und Chilischoten darin goldbraun braten. Knoblauch und Hackfleisch dazugeben und unter häufigem Rühren braten, bis das Fleisch gebräunt ist. Currypulver, Zimt, Pfeffer und Zitronenschale untermischen und die Zutaten bei mittlerer Hitze weitere 5 Minuten braten.

Das Brot ausdrücken, zur Fleischmischung geben und sorgfältig zerkleinern. Zitronensaft, Chutney, Zucker und Mandeln hinzufügen. Die Kasserolle von der Kochstelle nehmen und den Inhalt abkühlen lassen, dann in eine 1 l fassende Pie-Form füllen. Zitronen- oder Lorbeerblätter aufrollen und aufrecht in die Fleischmischung stecken, sie sollten noch herausschauen.

Den Backofen auf 180 °C vorheizen.

Für 4 Personen

Für die Kruste Eier, Sahne und Milch verschlagen und den Pfeffer untermischen. Die Mischung über das Fleisch gießen und mit Muskatnuss bestreuen. Die Form in einen zur Hälfte mit heißem Wasser gefüllten Bräter stellen und für etwa 25 Minuten in den Backofen schieben, bis die Oberfläche des Auflaufs goldbraun und fest ist.

mild, leicht süß

Das Gericht mit gekochtem Reis oder im Backofen gegarten Bataten servieren. Auch ein knackiger Salat und etwas säuerliches Chutney passen gut dazu.

Die Arbeiter, die im 19. Jahrhundert vom indischen Subkontinent und aus China per Schiff in die Karibik gebracht wurden, um auf den Plantagen zu arbeiten, hinterließen ihre Spuren an den denkbar besten Orten – in den Bäuchen der dortigen Einwohner. Seit dem Tag, an dem 1845 die ersten Arbeiter in der Karibik eintrafen, durchdringen die Farben, Aromen und Konsistenzen der indischen Küche alle Mahlzeiten und bestimmen viele Feste, die auf den Inseln gefeiert werden. Und so wie sich die Nachkommen von Afrikanern und Indern vermischten und heirateten, hüpften auch die Nahrungsmittel ihrer Länder zusammen in einen Kochtopf, vermischten sich und ließen eine lebendige Küche entstehen.

Zwischen 1845 und 1917 kamen über 140 000 Inder allein nach Trinidad und Tobago. Sie sollten Schwarzafrikaner ersetzen, die 1833 aus der Sklaverei entlassen worden waren. Die Inder waren eine entwurzelte Bevölkerungsgruppe, fast 20 000 Kilometer von ihrer Heimat entfernt, und die Bewahrung ihrer kulinarischen Traditionen bot ihnen Trost, während sie sich allmählich in dem neuen Land einlebten. Heute stellen indischstämmige Karibikbewohner einen großen Teil der Bevölkerung von Guyana, Surinam, Trinidad und Tobago. Kleinere Gruppen leben auf Barbados, Jamaika, Grenada, Martinique und Guadeloupe.

Die größte Auswahl indischstämmiger Gerichte findet man in Trinidad und Tobago, wo 42 Prozent der Bevölkerung indischer Abstammung sind. Die große Mehrzahl der Speisen an den Straßenständen ist indischen Ursprungs. An einem typischen Morgen in Port of Spain auf Trinidad sieht man Arbeiter und Rechtsanwälte in der gleichen Schlange warten, um den Tag mit einem leckeren Imbiss zu beginnen, der *Doubles* (S. 316) heißt. Gewöhnlich isst man ihn am Straßenrand und trinkt dazu die eiskalte Flüssigkeit einer aufgebrochenen Kokosnuss.

Einer der beliebtesten Straßensnacks ist *Roti*. In Indien ist dies der Name für ein Fladenbrot, aber auf den Inseln versteht man darunter ein Fladenbrot mit einer Curryfüllung, die mit Ziege, Garnelen, Huhn, Rindfleisch oder Kichererbsen und Gemüse zubereitet sein kann. Brot ist in der Karibik die beliebteste Beilage zu Currys. Man serviert aber auch Reis dazu, den indische und chinesische Arbeiter in diese Region brachten.

Der Einfluss des Currys reicht sogar bis in die Musik hinein. »Chutney« ist nicht nur eine Beilage zu Curry, sondern auch der Name der indischen Version von Soca und Soul. Diese Musik ist von Pan- und Rap-Rhythmen ebenso inspiriert wie von traditionellem indischem Liedgut und Bollywood-Musik und in der Karibik extrem populär.

Judy Bastyra

Karibische Chilischoten >

Grundzutaten

Frühlingszwiebeln

Sie sind ein wichtiger Bestandteil jeder Würzpaste aus frischen Zutaten. Mit Staudensellerie, Schnittlauch, Petersilie, Langem Koriander und Knoblauch ergeben sie eine grüne Würzpaste, mit der man in Trinidad Fleisch, Geflügel und Fisch würzt.

Chilischoten

Scharfe Chilischoten verleihen der karibischen Küche ihr typisches Aroma. Man verwendet viele Sorten wie Scotch Bonnet, winzige Bird- oder Birdeye-Chilischoten und *Seasoning peppers*. Am beliebtesten ist der Scotch Bonnet, der extrem scharf ist, aber einen typischen, fruchtigen Geschmack hat.

Seasoning peppers haben einen intensiven Geschmack, sind aber milder als andere Chilischoten. Bekommt man keinen scharfen karibischen Chili, lässt sich mit einer karibischen scharfen Chilisauce ein authentischeres Aroma erreichen als mit anderen frischen Chilischoten.

Thymian

Thymian wird in der gesamten Karibik verwendet, ist aber vor allem in Trinidad und Tobago wichtiger Bestandteil der »Würzpaste«.

Langer Koriander

Langer Koriander (*Eryngium foetidum*) ist ein Wildkraut, dessen Blätter auf Trinidad und Tobago und vielen anderen Inseln als Aromazutat verwendet werden. Er ist in der Karibik unter verschiedenen Namen bekannt wie *Shado beni* (Trinidad), *Chadron benee* (Dominica) oder *Culantro* (Haiti). Die meisten scheinen sich vom französischen *Chardon beni* abzuleiten, was gesegnete Distel bedeutet. Die Blätter des echten Korianders sind ein guter Ersatz.

Currypulver

Anders als in den meisten Ländern, in denen Currys zubereitet werden, würzt man in der Karibik Currys mit vor Ort hergestellten Currypulvern. Jede Mischung ist anders und die Gewürze und deren Anteile sind den regionalen Vorlieben angepasst. Keine Mischung ist extrem scharf. Eine spezielle Mischung aus indischen Gewürzen, die man auf Guadeloupe verwendet, ist Colombo-Curry (*Poudre de colombo*).

Piment

Bei Piment handelt es sich um die getrockneten Beeren eines tropischen Baumes, der auf Jamaika kultiviert wird. Im Geschmack sind sie eine Mischung aus Nelken, schwarzem Pfeffer, Zimt und Muskatnuss. Piment ist eines der wichtigsten Gewürze für viele jamaikanische Speisen wie Jerk, aber auch Currys. Es wird ähnlich wie Nelken und entweder ganz oder gemahlen verwendet.

< Pimentbeeren

Dhalpurie roti Fladenbrot mit gemahlenen Spalterbsen

In Trinidad gibt es zwei Arten von *Rotis*. Bei der einen handelt es sich um normales Fladenbrot, die andere ist mit Spalterbsen gefüllt und wird *Dhalpurie roti* oder einfach *Dhalpurie* genannt. *Roti* kann mit Curry gefüllt und wie ein Sandwich aus der Hand gegessen oder als Beilage zu einem Curry gereicht werden, um das Curry damit aufzunehmen. Man kann *Roti* einfrieren und im Mikrowellengerät wieder erhitzen.

Zutaten

2 gehäufte EL feinster Zucker
2 Eier
400 ml Vollmilch
750 g Mehl
1 EL Salz
½ TL Backpulver
4 EL Pflanzenöl
4 EL Pflanzenöl oder zerlassene
   Margarine oder eine Mischung aus
   beidem, zum Bestreichen

Füllung
225 g Spalterbsen
½ TL gemahlene Kurkuma
2 TL Salz
3 Knoblauchzehen, gehackt
1 EL Pflanzenöl
1 EL gemahlener Kreuzkümmel

Für die Füllung die Erbsen mit Kurkuma, 1 TL Salz und Knoblauch in einem Topf mit Wasser bedeckt zum Kochen bringen und 15–20 Minuten köcheln lassen, bis sie gar, aber noch nicht zerfallen sind. Gut abtropfen und abkühlen lassen.

Die Erbsen in der Küchenmaschine oder einer Kaffeemühle zu einer pulvrigen Paste vermahlen. Das Öl in einer Pfanne erhitzen und die Paste bei mittlerer Temperatur 1 Minute garen, dabei ununterbrochen rühren, damit sie nicht ansetzt oder anbrennt. Kreuzkümmel und das restliche Salz nach Geschmack hinzufügen. Die Paste beiseite stellen, während der Teig zubereitet wird.

Zucker, Eier und Milch in einem großen Krug verrühren, bis sich der Zucker aufgelöst hat. Das Mehl in eine große Schüssel sieben, dann Salz und Backpulver untermischen. Nach und nach die Milch-Eier-Mischung hinzufügen und einen weichen Teig herstellen. Den Teig nicht zu stark kneten, weil er sonst zu dehnbar wird. Mit einem feuchten Tuch abdecken und 15 Minuten ruhen lassen.

Das Öl zum Teig geben und kurz einarbeiten. Den Teig in 12 Stücke teilen und diese zu Kugeln formen. Eine Vertiefung in eine Kugel drücken und 2–3 EL Erbsenpaste hineingeben. Den Teig über der Füllung zusammennehmen und wieder zu einer Kugel formen. Die Kugel dünn mit Mehl bestauben und auf der bemehlten Arbeitsfläche behutsam dünn ausrollen. Mit den übrigen Kugeln ebenso verfahren.

Eine eingeölte Pfanne erhitzen. Ein Roti hineinlegen und 1 Minute backen, dann umdrehen und mit Öl oder zerlassener Margarine bestreichen. Den Fladen weitere 30 Sekunden backen, dann wieder umdrehen und mit Öl oder Margarine bestreichen. Herausnehmen und warm stellen, während die restlichen Roti gebacken werden. Heiß servieren.

Ergibt 12 Stück

mild,
sättigend

Trinidadian Roti Garnelen in Erbsenbrot

Zu den beliebtesten Speisen an Trinidads Straßenständen gehören in *Rotis* eingewickelte Currys, die wie ein heißes Sandwich gegessen werden. Roti-Händler findet man in ganz Trinidad und Tobago, einer der besten Orte ist jedoch St. James bei Port of Spain. An Freitagabenden ist dort immer was los. Die Bars sind voll und die Menschen stehen bis auf die Straße hinaus. Das Leben brummt bis in die frühen Morgenstunden und die ganze Nacht über werden frische *Rotis* zubereitet. Das Geheimnis dieser Garnelenfüllung ist die grüne Würzpaste.

Zutaten

900 g ungegarte mittelgroße Garnelen, geschält

1 TL fein gehackter Knoblauch

1 große Zwiebel, fein gehackt

3 EL Currypulver, vorzugsweise aus Trinidad

2 EL Pflanzenöl

2 mittelgroße Kartoffeln (insgesamt etwa 225 g), gewürfelt, 5 Minuten gekocht und abgetropft

1 TL Salz

1 Scotch-Bonnet-Chilischote, entkernt und in schmale Ringe geschnitten

1 EL fein gehackter Langer Koriander oder 2 EL fein gehackte normale Korianderblätter

6 Dhalpurie roti (S. 311)

Grüne Würzpaste

1 Bund Frühlingszwiebeln, grob gehackt

2 EL grob gehackter Schnittlauch

2 EL grob gehackte Petersilie

3 EL gehackter Langer Koriander oder normale Korianderblätter

4 Knoblauchzehen, geschält

Zuerst die grüne Würzpaste zubereiten. Alle Zutaten mit 4 EL Wasser in der Küchenmaschine oder im Mixer so fein zerkleinern, dass sie fast püriert sind. (Dies ergibt mehr Paste als für das Rezept gebraucht wird, der Rest kann jedoch bis zu einer Woche im Kühlschrank aufbewahrt werden. Damit die Paste noch länger hält, das Wasser durch 1 EL Rohrzuckeressig oder Branntweinessig ersetzen.)

Die Garnelen sorgfältig mit Knoblauch, der Hälfte der Zwiebeln und 4 EL Würzpaste vermischen und für 30 Minuten beiseite stellen.

Das Currypulver mit 4 EL Wasser zu einer Paste verrühren. Das Öl in einer Pfanne erhitzen. Die restlichen Zwiebeln darin 6 Minuten braten, bis sie weich sind. Die Currypaste hinzufügen und 1 Minute garen. Die Kartoffeln untermischen und bei schwacher Hitze 5 Minuten garen.

Die Garnelen mit Salz und Chili hinzufügen und 1–2 Minuten rühren, um sie mit der Currypaste zu überziehen. 125 ml Wasser dazugießen und die Zutaten bei starker Hitze 3–5 Minuten garen, bis die Garnelen rosa geworden sind; aber nicht zu lange garen, weil sie sonst hart werden. Den Koriander untermischen, das Curry in die Rotis wickeln und heiß servieren.

Für 6 Personen

angenehm würzig

Jamaican goat curry Jamaikanisches Ziegen-Curry

In Jamaika darf auf keinem Fest ein Topf Ziegen-Curry fehlen. Ziegenfleisch wird in der gesamten Karibik gern gegessen, gilt aber vor allem als jamaikanische Spezialität. Ein anderes jamaikanisches Gericht ist *Mannish Water*, das aus allen Teilen der Ziege zubereitet wird und aphrodisierend wirken soll. Traditionell wird das Fleisch mit Knochen gegart, denn Jamaikaner halten das Fleisch dicht am Knochen für besonders schmackhaft. Für dieses Rezept wird entbeinte Ziegenkeule verwendet, Sie können den Knochen jedoch vom Metzger zerteilen lassen und mitgaren, damit die Sauce kräftiger schmeckt. Sollten Sie kein Ziegenfleisch bekommen, verwenden Sie Lamm. In Jamaika wird das Curry mit Reis, Erbsen und gebratenen Kochbananen serviert.

Zutaten

2 kg Ziegenkeule, entbeint (Knochen aufbewahrt), gewaschen, trockengetupft und in 2,5 cm große Würfel geschnitten
2 EL fein gehackter Schnittlauch
2 Scotch-Bonnet-Chilischoten, 1 Schote entkernt und gehackt, die andere ganz belassen
4 Knoblauchzehen, fein gehackt
1 TL gemahlenes Piment
1 kleiner Bund Thymian, Blätter gehackt

4 EL karibisches Currypulver (Colombo-Curry, S. 310))
2 EL Pflanzenöl
2 Zwiebeln, fein gehackt
1 EL geriebener frischer Ingwer
1 TL Salz
400 ml Kokosmilch (S. 213)

Die Fleischwürfel mit Schnittlauch, gehackter Chilischote, der Hälfte des Knoblauchs, Piment, der Hälfte des Thymians und 2 EL Currypulver vermischen und zugedeckt mindestens 4 Stunden durchziehen lassen, besser noch über Nacht.

Das Öl in einer großen feuerfesten Kasserolle erhitzen. Restlichen Knoblauch und Thymian sowie Zwiebeln und Ingwer darin etwa 5 Minuten braten, bis sich die Zwiebeln zu färben beginnen.

Das restliche Currypulver mit 4 EL Wasser vermischen, in den Topf geben und unter Rühren garen, bis die gesamte Flüssigkeit verdampft ist. Die Fleischwürfel dazugeben und bei schwacher Hitze etwa 5 Minuten rundum anbraten, dabei ständig rühren, damit sie nicht ansetzen.

Knochen, Salz und ganze Chilischote hinzufügen, dann die Kokosmilch und 250 ml Wasser dazugießen. Den Topfinhalt zum Kochen bringen und nach Reduzieren der Hitze zugedeckt 2 Stunden köcheln lassen.

Den Deckel abnehmen und das Curry noch einmal etwa 30 Minuten garen, bis das Fleisch weich und zart und die Sauce dick und glänzend ist. Das Gericht heiß servieren.

Für 4–6 Personen

mild, cremig, fleischbetont

Doubles Fladenbrot mit Kichererbsen

Doubles besteht aus zwei dünnen, mit Kichererbsen gefüllten Brotfladen *(Baras)*, die mit scharfer Chilisauce und Mango-Chutney serviert werden. Ich esse es am liebsten bei George, dessen Stand vor der Brooklyn Bar in Port of Spain steht. Ein paar Meter weiter gibt es noch einen *Doubles*-Stand namens »George X« – das ist Georges Ex-Frau.

Zutaten

250 g getrocknete Kichererbsen, über
    Nacht eingeweicht
2 EL Pflanzenöl
1 große Zwiebel, fein gehackt
4 Knoblauchzehen, fein gehackt
2 EL mildes Currypulver
1 TL gemahlener Kreuzkümmel
1 TL Salz
1 Prise gehackte Scotch-Bonnet-Chilischote
    oder einige Tropfen scharfe Chilisauce
    (nach Belieben)
gehackter Langer (oder echter) Koriander

Baras
350g Mehl
1½ TL Trockenhefe
½ TL feinster Zucker
½ TL Salz
1 TL gemahlene Kurkuma
½ TL gemahlener Kreuzkümmel
2 EL zerlassene Margarine
250 ml Pflanzenöl zum Ausbacken

Die Kichererbsen abtropfen lassen, mit frischem gesalzenem Wasser in einem Topf zum Kochen bringen und 15–20 Minuten kochen lassen, bis sie zart sind. Abtropfen lassen.

Das Öl in einer großen Pfanne erhitzen. Zwiebel und Knoblauch darin braten, bis sie goldbraun sind. Currypulver und 4 EL Wasser unterrühren und einige Minuten garen. Die Kichererbsen untermischen und 5 Minuten garen. 250 ml Wasser, Kreuzkümmel, Salz und Chilischote (sofern verwendet) hinzufügen. Die Zutaten zum Kochen bringen. Dann den Topfinhalt zugedeckt bei schwacher Hitze etwa 15 Minuten köcheln lassen, bis die Kichererbsen weich und saftig sind, falls nötig noch Wasser dazugeben. Warm stellen, während die Baras zubereitet werden (oder vor dem Servieren wieder erhitzen).

Mehl, Hefe, Zucker, Salz, Kurkuma, Kreuzkümmel und Margarine in einer Schüssel vermischen. Etwa 250 ml lauwarmes Wasser hinzufügen, einen weichen Teig herstellen, diesen einige Minuten kneten, wieder in die Schüssel legen und zugedeckt für 15 Minuten beiseite stellen.

Aus dem Teig 24 Kugeln formen. Auf der geölten Arbeitsfläche jede Kugel mit den Fingern zu einem dünnen Fladen von etwa 8 cm Durchmesser flach klopfen.

Das Öl in einer tiefen Pfanne erhitzen. Einen Bara in das Öl legen und 5–7 Sekunden ausbacken, bis sich Blasen bilden, dann umdrehen und nochmals 5–7 Sekunden ausbacken. Mit dem Schaumlöffel herausnehmen, auf Küchenpapier abtropfen lassen und warm halten, während die übrigen Fladen ausgebacken werden.

Zum Servieren 2 EL Kichererbsen zwischen zwei Bara geben. Die Doubles mit Koriander sowie scharfer Chilisauce und/oder Mango-Chutney nach Geschmack servieren.

Für 8–12 Personen

mild, lecker

Enten-Curry »River lime«

Wenn man durch Trinidad fährt, sieht man an den Flussufern oft Menschen indischer Abstammung, die zusammen den Tag genießen, eisgekühltes karibisches Bier trinken und Spaß miteinander haben. Dies ist ein so genannter »river lime«, und Enten-Curry gehört zu den Gerichten, die dabei oft in einem *Dutchie* über dem offenen Feuer gegart werden. *Dutchie* ist der einheimische Begriff für *Dutch pot*, ein Kochtopf, den frühe holländische Forschungsreisende Mitte des 17. Jahrhunderts mitbrachten. Er wird auch heute noch in der gesamten Karibik benutzt.

Zutaten

1 Ente (etwa 2,25 kg), gehäutet, von überschüssigem Fett befreit und in portionsgroße Stücke geteilt
1 Bund Thymian, Stängel entfernt
1 EL fein gehackter frischer Ingwer
2 Knoblauchzehen, zu einer Paste zerrieben
1 rote Zwiebel, fein gewürfelt
5 Seasoning peppers (S. 310), fein gehackt, oder 1 Scotch-Bonnet-Chilischote, entkernt und fein gehackt

Blätter von 1 Bund Langem Koriander oder echtem Koriander, gehackt, plus ein paar zusätzliche Blätter zum Garnieren
5 EL Trinidad-Currypulver
1 EL gemahlene Kurkuma
1 EL geröstete Kreuzkümmelsamen
4 EL Pflanzenöl
0,9–1,2 l Kokosmilch (S. 213)
1 Scotch-Bonnet-Chilischote
Salz und frisch gemahlener Pfeffer

Die Ententeile mit Thymianblättern, Ingwer, Knoblauch, Zwiebel, gehackter Chilischote, gehacktem Koriander und 1 EL Currypulver vermischen und durchziehen lassen, am besten über Nacht.

Restliches Currypulver, Kurkuma und Kreuzkümmel mit 4 EL Wasser vermischen. Das Öl in einer schweren Pfanne erhitzen und die Gewürzmischung etwa 12 Minuten darin rösten, bis sie gebräunt ist. Die Ententeile hinzufügen und wenden, um sie gut mit den Gewürzen zu überziehen, dann 15 Minuten braten, bis sie rundum gebräunt sind.

Die Kokosmilch dazugeben und zum Kochen bringen. Die Hitze reduzieren, die ganze Scotch-Bonnet-Chilischote hinzufügen und alles zugedeckt etwa 1 ¼ Stunden köcheln lassen, bis das Fleisch weich ist.

Den Deckel abnehmen und den Pfanneninhalt noch einmal etwa 10 Minuten köcheln lassen, bis die Sauce etwas eingekocht ist. Das Curry salzen und pfeffern, mit einigen Korianderblättern garnieren und sofort servieren. Dazu Reis reichen.

Für 4–6 Personen

kräftig, voller Aroma

Leilas Hähnchen-Curry

Dieses köstliche Rezept gab mir eine Freundin aus Guyana, und ich habe das Gericht schon viele Male zubereitet. Es unterscheidet sich von anderen karibischen Currys insofern, als man eine selbst hergestellte Gewürzmischung mit etwas fertiger Curry-paste kombiniert. Das Gewürzpulver hält sich in einem luftdicht verschlossenen Behälter mehrere Wochen. Mit Lamm- oder Rindfleisch ist es übrigens ebenso lecker wie mit Huhn. Ich habe das Hähnchen gehäutet, um den Fettgehalt des Gerichts zu reduzieren, außerdem können die Gewürze so besser in das Fleisch eindringen.

Zutaten

1 TL gemahlene Kurkuma

1 EL Madras-Currypaste

2 EL Pflanzenöl

1 große Zwiebel, fein gehackt

5 Knoblauchzehen, fein gehackt

1 TL geriebener frischer Ingwer

2 rote Chilischoten, gehackt

1 Hähnchen (etwa 1,6 kg), gehäutet und in 8–10 Stücke geteilt

4 Tomaten, gehäutet und gehackt

6 Curryblätter

2 Kartoffeln, geschält und geviertelt

Currypulver

2 EL Koriandersamen

1 EL Kreuzkümmelsamen

1 EL grüne Kardamomkapseln (S. 260)

1 TL schwarze Pfefferkörner

1 TL Nelken

1 Zimtstange

2 TL schwarze Senfkörner

Zur Zubereitung des Currypulvers alle Gewürze rösten und mahlen (S. 322). Dann 2 EL des Pulvers mit der Kurkuma und Currypaste vermischen und sorgfältig 2 EL Wasser unterrühren.

Das Öl in einem großen, schweren Topf erhitzen. Zwiebel, Knoblauch, Ingwer und Chilischoten darin goldbraun braten. Die Currymischung hinzufügen und 3–5 Minuten braten, dabei ununterbrochen rühren, damit sie nicht anbrennt. Die Hähnchenteile hineinlegen und wenden, damit sie rundum mit der Würzmischung überzogen sind.

Tomaten und Curryblätter dazugeben und 1 Minute garen, dann die Kartoffeln und 125 ml Wasser hinzufügen. Den Deckel auflegen und den Topfinhalt etwa 20 Minuten köcheln lassen, bis das Fleisch gar ist, dabei gelegentlich umrühren, damit nichts am Topfboden ansetzt. Das Curry sofort mit Reis oder Roti servieren.

Für 4–6 Personen

angenehm würzig, aromatisch

200 Jahre Kolonialherrschaft auf dem indischen Subkontinent haben bei den Briten eine Liebe zur dortigen Küche wachsen lassen. Die indische Küche ist heute in Großbritannien so allgegenwärtig, dass *Chicken tikka masala* sogar zum beliebtesten britischen Nationalgericht gewählt wurde.

Die britische *Memsahib* hat indische *Masalas* dem westlichen Gaumen angepasst, was natürlich auf Kosten der Authentizität ging. Die Currys der Kolonialzeit wurden mit Fleisch zubereitet, mit Currypaste gebraten und dann in Wasser geschmort. In solchen »anglisierten« Currys, die von Heimkehrern populär gemacht wurden, finden sich oft Bananen, Kokosraspeln und Rosinen – ein Kochstil, der in Südasien praktisch unbekannt ist.

Natürlich entstehen in jeder Küche immer wieder neue Kombinationen von Aromen und neue Garmethoden. Keine bleibt so, wie sie war. So kannte man in Indien keine Chilischoten, bevor die Portugiesen sie aus der Neuen Welt mitbrachten. Und in der britischen Küche spielen Gewürzmischungen schon lange eine wichtige Rolle.

Während der 1960er- und 1970er-Jahre kamen Einwanderer aus Indien, Bangladesch, Pakistan, Sri Lanka und Ostafrika in die britischen Großstädte und begannen dort, in Restaurants zu arbeiten. Sie passten die Speisekarten geschickt den regionalen Vorlieben und Erwartungen an, was den südasiatischen Restaurants in der zweiten Hälfte des letzten Jahrhunderts zu einem Erfolg sondergleichen verhalf.

Die meisten Inder mögen Currys, in denen das Fleisch mit Knochen gegart wird, da die Sauce so aromatischer wird. Dass sich auf diese Weise zubereitetes Fleisch mit Messer und Gabel aber schlecht essen lässt, erklärt vielleicht, weshalb man in Großbritannien entbeintes Fleisch vorzieht.

Während die Speisekarten vieler Curryhäuser in den letzten zwei Jahrzehnten fast unverändert geblieben sind, haben neue Kochstile in den Nobelrestaurants die moderne indische Küche auf ein höheres Niveau gehoben. Und in jüngerer Zeit haben Supermarktketten neue Produktlinien entwickelt, zu denen regionale Kleinode zählen wie Fisch-Curry aus Kerala oder *Biryani* aus Hyderabad.

Aber auch altbewährte Gerichte wie Madras Curry (S. 326), cremige *Kormas* und *Chicken tikka masala* (S. 330) behaupten sich in der indo-britischen Küche. Im Unterschied zu früher sind die Köche heute aber neugierig genug, um auch zu Hause die indische Gewürzdose zu öffnen und authentische Gerichte zu kochen.

Roopa Gulati

Curryhäuser in der Brick Lane in London >

Schritt 1

Gewürze rösten und mahlen

Wenn man ganze Gewürze ohne Fett röstet, entfalten sie ihr Aroma besser und lassen sich leichter mahlen.

Schritt 1
Eine kleine, schwere Pfanne bei mittlerer Temperatur erhitzen. Die ganzen Gewürze hineingeben und etwa 1 Minuten rösten, dabei ununterbrochen rühren oder die Pfanne schütteln, damit sie nicht verbrennen.

Schritt 2
Sobald sie dunkel werden und aromatisch zu duften beginnen, die Gewürze von der Kochstelle nehmen und auf einem Teller abkühlen lassen.

Schritt 3
Die Gewürze im Mörser, in einer Gewürzmühle oder sauberen Kaffeemühle zu einem feinen Pulver vermahlen.

Schritt 4
Damit es noch feiner wird, das Pulver durchsieben, um grobe Teile zu entfernen.

Schritt 3 >

Schritt 2

Tamarindenwasser
Man gibt ein walnussgroßes Stück Tamarindenmark (etwa 30 g) auf 125 ml Wasser. Für dickes Tamarindenwasser verwendet man die doppelte Menge Mark.

Schritt 1
1 Stück Tamarindenmark vom Block abbrechen und in einer Schüssel mit heißem Wasser bedecken. 10–15 Minuten stehen lassen, bis das Mark weich geworden ist, dann zwischen den Fingern zerdrücken, um Fasern und Samen zu trennen.

Schritt 2
Die Mischung durch ein Sieb streichen, feste Rückstände wegwerfen. Tamarindenwasser hält sich im Kühlschrank 2 Wochen.

Dhansak Lamm mit Hülsenfrüchten

Eigentlich muss *Dhansak* mit Liebe zubereitet werden und hat dann wenig mit den britischen Interpretationen des Gerichtes zu tun. Dieses Lamm-Curry mit seiner Mischung aus gewürzten Hülsenfrüchten, Gemüsepüree und säuerlicher Tamarinde verbindet einen modernen Kochstil mit dem reichen kulinarischen Erbe der Parsen. In Indien wird es immer mit Lamm zubereitet, in Großbritannien ist Huhn aber ebenso beliebt.

Zutaten

6 Knoblauchzehen, grob gehackt
3 cm frischer Ingwer, grob gehackt
4 EL Pflanzenöl
1 Sternanis
2 Zwiebeln, sehr fein gehackt
600 g entbeinte Lammschulter oder Lamm-
    keule, in 3 cm große Würfel geschnitten
¾ TL gemahlener Koriander
je ½ TL zerstoßene schwarze Pfefferkörner,
    gemahlener Zimt, zerstoßene grüne Karda-
    momkapseln (S. 260), Chilipulver und
    gemahlener Kreuzkümmel

Hülsenfrüchte

25 g halbe Kichererbsen (Chana dal)
25 g halbe rote Linsen (Masoor dal)
1 kleine Aubergine, gewürfelt
1 Handvoll frische Bockshornkleeblätter
    oder Senfkohl
75 g Kürbisfleisch, gewürfelt

Zur Fertigstellung

125 ml Tamarindenwasser (S. 322, oder
    Tamarindenwasser nach Geschmack)
1 schwach gehäufter TL Palmzucker
2 EL in Streifen geschnittene Minzeblätter

Zuerst die Hülsenfrüchte zubereiten. Kichererbsen waschen, mit Wasser bedeckt zum Kochen bringen und etwa 15 Minuten köcheln lassen, bis sie halb gar sind. Rote Linsen, Auberginenwürfel, Bockshornkleeblätter oder Senfkohl und Kürbiswürfel hinzufügen und köcheln lassen, bis alles sehr weich ist. Von der Kochstelle nehmen, etwas abkühlen lassen, dann im Mixer glatt pürieren. In einer Schüssel beiseite stellen.

Knoblauch und Ingwer mit 100 ml Wasser in den ausgewaschenen Mixer geben und eine dünne Paste herstellen, dann in eine kleine Schüssel füllen.

Den Backofen auf 170 °C vorheizen.

Das Öl in einer feuerfesten Kasserolle bei mittlerer Temperatur erhitzen. Den Sternanis darin einige Sekunden braten, dann die Zwiebeln hineinrühren und braten, bis sie beginnen goldbraun zu werden.

Das Fleisch in den Topf geben und unter häufigem Rühren bräunen. Nach und nach die Knoblauch-Ingwer-Paste unterrühren. Alle Gewürze hinzufügen und 1 Minute unter Rühren garen. So viel heißes Wasser dazugießen, dass das Fleisch zu drei Vierteln bedeckt ist. Den Topfinhalt zum Kochen bringen. Den Deckel auflegen und das Curry im Backofen etwa 40 Minuten garen, bis das Fleisch weich ist.

Die Linsenmischung unterrühren und noch einmal 10 Minuten garen. Zum Schluss Tamarindenwasser und Zucker untermischen. Das Curry sollte süßsauer schmecken. Mit Minze garnieren und servieren, dazu Reis reichen.

Für 4 Personen

**süß,
säuerlich**

Madras curry Feuriges Lamm-Curry

Vermutlich werden Sie kein Glück haben, wenn Sie in Chennai (früher Madras) ein Madras-Curry bestellen, denn es ist fast ebenso britisch wie Yorkshirepudding. Gehen Sie in verschiedene Curryhäuser und Sie werden in jedem ein anderes Madras-Curry finden. Allen gemein ist die brennende Schärfe von Chilischoten. Zu Hause lässt sich Madras-Curry einfach zubereiten. Wie viele Chilischoten Sie verwenden, liegt ganz bei Ihnen.

Zutaten

3 EL Pflanzenöl

2 Zwiebeln, sehr fein gehackt

250 g Eiertomaten, gehäutet und fein gehackt

2 TL Tomatenmark

600 g entbeinte Lammschulter oder Lamm-
    keule, in 3 cm große Stücke geschnitten

150 ml dicke Kokosmilch (S. 213)

Gewürzmischung

1 TL Koriandersamen

1 TL Kreuzkümmelsamen

½ TL Senfkörner

3–4 getrocknete rote Chilischoten

½ TL schwarze Pfefferkörner

Kokospaste

1 Prise gemahlene Kurkuma

½ TL gemahlener Zimt

4 Knoblauchzehen, grob gehackt

2 cm frischer Ingwer, grob gehackt

3 EL frisch geraspelte Kokosnuss

3 EL Weißweinessig

Für die Gewürzmischung die Gewürze rösten und mahlen (S. 322), dann beiseite stellen.

Für die Kokospaste alle Zutaten im Mixer glatt pürieren, falls nötig einen Spritzer Wasser hinzufügen.

Das Öl in einer großen, feuerfesten Kasserolle erhitzen und die Zwiebeln darin goldbraun braten. Tomaten, Tomatenmark und Gewürzmischung untermischen und unter häufigem Rühren etwa 10 Minuten rasch garen, bis eine dicke Sauce entstanden ist.

Das Fleisch in den Topf geben und bei starker Hitze braten, bis es Farbe annimmt. Währenddessen nach und nach die Kokospaste hinzufügen. Auf schwache Hitze reduzieren und so viel heißes Wasser in den Topf gießen, dass das Fleisch zu drei Vierteln bedeckt ist. Den Topfinhalt zugedeckt etwa 30 Minuten köcheln lassen, bis das Fleisch weich ist.

Kurz vor dem Servieren die Kokosmilch dazugeben und das Curry unter häufigem Rühren noch einmal behutsam erhitzen. Mit Reis oder indischem Brot servieren.

Für 4 Personen

scharf, kräftig

Rogan josh Aromatisches Lamm-Curry

Rogan josh hat seine Wurzeln in der Kaschmiri-Küche und war eines der ersten Currys, das in Großbritannien allgemeine Beliebtheit erlangte. Es enthält keine riesige Menge Chilischoten, hat aber einen angenehm intensiven Geschmack. Kaschmiri-Chilischoten sind für ihre Milde und leuchtende Farbe bekannt, aber nicht einfach zu bekommen. Ein wunderbarer Ersatz sind Paprikaschoten. Nach Möglichkeit sollte dieses Curry am Vortag zubereitet werden, damit sich seine Aromen voll entfalten können.

Zutaten

1 große Zwiebel, grob gehackt
4–5 Knoblauchzehen, grob gehackt
4 EL Pflanzenöl
1 schwarze Kardamomkapsel
   (S. 260), aufgebrochen (nach Belieben)
8 grüne Kardamomkapseln, aufgebrochen
6 cm Zimtstange, halbiert
1 getrocknetes Lorbeerblatt
5 Nelken
¾ TL schwarze Pfefferkörner
1 Blättchen Muskatblüte
600 g entbeinte Lammschulter oder Lammkeule, in 3 cm große Würfel geschnitten
125 g Naturjoghurt

Würzmischung
2 TL Fenchelsamen, geröstet und gemahlen
   (S. 322)
¾ TL gemahlener Koriander
¾ TL gemahlener Kreuzkümmel
2 TL edelsüßes Paprikapulver
½ TL Chilipulver
½ TL gemahlener Ingwer
¼ TL gemahlene Kurkuma

Für die Gewürzmischung alle Zutaten vermengen. Die Mischung beiseite stellen.

Die Zwiebel mit einem Spritzer Wasser im Mixer glatt pürieren oder die Zwiebel reiben und in eine kleine Schüssel geben. Den Knoblauch mit 1 EL Wasser im Mixer pürieren und in eine zweite Schüssel geben.

Das Öl in einem Wok oder Karahi bei mittlerer Temperatur erhitzen. Schwarze und grüne Kardamomkapseln, Zimtstange, Lorbeerblatt, Nelken, Pfefferkörner und Muskatblüte darin etwa 30 Sekunden rösten, bis sie nussig zu duften beginnen, dabei den Topf schütteln. Die Zwiebelpaste hinzufügen und nach Reduzieren der Hitze goldbraun braten. Die Knoblauchpaste unterrühren und 1 Minute weitergaren.

Das Fleisch in den Wok geben und die Temperatur heraufschalten. Das Fleisch etwa 10 Minuten braten, bis es gebräunt ist. Falls es so aussieht, als könnte es ansetzen, etwas Wasser hinzufügen. Die Würzmischung unterrühren. Nach und nach den Joghurt in den Topf geben und sorgfältig untermischen. So viel heißes Wasser dazugießen, dass das Fleisch knapp bedeckt ist. Deckel auflegen und das Fleisch unter gelegentlichem Rühren etwa 40 Minuten köcheln lassen, bis es weich und die Sauce dick ist.

Ist die Sauce am Ende der Garzeit etwas dünn, das Fleisch herausnehmen und die Sauce reduzieren, dann das Fleisch wieder hineingeben. Dampfend heiß servieren.

Für 4 Personen

**mild,
duftend**

Chicken korma Sahniges Hähnchen-Curry mit Nüssen

Kormas werden bei indischen Festmahlen und in britischen Curryhäusern in vielen Varianten serviert. Die milde, cremige Sauce behagt auch zaghaften Gaumen, weshalb *Korma* ideal ist, wenn man die indische Küche erst kennen lernen möchte. Südindische *Kormas* sind noch heute das ultimative Festgericht. Faszinierend an britischen *Kormas* ist die Tatsache, dass sie nicht einer einzelnen regionalen Küche entspringen, sondern eine globale Huldigung an das Curry sind. Anstelle von Huhn kann man auch Lamm nehmen, das lediglich eine längere Garzeit hat und zum Garen mehr Wasser braucht.

Zutaten

¼ TL Safranfäden
3 EL Pflanzenöl
1 EL Ghee oder geklärte Butter
1 Blättchen Muskatblüte
5 Nelken
6 grüne Kardamomkapseln (S. 260), aufgebrochen
4 cm Zimtstange
1 Zwiebel, sehr fein gehackt
3 cm frischer Ingwer, grob gehackt
6 Knoblauchzehen, grob gehackt
4 entbeinte Hähnchenschenkel (insgesamt etwa 600 g)
½ TL mildes Chilipulver oder Paprikapulver
1 TL gemahlener Koriander
½ TL gemahlenes Garam masala

Zwiebelpaste

1 Zwiebel, in dünne Scheiben geschnitten
Salz
Pflanzenöl zum Frittieren

Nusspaste

1 EL Cashewkerne
1 EL Mandeln, abgezogen

Zur Fertigstellung

75 ml dicke Kokosmilch (S. 213)
75 g Sahne
1 EL gehackte Korianderblätter

Für die Zwiebelpaste die Zwiebelscheiben mit Salz bestreuen und für 20 Minuten beiseite stellen, dann mit Küchenpapier trockentupfen. Das Pflanzenöl in einer Fritteuse oder einem Wok erhitzen und die Zwiebeln darin goldbraun frittieren. Auf Küchenpapier abtropfen lassen. Die warmen Zwiebeln in einer Küchenmaschine mit 2 EL heißem Wasser glatt pürieren und beiseite stellen.

Für die Nusspaste Cashews und Mandeln mit kochendem Wasser übergießen und für 30 Minuten abgedeckt beiseite stellen. Abtropfen lassen, dabei 2–3 EL Wasser auffangen. Die Nüsse mit dem Wasser in einer Küchenmaschine zu einer Paste zerkleinern.

Die Safranfäden in einer kleinen Schüssel mit 2 EL heißem Wasser bedecken und mindestens 10 Minuten stehen lassen. In der Zwischenzeit das Öl in einem Karahi oder Wok erhitzen. Das Ghee darin zerlassen, dann Muskatblüte, Nelken, Kardamom und Zimtstange hinzufügen und etwa 30 Sekunden rösten, dabei den Topf schütteln. Wenn die Gewürze nussig duften, die gehackte Zwiebel dazugeben. Auf schwache Hitze reduzieren und die Zwiebel etwa 5 Minuten garen, bis sie weich, aber nicht braun ist.

Für 4 Personen

mild, aromatisch

Currystand auf dem Camden Market in London

In der Zwischenzeit Ingwer und Knoblauch mit 2 EL Wasser in einer Küchenmaschine glatt pürieren. Die Paste sorgfältig unter die Zwiebel mischen und etwa 1 Minute unter Rühren garen. Die Nusspaste unterrühren und alles unter ständigem Rühren etwa 2–3 Minuten weitergaren, bis fast die gesamte Flüssigkeit verdampft ist.

Die Hähnchenschenkel mit Chili- oder Paprikapulver, Koriander und Garam masala in den Topf geben und 5 Minuten garen. Etwa 125 ml Wasser dazugießen und auf schwache Hitze reduzieren. Zugedeckt etwa 10 Minuten köcheln lassen, bis das Fleisch gar ist, dabei gelegentlich umrühren. Wenn das Curry anzusetzen droht, noch einen Spritzer Wasser hinzufügen.

Die Zwiebelpaste untermischen, dann Kokosmilch und Sahne dazugießen und alles zum Köcheln bringen. Den Safran mit dem Weichwasser dazugeben, das Gericht mit dem gehackten Koriander bestreuen und dampfend heiß servieren. Dazu Naans reichen.

Chicken tikka masala Tikka masala mit Hähnchen

Sparen Sie bei diesem enorm beliebten Gericht nicht mit Knoblauch und Ingwer. Es steckt voller intensiver Aromen, ist aber einfach zuzubereiten. Für eine vegetarische Variante schneidet man ein Stück Panir oder Tofu in große Würfel und gibt diese am Ende der Garzeit in die Tomatensauce.

Zutaten

6 entbeinte Hähnchenschenkel
  (insgesamt etwa 675 g), gehäutet
Saft von 2 Limetten
1 TL Paprikapulver
1½ TL Kreuzkümmelsamen
½ TL Koriandersamen
2 Schalotten, grob gehackt
4 große Knoblauchzehen, grob gehackt
4 cm frischer Ingwer, grob gehackt
2 grüne Chilischoten, entkernt, grob gehackt
125 g griechischer Joghurt
½ TL gemahlenes Garam masala
1 EL Pflanzenöl

Sauce
400 g Tomatenstückchen aus der Dose
1 schwach gehäufter TL Tomatenmark
1 Handvoll Korianderblätter, grob
  gehackt
3 cm frischer Ingwer, gerieben
1 TL frisch gepresster Limettensaft
½ TL feinster Zucker
50 g Butter
125 g Sahne

Die Hähnchenschenkel in 3 cm große Stücke schneiden und sorgfältig mit Limettensaft und Paprikapulver vermischen. Beiseite stellen, während Kreuzkümmel- und Koriander-samen geröstet und gemahlen werden (S. 322).

Schalotten, Knoblauch, Ingwer und Chili mit der Limettensaftmarinade des Fleisches in den Mixer geben und glatt pürieren. Das Püree in eine Schüssel füllen und Joghurt, Garam masala sowie die Hälfte des Kreuzkümmel-Korianderpulvers untermischen.

Die Joghurtmischung über das Fleisch gießen und die Stücke darin wenden, um sie gleichmäßig zu überziehen. Mit Klarsichtfolie abgedeckt über Nacht in den Kühlschrank stellen, nach Möglichkeit das Fleisch zwischendurch ein- oder zweimal wenden.

Den Grill mit Grillpfanne auf höchster Stufe vorheizen.

Die Fleischwürfel aus der Marinade nehmen und in der heißen Grillpfanne verteilen. Mit dem Öl beträufeln und auf jeder Seite etwa 5 Minuten grillen, bis die Ränder dunkelbraun werden. Vorhandene Garflüssigkeit in eine Schüssel gießen und das Fett abschöpfen. Das Fleisch warm halten, während die Sauce zubereitet wird.

Tomaten, Tomatenmark, Korianderblätter, Ingwer, Limettensaft, Zucker sowie restliches Kreuzkümmel-Korianderpulver im Mixer oder in der Küchenmaschine glatt pürieren. Die Butter in einem Topf zerlassen. Tomatenmischung und Sahne hinzufügen und zum Köcheln bringen. Die aufbewahrte Garflüssigkeit durch ein Sieb in den Topf gießen und die Hühnerteile in den Topf legen. Das Gericht noch einmal erhitzen, dann dampfend heiß mit indischem Brot servieren.

Für 4 Personen

nahrhaft, aromareich

GROSSBRITANNIEN

Prawn Balti Garnelen-Balti

Baltis haben mit Birmingham mehr gemein als mit Pakistan und sind bei Freunden des Currys äußerst beliebt. Die Zubereitung eines *Baltis* ist eine bühnenreife Vorstellung, die am besten ankommt, wenn die Zutaten in einen großen Karahi geworfen und bei starker Hitze rasch gegart werden. Stellen Sie sich auf einen intensiven Knoblauchgeschmack und einen Hauch von Chili ein. Die Sauce nimmt man am besten mit *Naan* auf. Die Wurzeln des *Baltis* sind ungeklärt. In Punjabi bedeutet das Wort Eimer, aber möglicherweise versteckt sich dahinter *Batti*, was Essen heißt.

Zutaten

500 g ungegarte Riesengarnelen,
    geschält, die Schwanzfächer belassen
Saft von 1 Limette
1 ½ TL Paprikapulver

Masala

3 EL Pflanzenöl
1 rote Zwiebel, gewürfelt
4 cm frischer Ingwer, in feine Streifen
    geschnitten
2 Knoblauchzehen, fein gehackt
2 grüne Chilischoten, in Streifen geschnitten

1 rote Paprikaschote, entkernt und in
    Streifen geschnitten
400 g Tomatenstückchen aus der Dose
¼ TL gemahlene Kurkuma
¼ - ½ TL rotes Chilipulver
¼ TL gemahlener Zimt
½ TL gemahlenes Garam masala
½ TL gemahlener Koriander
½ TL feinsten Zucker
2 EL grob gehackte Korianderblätter zum
    Garnieren

Für 4 Personen

**angenehm
würzig**

Die Garnelen in eine Schüssel geben und Limettensaft sowie Paprikapulver sorgfältig untermischen. Die Garnelen beiseite stellen, während die Masala zubereitet wird.

Das Öl in einem Karahi oder Wok bei mittlerer Temperatur erhitzen und die Zwiebel darin etwa 5 Minuten braten, bis sie weich ist und gerade goldbraun zu werden beginnt. Drei Viertel des Ingwers hinzufügen, dann Knoblauch, Chilischoten und Paprikaschote und 1 Minute garen.

Die Temperatur heraufschalten. Tomaten, Kurkuma, Chilipulver, Zimt, Garam masala, gemahlenen Koriander und Zucker in den Topf geben und garen, bis die Tomaten dick geworden sind und sich dunkler gefärbt haben. Etwa 150 ml heißes Wasser dazugießen, gut umrühren und auf schwache Hitze reduzieren.

Die Garnelen mit ihrer Marinade hinzufügen und 3–4 Minuten köcheln lassen, bis sie rosa und weich sind.

Das Gericht mit den gehackten Korianderblättern und dem restlichen Ingwer garnieren und servieren.

Das Curry wurde um die Mitte des 19. Jahrhunderts von Köchen nach Japan gebracht, die die britischen Händler begleiteten. Das erste japanische Curryrezept wurde 1872 veröffentlicht, aber dabei handelte es sich nicht um ein authentisches indisches Curry, sondern einen Fleischeintopf, den westliche Köche in Abwandlung des Originals erfunden hatten. Nachdem das Curry in den Westen gewandert war, kehrte es also, diesmal unter Umgehung von Indien, in den Osten zurück und begann dort ein neues Leben.

Zu diesem Zeitpunkt begann Japan, das sich 200 Jahre lang abgeschottet hatte, seine Grenzen zu öffnen und hörte auf, eine vegetarische Nation zu sein. Für viele Japaner war Fleisch zwar faszinierend, aber auch ein Problem. Currys halfen, es zu überwinden, weil sie den Geruch des Fleisches mit Gewürzen und einer dicken Sauce überdeckten.

Im Laufe der Zeit fand »Curryreis« oder »Reis-Curry« seinen Platz auf dem japanischen Esstisch. Etwa zeitgleich wurden andere Fleischgerichte wie Beefsteak, Schweinekotelett oder Haschee eingeführt, die heute noch *Yoshoku* genannt werden, was »westliche Speisen« bedeutet. Der Verzehr dieser exotischen Speisen galt unter weltoffenen Japanern als modern.

Heute findet man in ganz Japan zahlreiche Curryhäuser und in den heimischen Küchen ist Curry das beliebteste Gericht. Seit der Einführung fertiger Currypaste (S. 336) in den 1960er-Jahren gehört Reis-Curry in jedem Haushalt zum Standardrepertoire. Der Grundkombination aus Kartoffeln, Möhren und Zwiebeln werden Gemüse der Saison hinzugefügt und statt Fleisch kann man Fisch, Meeresfrüchte wie Garnelen, Venusmuscheln, Kalmar oder Thunfisch aus der Dose verwenden.

Die einen Japaner mögen japanische und europäische Currys, andere bevorzugen indische Currys, wieder andere essen lieber Currys aus anderen asiatischen Ländern. Allen gemein aber ist die Vorliebe für weißen japanischen Klebreis. Diese Vorliebe ist ein gutes Beispiel für die »Japanisierung« ausländischer Speisen, ein anderes die Art und Weise, wie Currys mit traditionellen japanischen Gerichten kombiniert werden.

Zu Hause werden Currys schlicht mit einem Löffel gegessen. Im Restaurant kann das gleiche Curry aber nach europäischer Manier serviert werden. Die japanischen Pickles, die als Beilage dienen, werden in besonderem Silbergeschirr gereicht, und der Kellner verbeugt sich höflich, bevor er die Currysauce aus einer silbernen Sauciere auf den Teller mit dem Reis gießt. Wie viele andere Dinge in Japan kann auch das Servieren eines Currys eine recht förmliche Angelegenheit sein.

Yasuko Fukuoka

JAPAN

Fukujinzuke (links) und eingelegte Lauchzwiebeln

Grundzutaten

Curry-Saucenpaste
(Curry roux mix)
Blöcke aus Curry roux mix
sehen wie Schokoladenrie-
gel aus. Diese Instantpaste
verkürzt die Zubereitungszeit
enorm, weshalb nur noch
wenige Japaner ihre Currysauce selbst zubereiten.

Fukujinzuke
Diese oft leuchtend roten,
süßsauer eingelegten Gemüse
werden in Japan anstelle
von indischem Chutney zu
Currys gereicht. Sie enthalten
Daikon-Rettich, Shiso-Blätter,

weißen Sesam, kleine Auberginen, Schwertbohnen, Gurke
und Lotuswurzel, die in feine
Streifen geschnitten und in
einer Flüssigkeit auf Shoyu-
Basis (Sojasauce) eingelegt
sind. Japaner bereiten diese
Gemüse nicht selbst zu, da
die Zutaten selbst in Japan
schwer erhältlich sind, und
die Einlegemethode ein gut
gehütetes Geheimnis ist, seit
sie vor etwa 150 Jahren erfunden wurde. Fukujinzuke sind
bei uns in japanischen und
chinesischen Lebensmittelgeschäften erhältlich.

Eingelegte Lauchzwiebeln
(Rakkyo)
Die japanische Lauchzwiebel
ist kleiner und süßer als die
europäische Schalotte und
die Einlegeflüssigkeit süßer
als bei europäischen Sauer-
konserven. Bekommt man
keine eingelegten Lauchzwiebeln, mischt man eine Tasse
eingelegte Silberzwiebeln
samt Einlegeflüssigkeit mit
1 TL Honig und lässt sie über
Nacht stehen.

Karashizuke Mit Senf eingelegte Radieschen

Diese Radieschen sind einfach zuzubereiten. Sie vermitteln ein Bild von den einge-legten Gemüsen, die man in Japan zum Curry reicht, und passen gut zu den Gerichten auf den folgenden Seiten.

Zutaten

1 kg Radieschen, geputzt
1 Knoblauchzehe, zerdrückt
45 g feinstes Meersalz
100 g feiner Zucker
1 EL Senfpulver
1 Streifen Konbu (Seetang), 2 x 5 cm groß
 (nach Belieben)

Radieschen, Knoblauch und Salz in einen großen wiederverschließbaren Folienbeutel geben. Den Beutel verschließen und 2–3 Minuten mit den Händen durchkneten, um das Salz in Radieschen und Knoblauch einzuarbeiten. Dabei werden einige Radieschen aufplatzen oder zerbrechen.

Zucker, Senfpulver und Konbu (falls verwendet) hinzufügen. Den Beutel schütteln, um alle Zutaten gut zu vermischen, dann über Nacht in den Kühlschrank legen. Die Radieschen sind am folgenden Tag verzehrfertig, halten sich im Kühlschrank aber eine Woche.

Ergibt 1 kg

Dashi Grundbrühe

Das unten stehende Rezept zeigt die traditionelle Methode für die Zubereitung von *Dashi* aus Seetang und Bonitoflocken. Man kann für die Brühe aber auch Instant-Pulver aus dem Asienladen verwenden.

Zutaten

1 Stück Konbu (Seetang), 5 x 10 cm groß
35 g Katsuobushi (Bonitoflocken)

Den Seetang in einen großen Topf legen und 1,4 l Wasser dazugießen. Das Wasser zum Kochen bringen, dann die Hitze reduzieren. Den Seetang herausnehmen und wegwerfen.

Die Bonitoflocken hinzufügen und bei schwacher Hitze 2 Minuten kochen. Die Brühe durch ein Sieb in eine Schüssel gießen, Rückstände im Sieb wegwerfen.

Ergibt 1,4 l

Curry nanban soba Hühner-Nudel-Curry

Dieses Gericht ist eine Verschmelzung von zwei Dingen, die die Japaner lieben – Nudeln in scharfer Suppe und eine leichte Currysauce. Man kann drei verschiedene Nudelarten verwenden: *Soba* (Buchweizennudeln), *Udon* (dicke weiße Weizennudeln) oder *Ramen* (gelbe Weizennudeln). Werden Currypaste und Brühe selbst hergestellt, ist die Zubereitung dieses Gerichts recht aufwändig. Um Zeit zu sparen, nehmen viele Japaner eine fertige Curry-Saucenpaste (S. 336) und für die Brühe Instant-Pulver. In diesem Fall muss man nur noch Fleisch und Nudeln kochen.

Zutaten

1,4 l Dashi (S. 337)

250 g entbeinte Hähnchenschenkel, gehäutet und in mundgerechte Stücke geschnitten

1 Zwiebel, längs in 8 Spalten geschnitten

150 ml Shoyu (japanische Sojasauce)

150 ml Mirin (süßer Reiswein)

400 g getrocknete Soba-Nudeln

1 Frühlingszwiebel, in schmale Ringe geschnitten

8 Zuckerschoten, 1 Minute blanchiert, dann schräg in schmale Streifen geschnitten

Currypaste

3 EL Pflanzenöl

1 Zwiebel, längs in dünne Scheiben geschnitten

2 Knoblauchzehen, fein gehackt

2 cm frischer Ingwer, fein gehackt

3 EL Mehl

2½ EL mildes japanisches oder indisches Currypulver

1 EL Tomatenketchup

1 EL Mango-Chutney

Zuerst die Currypaste zubereiten. Das Öl in einem Topf erhitzen und Zwiebel, Knoblauch und Ingwer darin bei niedriger Temperatur 20–30 Minuten braten, bis sie goldbraun sind. Mehl und Currypulver hinzufügen und rühren, bis das Öl aufgenommen ist. Ketchup und Chutney sorgfältig untermischen. Den Topf von der Kochstelle nehmen und beiseite stellen.

Für die Suppe die Dashi-Brühe in einem großen Topf zum Kochen bringen. Fleisch und Zwiebel hineingeben und 5 Minuten köcheln lassen, dabei Schaum abschöpfen. Auf schwache Hitze herunterschalten.

Etwa 500 ml Brühe abnehmen und nach und nach in die Currypaste rühren, sodass eine glatte, dicke Mischung entsteht. Die Mischung zu der übrigen Brühe geben, dann Shoyu und Mirin hinzufügen und sorgfältig untermischen. Den Topfinhalt zum Kochen bringen und nach Reduzieren der Hitze sanft köcheln lassen, während die Nudeln zubereitet werden.

In einem großen Topf Wasser zum Kochen bringen. Die Nudeln hineingeben und etwa 5 Minuten bzw. nach Anweisung auf der Verpackung garen. Die Nudeln sollten al dente sein und so rasch wie möglich verzehrt werden. Die Nudeln abtropfen lassen, in die Suppe geben und sorgfältig untermischen.

Die Suppe in vier tiefe Suppenschalen schöpfen, mit Frühlingszwiebel und Zuckerschoten bestreuen und sofort servieren.

Für 4 Personen

**würzig,
wärmend**

Reis-Curry

Dieses Gericht ist bei Japanern jeden Alters beliebt. Wenn man fertige Curry-Saucenpaste (S. 336) verwendet, bricht man den Block in Stücke, gibt ihn nach Kartoffeln und Möhre in den Topf und bringt die Brühe dann zum Kochen.

Zutaten

450 g japanischer Reis
2 EL Pflanzenöl
50 g Butter
250 g Rindfleisch zum Schmoren, gewürfelt
1 Zwiebel, längs in 8 Stücke geschnitten
2 Kartoffeln, geschält und in 4–6 Stücke geschnitten
1 Möhre, geschält und in 2 cm große Stücke geschnitten
1 Lorbeerblatt
700 ml Rinderfond oder Gemüsebrühe

Currypaste

1 Zwiebel, längs in dünne Scheiben geschnitten
2 Knoblauchzehen, fein gehackt
2 cm frischer Ingwer, fein gehackt
2 EL mildes japanisches oder indisches Currypulver
4 EL Mehl
1 EL Mango-Chutney
2 EL Tomatenketchup
2 TL Shoyu (japanische Sojasauce)
Salz und weißer Pfeffer

Den Reis in einer Schüssel 2 Minuten unter fließend kaltem Wasser waschen, dann in einem Sieb abtropfen lassen. 550 ml Wasser in einen großen Topf mit fest schließendem Deckel gießen. Den Reis hinzufügen und beiseite stellen.

Öl und die Hälfte der Butter in einer Pfanne erhitzen. Das Rindfleisch darin bei mittlerer Hitze anbraten, bis es rundum braun ist. Mit einem Schaumlöffel auf einen Teller heben.

Für die Currypaste die Zwiebel in die Pfanne geben. Bei schwacher Hitze 30–40 Minuten braten, bis sie weich und gut gebräunt ist. Knoblauch, Ingwer und Currypulver hinzufügen und 2 Minuten braten. Das Mehl dazugeben und rühren, bis das Fett aufgenommen ist. Chutney, Ketchup und Shoyu gut untermischen; vom Herd nehmen.

Nun den Reis garen. Den Deckel fest auflegen und den Reis zum Kochen bringen. Sobald ein sprudelndes Geräusch zu hören ist, auf schwache Hitze reduzieren und etwa 10 Minuten köcheln lassen, bis das sprudelnde Geräusch verschwindet und ein leises Knacken zu hören ist. Den Topf, ohne den Deckel anzuheben, vom Herd nehmen und für mindestens 10 Minuten beiseite stellen.

Währenddessen die restliche Butter in einem tiefen Topf zerlassen. Zwiebelstücke und Fleischwürfel hineingeben, 3 Minuten braten. Kartoffeln, Möhre und Lorbeerblatt hinzufügen. Fond oder Brühe dazugießen und zum Kochen bringen. Hitze reduzieren und 20 Minuten köcheln lassen, bis Kartoffeln und Möhre weich sind, dabei Schaum abschöpfen. Etwa 500 ml der heißen Brühe abnehmen und unter die Currypaste rühren. Zu der übrigen Brühe geben und gut unterrühren. Salzen und pfeffern nach Geschmack. Alles wieder zum Kochen bringen und noch einmal 2 Minuten garen. Auf dem warmen Reis anrichten und, falls gewünscht, mit einigen Pickles (S. 336–337) servieren.

Für 4 Personen

dick, süßlich

Katsu curry Reis-Curry mit Schweineschnitzel

Bei diesem Gericht ruht das Fleisch auf einem Reisbett und die Sauce wird darüber geschöpft. Dazu reicht man japanische *Tonkatsu*-Sauce oder Worcestershire-Sauce und Pickles (S. 336-337). Statt Schweinefleisch kann man auch Hähnchenbrust nehmen.

Zutaten

4 Schweinelendensteaks (je 150 g)
2 EL Mehl
1 Ei, verquirlt
25 g feine Semmelbrösel
Pflanzenöl zum Frittieren
450 g frisch gegarter japanischer Reis (S. 339)

Currypaste

2 EL Pflanzenöl
25 g Butter
1 Zwiebel, längs in dünne Scheiben geschnitten
2 Knoblauchzehen, fein gehackt
2 cm frischer Ingwer, fein gehackt
2 EL mildes japanisches oder indisches Currypulver

4 EL Mehl
1 EL Mango-Chutney
2 EL Tomatenketchup
2 TL Shoyu (japanische Sojasauce)

Currysauce

1 EL Pflanzenöl
1 Zwiebel, längs in dünne Scheiben geschnitten
400 g kleine Champignons, je nach Größe halbiert oder geviertelt
½ Kochapfel, mit Schale gerieben
1 kleine Möhre, geschält und gerieben
1 Stange Staudensellerie, fein gehackt
600 ml Gemüsebrühe
Salz und gemahlener weißer Pfeffer

Für die Paste Öl und Butter in einer Pfanne erhitzen und die Zwiebel hinzufügen. Auf schwache Hitze reduzieren und die Zwiebel 30–40 Minuten braten, bis sie weich und gebräunt ist. Knoblauch, Ingwer und Currypulver unterrühren und 2 Minuten braten. Das Mehl dazugeben und rühren, bis das Fett aufgenommen ist. Chutney, Ketchup und Shoyu untermischen. Die Pfanne von der Kochstelle nehmen und beiseite stellen.

Für die Currysauce das Öl in einer zweiten Pfanne erhitzen und die Zwiebel darin 3 Minuten braten. Die Pilze hinzufügen und braten, bis sie weich sind. Apfel, Möhre und Sellerie dazugeben und 5 Minuten bei mäßig schwacher Hitze braten. Die Brühe dazugießen und zum Kochen bringen. Nach und nach die Currypaste unterrühren, dann salzen und pfeffern nach Geschmack. Den Deckel auflegen und die Zutaten sanft köcheln lassen, dabei gelegentlich umrühren.

Die Steaks mit einem scharfen Messer am Rand flach einschneiden, damit sie sich beim Frittieren nicht wölben, dann würzen, dünn mit Mehl bestauben, in das verquirlte Ei tauchen und in den Semmelbröseln wenden. Die Semmelbrösel gut andrücken.

Das Frittieröl auf 160 °C erhitzen. Die Steaks auf jeder Seite etwa 3 Minuten frittieren, bis sie goldbraun und gar sind. Auf Küchenpapier abtropfen lassen, dann in 2 cm dicke Scheiben schneiden. Den Reis auf Portionsteller verteilen, das Fleisch darauf anrichten und die heiße Sauce darüber schöpfen und sofort servieren.

Für 4 Personen

**mild,
nahrhaft,
fleischbetont**

GLOSSAR

Betelblätter

Sie werden in Thailand vor allem als essbare Hülle und für bestimmte Vorspeisen verwendet. Als Ersatz können Spinatblätter dienen.

Biryani

Das persische Ursprungswort *Biriani* bedeutet gebraten und steht für ein würziges Gericht aus Fleisch und Basmati-Reis, das mit Safran aromatisiert wird. Die Variante der Moguln war oft mit Blattgold garniert.

Cha-om

Hierbei handelt es sich um die Blätter einer Akazienart, die einen bitteren, nussigen Geschmack haben. In Laos und Thailand werden sie in Suppen, Currys, Omelettes und pfannengerührte Gerichte gegeben. Im Westen sind sie selten erhältlich.

Chinesischer Sellerie

Ähnelt glatter Petersilie und hat einen intensiven, bitteren Geschmack. Man verwendet ihn häufig zum Aromatisieren von pfannengerührten Gerichten und Suppen.

Choi sum

Dieser Kohl ist in der kantonesischen Küche sehr beliebt, wird aber im übrigen Asien und im Westen ebenfalls gern verwendet. Man kann ihn roh in Salate geben oder auch kurz gekocht oder gedämpft in Fleischgerichte.

Dal

Dieses Wort steht für verschiedene Hülsenfrüchte oder allgemeiner für Gerichte, die Hülsenfrüchte enthalten.

Halva oder Halwa

Das Wort leitet sich von dem arabischen Wort *hulw*, süß, ab. In Indien handelt es sich bei Halva um eine Süßigkeit auf der Basis von Hartweizengrieß und Zucker und weiteren, sehr unterschiedlichen Zutaten. Bei dem einfachsten Rezept wird der Grieß mit Sirup und Rosinen in Ghee gebraten. In Pakistan kann Halva die Konsistenz und das Aussehen von Türkischem Honig haben.

Jackfrucht

Die große Frucht ist im Süden Indiens heimisch, wird aber in ganz Indien und Sri Lanka kultiviert. Unreif gibt man sie meist wie Gemüse in pikante Gerichte. Die reife Frucht ist süßer und wird vor allem für Desserts verwendet.

Karahi

Der Karahi ist ein indischer Wok. Das Wort steht auch für die Gerichte, die darin gegart werden. Da ihre Zubereitung schnell geht, sind sie bei jungen Leuten und Hobbyköchen sehr beliebt.

Korma

Dieses Wort bezeichnete in Indien und Pakistan ursprünglich ein langsam gegartes Gericht mit Sauce. Für indische *Kormas* werden häufig Nüsse, Joghurt und Butter verwendet.

Masala

Masala bedeutet Gewürzmischung. Eine *Masala* kann aus beliebigen ganzen oder gemahlenen Gewürzen bestehen, scharf oder mild sein und Pulver- oder Pastenform haben. *Masalas* bilden die Grundlage der meisten indischen Gerichte und sind von Region zu Region sehr unterschiedlich. Am bekanntesten ist *Garam masala* (S. 28), aber selbst bei dieser Mischung gibt es regionale Unterschiede. Im Norden Indiens bevorzugt man allgemein Pulver, im Süden Pasten.

Mirin

Mirin ist ein Reiswein mit einem geringen Alkoholgehalt, der in der japanischen Küche in kleinen Mengen zum Süßen benutzt wird, oft anstelle von Zucker und Sojasauce. Im 17. und 18. Jahrhundert wurde er auch statt Sake getrunken.

Noniblätter (Bai yor)

Noniblätter haben einen bitteren, erdigen Geschmack. In Thailand und auf den Philippinen werden sie in Streifen geschnitten und dann in Currys gegeben. Im Westen sind sie schwer erhältlich.

Pandanusblätter

Sie sind in ganz Südostasien eine wichtige Zutat, vor allem in der thailändischen, malaysischen und indonesischen Küche. Man fügt sie Reisgerichten und Desserts hinzu, die sie mit ihrem zarten Duft durchdringen. Die Blätter sind frisch oder aber als Essenz in Asienläden erhältlich.

Papadams

Papadams sind kleine, runde Teigfladen, die in Öl knusprig ausgebacken werden. Sie werden sowohl aus Kichererbsen- als auch aus Linsenmehl hergestellt, und es können verschiedene Gewürze hinzugefügt sein. In Nordindien sind sie meist würziger als im Süden, wo sie ein Gegengewicht zu den schärferen Gerichten der dortigen Küche bilden.

Raita

Raita ist eine kühlende Joghurtsauce, die als Beilage zu scharfen Currys gereicht wird. Dem Joghurt sind Kräuter und Gewürze wie Senfkörner, Kreuzkümmel, Minze und Koriander oder auch gehackte Gemüse hinzugefügt. Im Westen ist Gurken-**Raita** sehr beliebt, in

authentischen indischen *Raitas* findet man aber ebenso häufig Auberginen, Kartoffeln und Spinat.

Reisessig

Die meisten asiatischen Essigsorten werden aus Reis hergestellt und sind relativ mild. Die beste Qualität hat brauner japanischer Reisessig. Reisessig ist in Asienläden erhältlich.

Shoyu

Shoyu ist in der japanischen Küche eine wichtige Zutat. Es handelt sich um Sojasauce, die aber ganz anders schmeckt als chinesische Sojasauce. Dies liegt an dem für sie verwendeten Weizen, der ihr einen süßeren, alkoholischen Geschmack verleiht.

Spargelbohnen

Spargel- oder Schlangenbohnen können roh als Garnitur oder kurz gegart in pfannengerührten Gerichten verwendet werden.

Tandoor

Der *Tandoor* ist ein Tonofen zum Backen von Brot und Garen von anderen Gerichten und in Nordindien und Pakistan unverzichtbar. Er bildet den Mittelpunkt vieler Häuser, und einige Dörfer haben einen Gemeinschaftsofen, wo man neben dem Kochen auch Neuigkeiten

austauscht. Das Feuer wird mit Holzkohle gemacht und brennt oft den ganzen Tag.

Tawa

Flache, runde Pfanne, oft aus Gusseisen, mit der in der indischen Küche *Chapatis* und *Parathas* zubereitet werden.

Wasserspinat

Dieses in Thailand *Pak bung* genannte Blattgemüse steckt voller Vitamine und Mineralstoffe. Es ist eine preiswerte Zutat für Currys und pfannengerührte Gerichte.

Zuckerrohressig

Dieser auf den Philippinen beliebte Essig ähnelt dem Reisessig. Er ist dunkelgelb oder braun und hat einen milden Geschmack, aber keinerlei Süße.

DANK

Lektorat Dorling Kindersley dankt allen Beitragenden für ihre effiziente Arbeit. Jeni Wright und Norma Macmillian für ihre unermüdlich harte Arbeit und ihre Professionalität.

Foodstylistinnen Bridget Sargeson und Alice Hart

Stylistin Victoria Allen

Register Hilary Bird

DTP Adam Walker und Emma Hansen-Knarhoi

Im Namen von David Thompson Dank an Tanongsak Yordwai, der David Thompsons Gerichte zubereitete und zum Fotografieren herrichtete.

Bildnachweis Der Verlag möchte folgenden Personen danken für ihre freundliche Genehmigung, ihre Fotos reproduzieren zu dürfen:

10–13 Susan Downing (Vivek Singh); Manoj Siva (Das Sreedharan); Oliver Wright (Mahmood Akbar); Susan Downing (Sri Owen); Martin Brigdale (David Thompson); Christopher Hirsheimer (Corinne Trang); Sharron Gibson (Roopa Gulati); Mike Dennis (Judy Bastyra); Paul David Ellis (Yasuko Fukuoka). 14–16 Alamy Images: Simon Reddy. 33 Alamy Images: Robert Harding Picture Library. 76–78 Corbis: Macduff Everton. 120–122 Rex Features: Ilyas J Dean. 141 Corbis: Mike Zens. 154–156 Corbis: Frank Lukasseck/Zefa. 191 Corbis: Tony Arruza. 200–202 Lonely Planet Images: Kraig Lieb. 231 Lonely Planet Images: Richad l'Anson. 250–252 Getty Images: David Noton. 288 Lonely Planet Images: John Banagan. 292–294 Rex Features: Ilpo Musto. 301 Corbis: Vince Streano. 321 Alamy Images: Andrew Hamilton. 334 Alamy Images: Pacific Press Service

Alle anderen Fotos © Dorling Kindersley
Weitere Informationen siehe: www.dkimages.com

Hinweis Die Zutaten für die Rezepte in diesem Buch erhalten Sie in gut sortierten Asienläden, zum Teil auch in türkischen und arabischen Feinkostgeschäften. Seltenere Produkte können Sie dort oft nach Vorbestellung erhalten. Nutzen Sie auch den Versandservice, den viele Geschäfte anbieten. Im Internet finden sich viele Online-Anbieter wie z.B. www.asiafoodland.de und www.gourmondo.de, die auch exotischere Zutaten im Angebot haben.